上海改革实录文库

何以家国

上海金融改革访谈录

上海财经大学金融学院编写组 著

上海财经大学出版社
SHANGHAI UNIVERSITY OF FINANCE & ECONOMICS PRESS

图书在版编目(CIP)数据

何以家国:上海金融改革访谈录/上海财经大学金融学院编写组著.
—上海:上海财经大学出版社,2023.9
（上海改革实录文库）
ISBN 978-7-5642-4112-4/F·4112

Ⅰ.①何… Ⅱ.①上… Ⅲ.①地方金融-金融改革-上海-文集 Ⅳ.①F832.751-53

中国版本图书馆CIP数据核字(2022)第250216号

□ 责任编辑　台啸天
□ 封面设计　贺加贝

何 以 家 国
上海金融改革访谈录
上海财经大学金融学院编写组　著

上海财经大学出版社出版发行
（上海市中山北一路369号　邮编200083）
网　　址:http://www.sufep.com
电子邮箱:webmaster@sufep.com
全国新华书店经销
上海颛辉印刷厂有限公司印刷装订
2023年9月第1版　2024年6月第3次印刷

787mm×1092mm　1/16　15.25印张（插页:2）　315千字
定价:88.00元

编写委员会

总顾问

龚浩成

总主编

刘莉亚　柳永明

执行主编

曹　啸

项目统筹

易　雯　杨　刚

编辑委员会

戴国强　赵晓菊　奚君羊
金德环　徐晓萍　叶伟春

序

在一座城市的历史中,总会有一所大学深刻地烙上自己的印记。上海财经大学作为中国现代历史上第一所商科高等学府,历史可追溯到1917年南京师范学校创办的商科,1921年从南京东迁上海之日起,就与上海及中国金融业的发展交融在一起。百年荏苒,上海金融业的发展历经沧桑,从历史上曾经的远东金融中心,到今天成为全球最重要的国际金融中心城市之一,上海一直以创新的姿态走在中国改革开放的前沿。

将上海建设成为国际金融中心是一项具有全局意义的国家重大战略。早在1991年,中国改革开放总设计师邓小平先生视察上海时就强调:"上海过去是金融中心,是货币自由兑换的地方,今后也要这样搞。中国在金融方面取得国际地位,首先要靠上海。"1992年,党的十四大报告提出"尽快把上海建成国际经济、金融、贸易中心之一",首次把建设上海国际金融中心正式确立为国家战略。自那时起,上海就肩负起党和国家赋予上海在金融领域改革创新、先行先试的使命责任。中国外汇交易中心设立、上海证券交易所开业、上海自贸试验区金融改革创新,都是从上海开始先行先试,取得经验后推向全国的。

上海国际金融中心的建设,以及相关的多项重大金融改革的探索和实践,在中国四十年经济金融改革和开放的历程中,写下了浓墨重彩的华章。

正是在波澜壮阔的改革浪潮当中,上海财经大学培养的一大批优秀学子,有幸成为改革时代的弄潮儿,成为上海和中国金融改革的亲历者、参与者和见证者,中国优秀共产党员龚浩成同志就是其中的杰出代表。

上海财经大学金融学院编写出版《何以家国——上海金融改革访谈录》一书,以上财师生及校友等口述历史的形式,通过亲历者讲述自己参与金融改革的经历,以及大事件背后的小故事,回顾40年来上海在中国金融领域改革开放历程中的探索与创新,梳理跌宕起伏的金融改革创新发展历程中的重要节点和历史脉络,挖掘亲历者、参与者和见证者的个人观察和感受,既从一个独特的角度记录了在上海开展的中国金融改革开放先行先试、创新探索的历史,也为上海财经大学的校史留下了弥足珍贵的记忆。

何以家国?不忘初心、牢记使命!

百年上财,秉承"厚德博学 经济匡时"的初心,立德树人,为上海国际金融中心的建设和中国的金融改革与发展做出了自己应有的贡献,也在服务上海国际金融中心建设的过程当中成就了自身的发展。

回顾过去,我们今天仍然能够感受到那个时代的创新勇气;面向未来,我们依然需要继续不断探索,持续推进金融改革和开放。上海财经大学将继续践行为中国式现代化征程培养卓越财经人才的使命,在建设国际一流财经特色大学的过程中,为上海和中国乃至世界的金融发展做出新的贡献。

为中国的金融改革喝彩,向中国金融改革的实践者致敬!

上海财经大学 校长

目 录

监管部门

1 上海金融业的拓荒者、设计者与践行者 / 3
　　——记龚浩成先生
2 上海市城市信用社"99朵玫瑰"发展历程的见证者 / 15
　　——访沈斌先生
3 金融开放与监管的探路人 / 24
　　——访蒋明康先生
4 上海金融改革的同行者 / 31
　　——访张伟国先生

商业银行

5 商业银行改革的见证者 / 45
　　——访孙持平先生
6 天际线下的回望：用实践检验中国金融改革的成效 / 53
　　——访周路先生
7 诗性的银行家笔记 / 60
　　——访刘晓春先生
8 金融系统改革开放的时代领跑者 / 68
　　——访王世豪先生

9 中国金融开放的参与者和见证者 / 90
　　——访黄晓光先生
10 商业银行数字化历程的亲历者 / 97
　　——访吴国华先生

非银机构

11 投行家背后的大学问 / 105
　　——访贝多广先生
12 与狼共舞的时代同行者 / 118
　　——访张兴先生
13 价值灯塔下的耕耘者 / 129
　　——访张训苏先生
14 国际一级并购基金的实践者 / 137
　　——访娄刚先生
15 新能源领域的顶尖投资人 / 146
　　——访武飞先生
16 挚诚高远，成人达己 / 152
　　——访高洪庆先生
17 风物长宜越周期 / 160
　　——访陈锦泉先生
18 从国际资管巨头到本土头部券商 / 169
　　——访林晓东先生

学术界

19 白首穷经研货银，诲人不倦育英才 / 177
　　——访戴国强教授

20 绿色、可持续金融的推动者 / 189
　　——访赵晓菊教授

21 桃李不言,下自成蹊 / 201
　　——访奚君羊教授

22 半生耕耘化春蚕,传道授业更塑心 / 210
　　——访金德环教授

23 用信息技术护航金融创新 / 219
　　——访刘兰娟教授

监管部门

1 上海金融业的拓荒者、设计者与践行者

——记龚浩成先生

龚浩成

人物小传 》》》

龚浩成,江苏省常州市人,1927年出生,2020年病逝。1947年至1951年:考入并就读于国立上海商学院银行系(今上海财经大学金融学院),本科毕业后留校任教;1952年至1955年:进入中国人民大学货币流通与信用教研室教师研究班学习,毕业后回到上海财经学院(今上海财经大学)担任助教、讲师;1958年至1966年:任上海社会科学院经济研究所讲师;1969年至1975年:在黑龙江省呼玛县落户锻炼,后返回上海工作;1979年至1984年:调回上海财经学院,历任副教授、财政金融系副系主任和党总支书记、上海财经学院副院长;1984年至1991年:历任中国人民银行上海市分行副行长、党组书记、行长,国家外汇管理局上海市分局副局长、局长(专业技术职称为研究员);1992年至1998年:任上海证券交易所常务理事,主持工作;1994年至2004年:任上海证券期货学院院长。

龚浩成曾长期在上海财经大学任教,为中国金融高等教育的发展做出了重要贡献。同时,作为上海金融改革的重要推动者、权威见证者和直接参与者,龚浩成先生为上海金融事业的改革和发展,为上海建设国际金融中心做出了很大的贡献。特别是在推动成立上海证券交易所、上海外汇调剂中心、上海融资中心,建立起证券市场、外汇市场、银行间同业拆借市场,参与上海地区银行体系变革、交通银行的组建、引入外资银行和外资保险公司等上海金融市场改革事件中,龚浩成先生都发挥了重要作用。2021年建党百年,龚浩成同志被中共中央追授为全国优秀共产党员。

动荡中求学

1927年2月,龚浩成先生出生在江苏省常州市武进县农村的一个小商人家庭,家境还算不错。龚浩成先生之子龚仰树教授回忆道:"武进是典型的鱼米之乡,农村老百姓生活比较富足,我爷爷做小生意,即使是在1949年以前,吃不饱的情况我家也很少有,家庭生活相对还好,所以父亲能够一直读书。"抗日战争全面爆发后,龚浩成前往上海读书。1941年龚浩成又从上海回到了武进县,继续在农村读书。抗日战争胜利后,他考上了江苏省省立常州中学(现为江苏省常州市高级中学)。从常州中学毕业后,他又于1947年考进了当时的国立上海商学院银行系——现在上海财经大学金融学院前身。1950年国立上海商学院改名为上海财经学院,龚浩成于1951年从银行系本科毕业后留校任教。

龚浩成与上海财经大学的缘分,始于他当年读大学本科时。在《上海金融改革往事》这本书中,他回忆道,在国立上海商学院,他既读过亚当·斯密和凯恩斯等人的西方经济学原理的教材,也学习过马克思的政治经济学理论,因为他在大学本科期间经历了我国两种不同的制度背景。后来在中国人民大学货币流通与信用教研室进修期间,他又比较系统地学习了《资本论》等著作。1958年上海财经学院与其他几个单位合并组建上海社会科学院,龚浩成转入社会科学院的经济研究所工作。20世纪60年代后期,龚浩成经常到位于当时上海郊区奉贤县的市"五七"干校劳动。

龚仰树教授回忆道:"1970年,父亲等一批人员到了黑龙江省。父亲当时作为知识青年插队的带队干部,将在上海的户口关系迁过去了,在上海的工资待遇保留。父亲去了黑龙江省以后,在最北边的一个公社里待了6年左右的时间。我记得在20世纪70年代上半期,父亲每年冬天都有两个月左右的时间是回上海的。在当时的环境下父亲没有条件搞学术研究,在家里主要是阅读书报和做家务。那段时间我读小学高年级和中学,在学校学的书本知识比较少,可能受父母亲都是教师的影响,在家里闲暇时我会找些书看。"

1978年下半年,上海财经学院恢复招生。当时的院长姚耐先生为使教学工作尽快走上正轨,急需一批年富力强的教学骨干,于是找了龚浩成。龚浩成当仁不让,于1979年年初正式调回上海财经学院,重新回到教师岗位上。

20世纪80年代初期,我国改革开放步入正轨并发展得越来越快,中央也已经提出社会主义商品经济的问题。龚浩成当时在学校上课讲授的是《货币银行学》课程。据他的学生回忆,他那时候教书有一个特点,就是喜欢讲最新的问题,并能够紧密结合社会发展的实际情况。龚仰树教授回忆道:"后来在整理父亲遗留的东西时,我看到一些材料是可以佐证父亲的学生们所说的情形的。有一些备课的资料,里面有许多是关于当时我国金融体制改革的内容,比如发表的相关方面的文章、学术界讨论的观点摘要、报纸上的新闻事件和专题分析的剪报等。这些东西与父亲的讲稿放在一起,说明他当时讲课确实是结合了经济发展的实践。另外,父亲在上海财经大学讲课还有一个特点,就是他会非常细致和认真地收集金融和经济方面的实际数据,并整理出来附在讲稿上。当时没有电脑,没有数据库,很多东西是要靠自己平时收集、整理和抄录下来的。我在父亲留下的备课材料里看到许多有关货币流通、银行存贷款等方面的数据记录。"

1984年,中国人民银行因金融改革的需要,将商业银行的职能从中国人民银行中剥离。在考虑中国人民银行上海市分行领导班子的配备时,总行领导提出了这样一个硬性指标:必须配备一名有相当理论素养的人员。1984年龚浩成58岁,他未曾想到在即将退休的年龄,自己的人生会因为金融业的改革迎来了自我重要价值实现的时刻,并在此后与中国金融改革结下了不解之缘。

组建交通银行

外滩,位于北纬31度,东经121度,是中国长三角最大的城市上海的象征。外滩虽只有短短的1.5公里,却是上海的金融地标。在距离外滩4.5公里的祥德路,有一栋老式公寓,它曾经是上海财经大学的教工宿舍,龚浩成先生曾经在这里生活了40多年。

改革开放前,为什么中国没有真正意义上的金融业?龚浩成先生这样说:"这不是搞不搞金融业的问题,而是我们当时选择了不同的发展路径。"

中华人民共和国成立之后,我国参照苏联的经济发展模式,建立了集中统一的计划经济管理制度,以尽快奠定重工业的基础,壮大国营经济力量。这样的体制形成了中国既有的经济运转模式:企业的生产、销售都由国家负责统一安排,基本建设投资规模也由国家统一确定,财政部负责固定资金和定额流动资金的供给,银行信贷只限于超定额的、临时性的流动资金供给,银行只处于从属地位。

龚浩成在2018年度中国金融学科终身成就奖颁奖典礼上作为颁奖嘉宾发言

党的十一届三中全会后,我国逐步确定朝着实行社会主义市场经济方向转化。这犹如一声春雷,引发了上海金融业翻天覆地的变化。龚浩成说:"1979年10月,中央召开省、自治区、直辖市委员会第一书记座谈会,在这个党的干部会上,邓小平先后两次提到了银行改革问题,他指出银行应该抓经济,现在只是算账、当会计,没有真正起到银行的作用。银行要成为发展经济革新技术的杠杆,要把银行真正办成银行。金融业的兴起,从改变单一国家银行体系起步。银行的改革,真正促进了整个金融业的改革和兴起。"

银行的金融属性迫切要从财政部独立出来。1978年,国务院批准建设银行成为国务院直属单位,并在全国设立分支机构,以加强对基本建设资金的拨款和监督。1979年3月,国务院决定将建设银行从财政部分离,建设银行终于成为一家独立的银行。工商银行、农业银行、中国银行和建设银行四大国有商业银行由财政部直接划拨资金,自身改革动力不足的弊端凸显后,中国人民银行转而向外部寻求突破口,即"建一批新型的、小规模的、真正的商业银行。"

1984年,龚浩成从上海财经学院(今上海财经大学)调任中国人民银行上海市分行副行长,由学者转变为学者型官员。此时,中国银行、农业银行、建设银行和工商银行都已经恢复运营。

20世纪80年代中期至90年代中期,一系列金融改革在上海如火如荼地进行着,并引领了全国的金融改革前进的步伐。新银行的组建工作也逐步展开。拉开这一序幕的是重组交通银行。龚浩成作为中国人民银行的代表亲自参与了交通银行的组建工作,他肩负起领导、监督和协调重组交通银行的重任。交通银行在中华人民共和国成立前就有了,且为国家银行,1949年以后虽然停止了营业、关闭了营业机构,但是并没有撤销。

1985年3月,交通银行筹备组赴香港访问合影,左一为龚浩成

1984年9月的一天，上海的天空分外晴朗，一场关于上海将向何处去的战略发展研讨会在上海展览中心友谊会堂召开。会议达成这样的共识：上海应建成太平洋西岸的经济贸易中心和金融中心。时任国务院经济研究中心常务干事的经济学家徐雪寒在会上建议设立一家总部在上海的银行，通过筹集资金来推动上海改革开放的进程。1985年7月23日，国务院发出了关于重新组建交通银行的通知。一年后的1986年9月，国务院批准重新组建交通银行。1986年10月25日上午，当海关大楼的大钟指向9点的时候，距离外滩300米的江西中路200号的交通银行营业大厅内，各大柜台的窗口同时打开，与大厅正中的世界时钟一同开始精密运转。中华人民共和国成立以后，中国金融史上第一家股份制商业银行——交通银行，在上海试营业。1987年4月，交通银行作为全国首家股份制商业银行在上海正式开业，交通银行的复业，标志着终于有了总部设在上海的银行，打破了当时计划经济体制下国家专业银行的垄断局面，标志着适应市场经济要求的多层次、多类型的金融机构组织体系开始逐步发展。

建立同业拆借市场

与百年历史的外滩万国建筑群隔路相对的是一座建筑面积只有5 000平方米的4层楼房，它是由德资倍高洋行德国建筑师海因里希·贝克于1899年设计、1902年10月26日落成的华俄道胜银行的办公地，1928年曾为国民中央银行所在地，1993年至今是中国外汇交易中心所在地——外滩15号大楼。

在新的交通银行成立的1986年，中国人民银行上海市分行决定建立上海统一的银行间同业拆借市场。同期，龚浩成开始考虑建立外汇市场。1987年，龚浩成担任中国人民银行上海市分行行长，随后着手推动建立了上海银行间同业拆借市场和上海外汇调剂中心。外汇市场的建立设想源于他从深圳的报纸上读到的一条新闻，他通过那条新闻了解到，深圳在进行外汇调剂，而不是外汇交易。

当时，从全国范围来看，自1979年国家实行外汇留成制度以后，企业有了一定的外汇支配权。为满足企业间调剂余缺的需要，从1980年10月起，中国银行开始办理外汇调剂业务，允许持有留成外汇的单位将多余的外汇额度转让给缺汇的单位。1985年贸易结算价取消，建立了规范的外汇调剂市场。龚浩成说："外汇调剂市场是，你外汇多，我外汇缺，调剂一下，这不叫买卖而叫调剂，因为那时候私自买卖外汇是犯法的。在看到这条消息后，我就跟外管局领导商量，我们的外资企业资金能不能进行一些外汇调剂？比如说德国的一家公司外汇多，美国的一家公司外汇不够需要买进，能不能让它们两个进行买卖，这样就牵扯不到占用我国外汇的问题。"

出于这样的设想，他们借用了北京路上一所中学的房屋，开设了外资企业外汇调剂中心。1986年11月，为了配合外贸体制改革和加快沿海地区外向型经济的发展，上海外商投资企业外汇调剂中心成立了。该中心允许三资企业在调剂中心相互调剂外汇，并向全国各地开放。外汇调剂率采用电脑配对交易，后来上海证券交易所也采用电脑配对交易，就是学习了这种原理。随着时间的推移，相关政策逐步放宽，从一开始的外资企业，到后来的合资企业都允许参与外汇调剂。

到1988年9月，上海外汇调剂中心在价格上完全放开，实行竞价买卖，并允许国营企业的外汇与三资企业的外汇互通，从而发展和完善了外汇调剂市场，有效调节了外汇供求关系，调整了外汇结构，缓解了上海工业生产因国内原材料紧缺所面临的困难，促进了外汇资金的横向融通，推动了出口生产的增长，同时也改善了外商投资环境，支持了三资企业的需求。

1988年，各省、自治区、直辖市以及部分计划单列市都普遍成立了外汇调剂中心。那时，中国还没有股票市场、期货市场，而外汇调剂中心已经开始了人声鼎沸的喊价，开始了对资本市场最初的探索。到1993年，全国共有18个城市开办了外汇调剂公开市场。1993年，我国外汇管理体制和利率体系发生了重大变革。

1994年，在一场影响深远的外汇管理体制改革中，外汇交易中心应运而生。1994年4月4日，中国外汇交易中心于上海成立，标志着全国统一、规范的银行间外汇市场正式建立。1996年，为解决当时银行同业拆借中出现的违规拆借、利用拆借资金投资股票和房地产等问题，根据国务院统一部署，中国人民银行在交易中心的基础上建立全国银行间同业拆借中心。1997年，为解决银行资金通过交易所债券市场违规流入股市问题，中国人民银行决定通过全国银行间同业拆借中心进行回购和现券交易，由此形成了银行间债券市场。从外汇调剂中心到中国外汇交易中心，我国的汇率价格从原来各省市的"割据"状态发展到了在上海实现"统一"的市场。这个统一的人民币市场汇价，如今成为国际国内资本市场、企业界每日必看的指标之一，成为国家制定经济政策的重要参数之一，这一系列的顶层设计也为我国汇率和利率市场化改革奠定了基础。

1988年9月28日，龚浩成在上海外汇调剂中心成立大会上致辞

外汇市场的发展历程，是上海推行市场经济的过程，更是中国经济对外开放的过程。位于外滩15号的外汇交易中心明确定位立足上海、辐射全球。二十多年来，中国金融市场重磅章节连连书就：银行间市场从无到有，债券市场开放渐进深化，人民币国际化之路不断延伸，利率汇率市场化改革进程提速。这其中，无数的精彩注脚都是由外汇交易中心写下的。

引入外资银行

在20世纪30年代远东金融中心时期，上海的外滩被称为银行一条街，那里布满了各式金融机构，其中外资银行居多。1949年5月，上海解放时，有汇丰银行、渣打银行、有利银行、花旗银行、大通东方汇理银行和莫斯科国民银行等15家外资银行或分支，以及东亚银行、华侨银行和中兴银行三家侨资银行，都在这个区域布局。中华人民共和国成立后，政府取消了外资银行的特权，禁止外币流通。外资银行的业务置于中国政府的监督管理之下。当时，只有汇丰银行、渣打银行、东亚银行和华侨银行四家银行继续营业，其他银行都陆续申请歇业了。但是，这些银行的招牌还留在上海。

1989年12月2日，在上海康平路的市委小礼堂，朱镕基同志（时任上海市委书记兼市长）主持召开了市委常委扩大会议，会议还有一个名称：金融座谈会。上海市副市长、上海市体改办主任贺镐圣和有关银行分行的行长都被邀请参加。会议还邀请了两位理论界人士参加，一位是华东师范大学的老教授陈彪如，一位是上海财经大学的青年教师刘波。当时的中国人民银行总行副行长刘鸿儒也专程来沪参加会议。这个会议很特殊，它的特殊性有两点。第一，讨论的内容都是极其敏感的话题。会议讨论的议题有两个：一是要不要引进外资银行，另一个是要不要建立上海证券交易所。第二，会议召开了一整天，表明当时金融工作是多么重要。

关于引进外资银行这个问题的讨论大概持续了半个小时就结束了，因为在这个问题上大家没有分歧，一致同意要引进，也一致认为已经到了引进外资银行的时候了。龚浩成在《上海金融改革往事》这本书里回忆道："四家外资银行持续到了20世纪80年代，但四家银行还远远不够。虽然当时还没有提出把上海建设成为国际金融中心的构想和口号，但作为一个开放城市，一座金融重镇，一定数量的金融机构是必要的。为此，我根据市委的部署多次前往北京，找中国人民银行领导汇报此事。后来中国人民银行领导终于决定在上海再引进一批有实力的外资银行，这在外资银行中引起的反响是很热烈的。"

1990年9月8日，中国人民银行颁布《上海外资金融机构、中外金融机构管理办法》，汇丰银行、渣打银行、东亚银行和华侨银行四家银行补办了设立和登记手续，老外资银行恢复营业。从此，它们像新设的银行一样，可以办理外汇存款、外汇放款、外汇票据贴现、经批准的外汇投资和外汇汇款等外币业务。确切地说，这四大银行无需引入，只需要业务重启，相对较容易。龚浩成已经酝酿并着手引进新的外资银行。

但是，如何引入外资银行，需要设立一个标准。当时，引入外资银行的总体指导原则是：只有规模大的外资银行才有资格进入中国市场运营。因为大银行可以带来更多客户资源，也可以带来运营资金。在此标准之下，龚浩成选择了六家外资银行，美国、法国、日本各两家。日本第一劝业银行原本没有被列入首批外资银行的名单，但是其国际部经理听到这些名单中没有他们的银行就急了，立即找到龚浩成，希望上海将第一劝业银行也能加入被许可的名单里。第一劝业银行是日本数一数二的大银行，但却没有能够作为第一批外资银行进入中国，这样国际部经理回到总行是没有办法交代的，甚至连他自己的饭碗都保不住。后来，经过龚浩成的努力，时任中国人民银行总行的副行长陈元同志同意将第一劝业银行加入被许可的名单中。

外资银行的引入，无疑有着这样的象征意义：上海拿出实际行动向全世界证明：我们改革开放的决心是坚定的，并且会接着走下去的，改革开放的大门只会越开越大。

筹建上海证券交易所

1978年12月，党的十一届三中全会决定把党的工作重心转移到经济建设上来，由此揭开了中国经济体制改革的序幕。回顾那段时光，可以看到当时企业普遍面临的问题是缺乏经营活力和缺少发展资金。在探讨股份制试点的同时，龚浩成认为要搞好资本市场，就要搞好证券交易所。证券市场像一辆自行车，必须要有前后两个轮子同时协调转动才能正常运行，而证券市场的这两个"轮子"，一个是发行市场，另一个就是流通市场。

1990年12月19日，龚浩成在上海证券交易所开业典礼上致辞

20世纪80年代初，为了拓宽资金渠道，当时中国工商银行上海市分行成立了信托投

资公司,把传统银行业务以外的业务划拨到该信托投资公司。1984年,中国工商银行上海信托投资公司静安分公司代理发行了飞乐音响的股票。1986年8月之后,中国人民银行上海市分行批准静安分公司更名为证券业务部。当时,静安证券业务部营业大厅的具体地址是上海市南京西路1806号。1986年9月26日,1949年以后的中国第一个证券交易柜台——静安证券业务部的开张,极大地推进了股票交易市场的建立。同年11月13日,邓小平在接见来访的美国纽约证券交易所主席约翰·范尔林的时候,向其赠送了一件意味深长的礼物:一张由工商银行上海静安证券业务部发行的飞乐音响股票。三天之后,约翰·范尔林特意赶到上海,在这家小小的证券交易柜台里办理了过户手续。

1988年,申银证券、万国证券、海通证券在上海相继成立。在全国,更多的券商陆续成立。由于区域性限制,外地投资者没有办法在本地买卖上海的股票,要解决这个大问题,就要建立交易所。并且,这个交易所必须是全国性的,同时也是股票集中交易的场所。

1989年2月2日,中国人民银行上海市分行就和上海市体改办联合开会研究了成立上海证券交易所的方案。1989年7月,西方七国首脑高峰会议(G7峰会)在法国巴黎召开,当时,一些国家认为中国要把改革开放的大门重新关上,决定对中国实行经济制裁。中国政府的贷款被冻结,导致外资不敢进来,使得中国的资金更为紧张。

1989年12月2日,在上海市康平路市委小礼堂召开的金融座谈会上争论最大的是有关建立上海证券交易所的议题,大家虽然原则上没有反对,但有些人感到条件还不太成熟,有些人赞成边做边创造条件。最后,朱镕基同志拍板决定,筹建上海证券交易所,最迟1990年12月正式挂牌营业,由李祥瑞、贺镐圣、龚浩成组成"三人小组",负责上海证券交易所的筹建工作并直接向朱镕基同志汇报。

1990年,上海为成立证券交易所进行前期准备,先后召开了两个有关证券市场的国际研讨会,一方面听取合理意见,另一方面消除外国朋友的顾虑。在国际研讨会上,朱镕基同志代表上海申银证券公司将16张"电真空"(上海真空电子器件股份有限公司,简称"电真空")股票赠送给外国客人。

之后,上海证券交易所的筹备工作正式开启。鉴于一些人对建立证券交易所持怀疑态度,认为建立证券交易所是搞资本主义的东西,为了减少改革阻力,朱镕基市长确定了"对外要大力宣传,对内要低调"的工作方针。"三人小组"在筹备期间,相继解决了一系列难题,包括定位、规则以及与各方面协调等具体操作问题。首先是定位,筹建过程中,上海证券交易所的指导思想和定位就是立足上海、面向全国。1990年4月,时任国务院副总理的姚依林来上海调研,当时龚浩成作为代表,负责在随后召开的金融组讨论会上汇报上海金融改革情况。龚浩成介绍的主要内容就是上海证券交易所的筹建事宜以及具体规划,其中涉及一个问题,就是上海证券交易所决定实行非营利单位会员制,会员就是证券机构,凡是上海的证券机构都可以向上海证券交易所申请,得到批准后,就可以成为会员。对于这个提法,当时有参会人员提出疑问,认为会员不能只是上海的机构,如果排斥外地机构,上海证券交易所就变成了上海的证券交易所,不符合之前的设想。

龚浩成认为这些意见非常中肯,当即把这项条款更改为"凡是在上海设立营业机构的证券机构,经过申请和批准都可以成为上海证券交易所的会员",最终明确了上海证券交易所立足上海、面向全国的定位。

当时筹建交易所的合适人选还没有确定。毕业于上海财经学院1983届财政金融专业的尉文渊调到中国人民银行上海市分行金融行政管理处工作。他主动请缨加入筹建工作,龚浩成同意了他的请求。短短6个月时间,从选址、建设、流程设计、系统调试到如期开业,倾注了筹备组大量的心血。事实证明,在当时的情况下,尉文渊较好地完成了筹建交易所的任务,他就是那个筹建交易所的得力人选。尉文渊的一个创举是在上海证券交易所推行了无纸化交易,对生态环境的保护有很大贡献。尉文渊后来担任上海证券交易所的首任总经理。

1990年12月19日,经过多方的努力和帮助,上海证券交易所终于正式成立了。那天在黄浦江和苏州河的交汇口、上海市外白渡桥的北头黄浦路15号浦江饭店门前,举行了隆重的开业典礼。朱镕基市长在开业仪式上说,上海证券交易所的诞生,标志着中国坚定不移地继续奉行改革开放的政策。

1999年4月26日,上海证券交易所常务理事龚浩成主持
上海证券交易所第六次会员大会

值得一提的是,在上海证券交易所刚成立的时候,中文名是上海证券交易所,英文如

何翻译成为一个问题。从证券交易所的历史来讲都是用 Stock Exchange，现在上海证券交易所也是用的这个讲法。但当时有顾虑，称为 Stock Exchange 会不会遭到某些人士的攻击和批评？因为当时社会对于 Stock 这个词仍比较敏感，总认为是资本主义的东西。再加上上海证券交易所成立初期，交易的是八只股票，而国债的交易有十多个品种。后来龚浩成建议交易所方面，不要称为 Stock Exchange，称为 Securities Exchange，Securities 也有证券的含义，叫 Securities 可以减掉点锋芒，但是二者的英文缩写都是 SSE。这个 Securities Exchange 英文的名称直到上海证券交易所搬到浦东时才改掉。

儿子眼中的父亲

2020 年 8 月，龚浩成先生不幸逝世。此后，我们走访了龚浩成先生的学生和曾经共事的同事，并对他的儿子龚仰树教授进行了访问。以下是龚仰树教授的讲述。

1966 年我开始读小学，我现在能够记忆清楚的事情，基本上是 1966 年以后发生的事。20 世纪 60 年代后期，父亲龚浩成经常到位于当时上海郊区奉贤县的市"五七"干校劳动。1984 年我国银行体系改革，将商业银行的职能从中国人民银行中剥离，中国人民银行专注于行使中央银行的职能。这样，有关领导在考虑中国人民银行上海市分行领导班子的配备时，希望能有更多理论基础的人员。于是，父亲被推荐为中国人民银行上海市分行的副行长。他在中国人民银行工作期间，工作上的事情一般是不在家里说的。我后来了解到，改革开放初期，有许多存在争议的事情，因此父亲很少与家里人交流这些事情。

2016 年 3 月 20 日，龚浩成出席上海财经大学金融学院校友会成立大会

父亲到中国人民银行上海市分行工作后，继续承担一些给上海财经大学的研究生讲课和指导研究生论文的工作。我记得当时金融系的系主任王学青教授经常会在学期

开学前到家里来，与父亲讨论该学期给学生讲课的课程安排和指导研究生等事宜。1994年上海财经大学与上海证券交易所合作设立上海证券期货学院，父亲担任该院院长职务，1998年还受聘为上海财经大学金融学院名誉院长。

从父亲在上海财经大学的工作关系看，有三个阶段是最密切的。第一阶段是20世纪50年代，父亲大学毕业后直接留校做了老师；第二阶段是20世纪80年代上半期，学校复校的许多工作父亲都直接参与了；第三阶段是20世纪90年代后半期及以后，父亲退休后又参与了上海财经大学证券期货学院和金融学院的一些工作。因此，他在上海财经大学所从事的教育是其一生中值得书写的一笔。2016年在上海财经大学金融学院校友会成立大会上，父亲以90岁高龄出任会长，并为师生校友做演讲。在演讲中，他鼓励大家，无论是在教育办学还是在金融实践中，都要坚持"厚基础、宽口径、重实际、敢创新"。

我自己与上海财经大学的结缘，在一定程度上也是受父亲的影响。

后记

时光回溯到2019年3月14日，93岁高龄的龚浩成先生兴致勃勃地参加了金融学院组织的金融改革访谈录的首次开题工作会议。他对访谈录的框架结构、重要嘉宾和校友的邀约人选，以及对金融改革重大节点的梳理，思路清晰，侃侃而谈。他还面面俱到地指点我们，欣然接受采访小组的访谈邀约。然而在项目推进过程中，噩耗传来，2020年8月30日，先生撒手人寰，永远地离开了我们。

回顾龚浩成先生的一生，他是杰出的金融教育家，长期在上海财经大学任教，为中国金融高等教育的发展做出了重要贡献。龚浩成先生也是中国金融改革和上海国际金融中心建设的实践者。从1984年11月担任中国人民银行上海市分行副行长开始，到交通银行的恢复、上海外汇调剂中心和上海银行间同业拆借市场的建立（两者同为今中国人民银行外汇交易中心前身）、上海证券交易所的开办、首家外资保险公司的引进，等等，在这些上海金融发展的标志性事件中，龚浩成先生都发挥了至关重要的作用。

此后，我们走访了龚浩成先生的学生和曾经共事的同事，并对他的儿子龚仰树教授进行了专访。在这个过程中，我们更加深切地感受到了龚浩成先生的远见卓识，他是上海金融改革与发展的谋划者、参与者与推动者。作为一位造诣深厚的金融教育家，他是上海财经大学金融学科的奠基人之一。龚浩成先生的言传身教，影响着家人与上海财经大学结缘，父子两代先后执教上海财经大学金融学院，成为一段教育界佳话。

2021年6月28日，龚浩成同志被中共中央追授为全国优秀共产党员。在龚浩成先生身上，我们深切体会到了一名共产党员不计个人私利、一心为公的高尚品格，感受到了"厚德博学，经济匡时"的博大胸怀！谨以此文纪念上海财经大学的师生和校友们最敬爱的导师和学长——龚浩成先生。

（口述：龚浩成　龚仰树　　撰稿：杨　刚　易　雯）

2　上海市城市信用合作社"99朵玫瑰"发展历程的见证者
——访沈斌先生

沈　斌

> **人物小传** »»»

沈斌，1950年出生，上海人，高级经济师，毕业于上海财经大学（原上海财经学院）财政金融系。曾先后担任上海财经大学财政金融系党总支副书记、书记，中国人民银行上海市分行金融行政管理处副处长、处长，中国人民银行管理处处长，中国人民银行上海市分行办公室主任，深圳发展银行上海市分行副行长。参与了上海多项金融改革创新和金融监管工作，尤其是在上海银行等城市商业银行的前身——上海城市信用合作社和保险公司的设立过程中，做了大量的推动和监管工作。

我是上海财经大学1978年复校以后的首届学生，本科毕业后留校任教，1990年年初调到中国人民银行上海市分行金融行政管理处工作，历任副处长、处长。金融行政管理处主要负责对上海市金融机构（包括银行、证券、保险、信托、财务公司和城市信用合作社）的设立、经营业务范围、金融保险业的监管以及金融改革政策、业务创新的推动工作。我一开始是负责分管保险和城市信用合作社的监管业务。这里我着重介绍一些上海城市信用合作社的监管工作。

创建的时代背景

1978年12月，党的十一届三中全会做出了把党的工作重点转移到经济建设上来的重要决定。从20世纪80年代开始，党中央和国务院根据我国经济体制改革的总体要求，按照邓小平同志提出的要把银行办成真正的银行和把银行当作发展经济、革新技术的杠杆的指示，把金融体制改革列入重要议事日程。

金融体制改革首先从改革银行体制开始,从银行业务分工走向银行分设。1981年1月,国务院发布《关于切实加强信贷管理,严格控制货币发行的决定》。决定指出,中国人民银行要认真执行中央银行的职责。1983年9月,国务院颁布《关于中国人民银行专门行使中央银行职能的决定》,指出随着经济改革的逐步深化和对外开放、对内搞活经济政策的贯彻实施,银行的作用日益重要;支持经济建设,改变资金管理多头、使用分散的状况,必须强化中央银行的职能。

为适应经济体制改革和发展社会主义市场经济的需要,在党中央和国务院的领导下,一批专业银行和综合性银行先后得到恢复和建立。同时,为适应不同所有制经济组织和不同经济活动的需要,扩大筹资和融资的渠道,非银行金融机构也有了较快发展。中国人民保险公司恢复建制并开始营运。信托投资公司、证券公司、金融租赁公司和财务公司等也相继成立。

得益于农业的基础与保障,食品加工业及轻工业当时也有了很大的发展。纺织工业和食品工业在城乡发展起来,特别是苏南的无锡、苏州和常州地区的乡镇企业日益红火。工业品的增加又推动了流通领域的发展。有人开始从南方的深圳等地以及苏南地区进货,然后在城市的街边出售,于是一大批工商个体户出现了。他们走街串巷,开始小商品的贩卖,小商品大市场也因此出现。在上海,城隍庙的小商品大市场日益热闹。不过,个体工商户们遇到一个共同的难题:做生意需要进货,进货需要预支货款,因此他们特别需要向银行借款。但是,他们在银行开不了户,更得不到贷款的支持。当时,个体工商户的身份还得不到确认,几大国有银行还不能向他们提供充分的服务。为了解决工商个体户的"四难"——开户难、存款难、结算难、贷款难——问题,市场迫切需要与其发展相适应的中小金融机构为工商个体户服务,就这样,城市经济市场化催生了城市信用合作社的诞生。

城市信用合作社作为信用金融,采用信用合作的组织形式,即通过由出资人提供资金,内部采用民主方式,由理事会聘任信用社主任开展信用金融活动。城市信用合作社是我国经济和金融体制改革的产物,是我国金融体系的组成部分,它为中小企业的发展起到过积极的推动作用。上海的城市信用合作社最初是从街道的弄堂里起步的。

早在1986年7月,中国人民银行就颁布了《城市信用合作社管理暂行规定》。同月,上海市黄浦区川南街道成立了以办事处副主任王佩为组长的川南城市信用合作社筹备小组。同年9月,南市区(现已并入黄浦区和浦东新区)成立了以区集管局副局长沈扬华为组长的豫园城市信用合作社筹建领导小组。川南城市信用合作社共筹得资金10万元,集体股占66.8%,个人股占33.2%;豫园城市信用合作社共筹集12万元,集体股占45.83%,个人股占54.17%。金融机构中出现了个人的股份,这也是大突破,这些股本并不算大,但是,筹集得却很辛苦。川南城市信用合作社为了筹集10万元资本金,找了25家街道集体企业,以及185个个体户、居民,才凑齐这10万元资本金。城市信用合作社的办公条件也非常艰苦。豫园城市信用合作社的营业部是由一间小服装店改装的,只有30平方米,15个员工挤在一起办公。1986年12月,在豫园小商品批发市场的南北两侧,上海最早的两家城市信用合作社——川南城市信用合作社和豫园城市信用合作社正式成立,由此揭开了上海城市信用合作社蓬勃发展的序幕。

川南城市信用合作社最初的样子

20世纪90年代初,在邓小平同志南方谈话和党的"十四大"做出把上海建成"一个龙头、三个中心"的战略决策的鼓舞下,上海的经济建设迎来前所未有的大好发展机遇。在中国人民银行上海市分行的扶持和上海城市信用合作联社的领导下,上海城市信用合作社也进入蓬勃发展阶段。1991年10月至1994年9月,上海的城市信用合作社以平均每年18家的增速递增,大量市级单位机关和事业单位也参与到城市信用合作社的发起或组建中,其资金实力大为增强,不少城市信用合作社的资本金达300万元,存款也从几千万元上升到几亿元。1990年12月,上海证券交易所成立。在上海城市信用合作社联社的领导下,上海城市信用合作社共同发起和参与上海早期的证券市场建设。在上海证券交易所的25家发起会员中,上海城市信用合作社就占5家。此后,上海城市信用合作社陆续开设了27家证券业务部和80多个证券代理交易柜台。在贷款投向上,个别实力较强的城市信用合作社已开始部分涉足大型项目的贷款。全市城市信用合作社的资产多元化也取得了重大成果,证券代理买卖、国债回购、拆借市场、国债投资和中介代理等商业银行的业务蓬勃发展,全市城市信用合作社的资产质量和资产利润率位居上海市金融业的前列。

成功的经验

总的来看,创办城市信用合作社的初衷是为了给集体企业和个体户提供金融服务,弥补当时银行服务的不足。随着城市信用合作社的增多,越来越多的个体企业得到了服务。"存款难、贷款难、结算难、开户难"的"四难"问题有了化解,对"两小企业"的发展起到很大的促进作用。

当时,上海的城市信用合作社是整个系统发展得最好、最稳健的。1994年,中国人民银行检查组来沪检查中国人民银行对城市信用合作社的领导和管理工作,认为上海市城市信用合作社的管理在全国是最规范的。9年的实践证明,上海市城市信用合作社的诞生和发展,完全符合邓小平同志提出的"三个有利于",它所起的作用将载入上海改革开放的史册。上海城市信用合作社所取得的成功主要是得益于上海的金融经济环境比较好,同时也与城市信用合作社的干部职工自身的努力和中国人民银行的支持、扶植与管理分不开的。这里我想谈几点体会,对金融体制改革方面进行的有益探索,为未来的改革可以提供参考。

第一,金融机构的设置必须坚持设置条件,且要符合当地经济发展的需求。在民间金融不开放的情况下,上海的城市信用合作社多是由政府部门或者工会、民主党派等牵头组建起来的,除了一些基本要求外,必须以一定数量的经济实体参加为基础,必须有银行工作经验的人员参加管理,必须坚持和整个金融体制改革和金融经济的发展、需求相适应,坚持建社的条件,确保我们上海的城市信用合作社和整个上海的经济发展相适应。所以上海城市信用合作社在成立之初就有银行管理工作经验的老同志把关,一大批银行离退休老同志参与筹建,以老带新,培养了一批青年干部,为信用社的发展打下了扎实的基础。从总体上看,上海对筹建城市信用合作社的数量控制得比较好的。那么上海组建多少家城市信用合作社比较合理呢?当时社会上要求新增信用社的呼声非常高,大学、报社、民主党派、市级机关和区政府下层的经济实体都要牵头组社,可以说,金管处的门口挤破头,压力很大。我们坚决按照设置要求,在总体规划下,成熟一个批设一个,成熟一批发展一批。同时决不允许各信用社下设分支机构、随意增设金融网点,使城市信用合作社的发展与各类金融机构平衡发展,适应上海经济发展的需求。我们从上海的实际情况出发,"一百家也不算多",最终建立了99家城市信用合作社。所以上海城市信用合作社从开始到最后9年之间,我们一共发展了99家,称为"99朵玫瑰"。

第二,中国人民银行既要支持扶植城市信用合作社的发展,又要做好风险管理,把监管落到实处。上海的城市信用合作社在发展初期,国家的通货膨胀很严重,储蓄存款的利率很高,国有商业银行是由国家贴息的,而对集体所有制的城市信用合作社是不贴息的。因此城市信用合作社如果去搞储蓄存款亏损会很大。所以城市信用合作社的业务范围内虽然可以搞储蓄业务,但是我们要求他们搞代理储蓄业务,可以代理一家商业银行吸收的储蓄存款,然后全部放到商业银行,作为商业银行的存款规模。城市信用合作社只能收取代理费。同时,我们允许城市信用合作社代理保险、代理证券业务、代理税务,支持城市信用合作社增加积累,增强抵制风险的能力。监管部门争取了一些灵活的政策,对城市信用合作社的发展起了非常大的促进作用。上海的城市信用合作社的经营活动在总体上比较规范,但也出现了一些问题,根据中国人民银行总行的要求,我们也组织过几次清理整顿,及时纠偏,保证了城市信用合作社的健康发展。

第三,强化行业的自律管理。(1)在城市信用合作社筹建初期,一些符合条件的小企业投资入股,成为信用合作社的主人。股东们的权益和信用合作社的发展紧密相扣,哪个社经营得好、利润多,所获取的利益就多。建社初期和筹建合作银行时职工又分得部分股份,当年的老职工持有上海银行的股权,在银行上市后就取得了巨大的股权收入。(2)在中国人民银行的监管下,各社都制定了严格的管理制度,照章办事,管控风险,当信用合作社学会自我管理时,信用合作社就走上了健康发展的道路。(3)组建城市信用合作社协会,强化行业自律管理,这是上海城市信用合作社成功的关键。

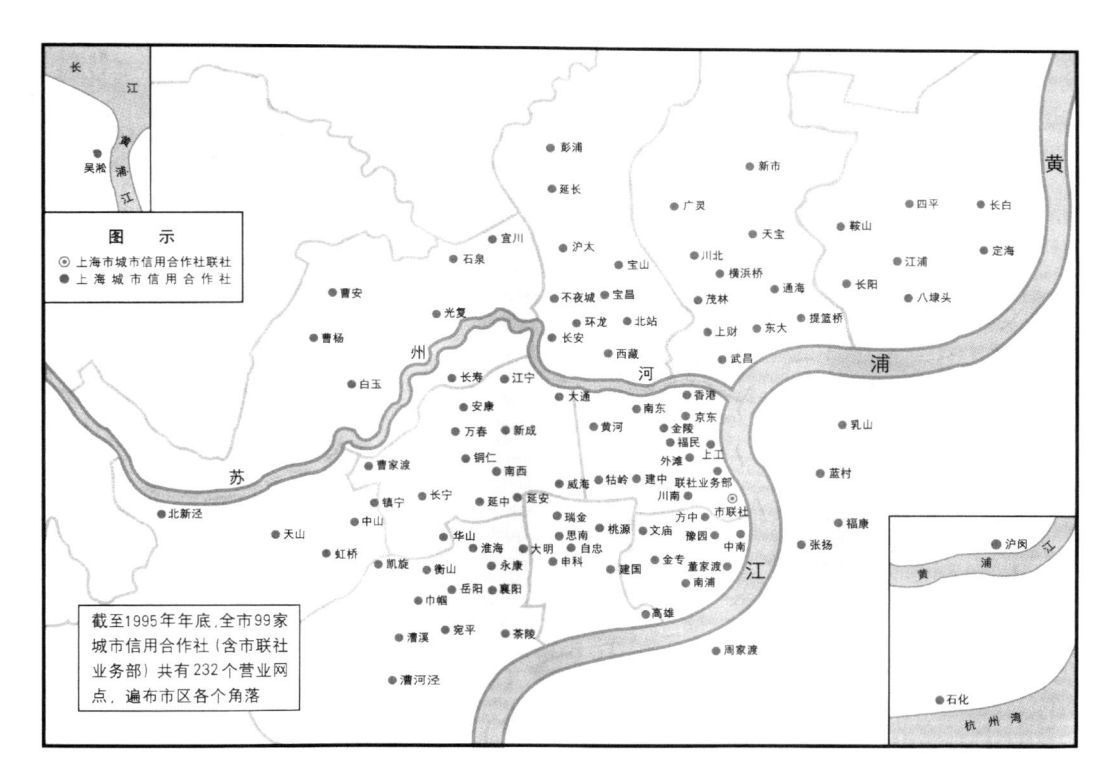

上海市城市信用合作社分布示意图

中国人民银行上海市分行一贯重视对上海市城市信用合作社业务的领导和管理。每一个城市信用合作社从申请筹建、开业到正式营业以及营业后的业务运作,都是在中国人民银行上海市分行的领导、监管下进行的。然而,随着全市城市信用合作社的迅速发展,中国人民银行的监管力量有限,颇感任务重而人手少。为此,中国人民银行协调成立城市信用合作社协会,授权协会对城市信用合作社进行一些具体的协调、管理、服务工作。1988年11月23日,中国人民银行上海市分行在印发《"关于城市信用合作社协会工作会议纪要"的通知》中明确指出:"根据规定,城市信用合作社的管理工作由市人民银行负责。因此,管理权仍在中国人民银行上海市分行金融行政管理处(简称经管处),而具体的管理、协调事务则可授权由协会负责。协会可以搞些初级管理工作,金融行政管理处则掌握大的方面,双方不搞重复劳动。"协会的主要任务是受中国人民银行上海市分行的委托,对上海市城市信用合作社从事一些初级管理工作。如新建城市信用合作社,由协会初审,提出意见,然后报中国人民银行上海市分行核批。城市信用合作社的稽核工作仍由中国人民银行负责。城市信用合作社的发展规划,由中国人民银行与协会共同研究。城市信用合作社会议由协会召开,中国人民银行金管处派员参加,城市信用合作社间的协调与管理则由协会负责。协会的成立和运作,就为监管部门把主要精力用于研究金融方针、政策和宏观调控上来,把金融监管工作落到实处。

第四,坚持创新,不断探索城市信用合作社新发展的新路。创新是金融发展的大潮流,也是上海城市信用合作社不断取得成就的一条重要经验。创新不仅有利于拓展市场、扩大资金和收入的来源,也更加方便客户、提高市场的效率。在这方面,上海城市信用合作社走出了一条自己的路。

(1)城市信用合作社成立的时候,就坚持要有银行管理工作经验的人参与筹备,一大批离退休的银行老同志参与日常经营、以老带新,为整个信用社的发展奠定了非常好的基础。

(2)风险管理还有贷款担保基金建设也是一个很好的经验。1994年7月,为探求解决中小企业,尤其是私营企业担保难的问题,宝昌城市信用合作社与闸北区商会签订支持私营企业发展的《关于建立风险保证金开展流动资金贷款的协议书》,在上海首开中小企业贷款担保基金的先河。紧接着,天山城市信用合作社、延长城市信用合作社、豫园城市信用合作社等12家城市信用合作社也相继与各区有关政府部门合作,推出中小企业风险担保基金,既加强了风险管理,又有力地支持了中小企业的发展。

(3)运行方面尝试资产负债比例管理。上海好多的金融改革、金融尝试,也可以在信用社、在小的金融体系里面进行试点的。城市信用合作社作为金融机构,必然受国家的宏观调控制约,执行国家一系列的金融政策、法规和央行的一系列制度、规定。同时,它作为独立经营的一级法人,较少担负政策性的信贷任务,实行自主经营、自负盈亏、自担风险,在市场风浪的搏击中发展壮大。在业务运行方面,城市信用合作社的发展打破了国有银行沿袭几十年的行政计划体制,实行了国际通用的资产负债比例管理制度。

1992年3月,根据中国人民银行提出的以城市信用合作社为试点,对信贷业务推行资产负债比例管理的指示精神,在中国人民银行上海市分行的领导下,上海城市信用合作社开始研究和制定具体的操作办法和实施细则,并在试点的基础上,于1994年8月在全国城市信用合作社系统内率先全面推行资产负债比例管理和信贷业务风险管理,有力地保障了上海各城市信用合作社资产质量的安全和赢利水平的大幅度提高。

城市合作银行的筹备

20世纪80年代中期以来，为城市私营、个体经济乃至于中小企业提供金融服务的城市信用合作社迅速发展，尤其在1986年至1988年这三年中，城市信用合作社的数量呈现爆发式的增长，但也正是在这三年的大发展中，城市信用合作社机构设置不规范、经营管理不规范等一些弊病显露出来。1989年起，针对城市信用合作社发展过猛，一部分城市信用合作社出现了管理不规范、规模小经营差、抗御风险能力差的现象，中国人民银行及时对各地的城市信用合作社进行了清理整顿，限制了城市信用合作社的新建。针对城市信用合作社发展过程中存在的问题，1995年，全国实行金融整顿，国家决定在一些经济发达城市，以合并重组城市信用合作社为基础，通过吸收地方财政、企业资金的方式试办城市合作银行。1997年年底，全国已有70多家城市合作银行开业。1998年，城市合作银行全部改名为城市商业银行。

上海市城市信用合作社1995年工作会议合影

1988年12月8日，上海成立了上海市城市信用合作社协会，承担起了"服务、协调、管理"的职能。在协会的基础上，后来又成立了上海城市信用合作社联社。有了联社这个基础，各地在组成城市商业银行时，上海也组成了由政府领导为主的筹备小组。上海市成立的城市合作银行筹备领导小组，组长为当时的上海市副市长华建敏，上海市政府秘书长冯国勤和中国人民银行上海市分行行长毛应樑为副组长。筹备组成员有当时的上海市计划委员会主任韩正，上海市计划委员会副主任程静萍，上海市财政局副局长刘红薇，上海市计划委员会主任助理蔡晓虹，中国人民银行上海市分行金管处处长沈斌和上海市城市信用合作社联社主任王世豪。这个领导小组在很大程度上有效解决了城市商业银行组建过程中所遇到的各类难题。

城市信用合作社组建城市商业银行最大的难题是资产和股金的划定。上海市城市合作银行共有 15 亿元的资本金，其中上海市政府出资 4.5 亿元，政府牵头上海市大中型企业出资 1 亿元，99 家城市信用合作社核定资本金 3.13 亿元以及净资产转股的 6.37 亿元。城市信用合作社净资产转股不仅仅分配给出资建立城市信用合作社的企业机构，还将 20% 分配给城市信用合作社职工，使得新成立的银行个人股东超过了 2 万人。作为我国首批设立的城市商业银行，上海市城市合作银行于 1995 年 12 月成立，并出版了详细的设立工作实录。共有 99 家城市信用合作社（1 家信用合作联社，98 家信用合作社）并入新组建的城市商业银行，城市信用合作社从此也退出了历史舞台。

1991 年 6 月，印度工会代表团访问上工城市信用合作社

20 世纪 80 年代的中国，各种新事物不断涌现，包括城市信用合作社，这是民营金融萌生与旺盛的时代。豫园信用合作社就是在金融改革的热潮中成立的。作为改革开放的新鲜事物，它甚至还吸引了一些老外前来参观。1986 年堪称上海金融机构改革的元年，从这一年开始，城市信用合作社如雨后春笋般出现在上海的大街小巷，仅 1988 年，上海就开设了 27 家城市信用合作社。与个体工商户的命运相似，城市信用合作社虽然获得了营业执照，但相比国有专业银行，像是漂浮在汪洋大海上的一只"小舢板"。上海的城市信用合作社大多从街道的弄堂起步，也许正是这样的艰苦环境把信用社与个体工商户和集体企业紧紧地绑定在一起，才互相依靠生存下来。

1988 年，时任中国人民银行上海市分行行长的龚浩成反复强调："上海这么大一个城市，一百家城市信用合作社不算多。"有了领导的鼓励，中国人民银行上海市分行金管处便放开手脚，加快了审批的速度，为城市信用合作社提供了更好的服务。

后记

20世纪80年代,上海的城市信用合作社大多从街道的弄堂起步,在金融改革的热潮中成立,很多地方直到今天还不断吸引着游客前来参观。正是由于沈斌等一批改革者的推动,才能在艰苦环境中,把信用合作社与个体工商户和集体企业紧紧地绑定在一起,互相依靠生存下来。沈斌老师"解甲归田"后,仍非常关注市场变化情况,在他看来,金融机构需要市场化的风险定价,因此支持中小微企业生产发展,相比"融资贵",更值得关注的是"融资难",改善中小微企业的融资环境是必需的。

(口述:沈　斌　　撰稿:杨　刚)

3 金融开放与监管的探路人

——访蒋明康先生

蒋明康

人物小传 »»»

蒋明康，1986年毕业于上海财经大学国际金融专业，毕业后进入中国人民银行上海市分行外汇管理处工作，负责外债管理工作。1994年起，蒋明康开始负责对外资银行的监管工作，形成了从监管债务到债权的工作"闭环"。1986~2016年，蒋明康历任上海银监局副局长等重要领导职务，这30年，也恰恰是我国金融业逐步走向开放的30年。作为监管者和探路人，蒋明康在岗期间亲自参与了诸多相关领域重要监管条例的起草和修订，为我国金融业对外开放贡献了他的青春和智慧。

大时代下的小故事

1949年至1978年，我国经历了漫长的社会主义金融体系建设的探索时期。1978年至1984年，我国进入金融体系恢复时期。1978年年初，五届人大一次会议决定将中国人民银行总部从财政部分离，标志着我国现代金融体系建设的开端。同年12月，随着十一届三中全会的召开，我国迈出了经济体制改革的步伐，我国金融业改革也就此开始。6年间，我国恢复并设立了专业金融机构，初步形成了以中国人民银行为主，中央银行、工商银行、农业银行、中国银行、建设银行为专业银行，中国人民保险公司和中国中信集团有限公司为辅的金融体系。同时，恢复了国债的发行，国家调整了人民币汇率，迈出了金融领域对外开放的步伐。1985年至1991年，我国金融体系进入扩展阶段。此期间，蒋明康从上海财经大学金融学院的国际金融专业毕业。

"工作上98%的知识要靠自学"

蒋明康说:"任何问题都有对应的解,并不存在真正的难题,所谓难题,只能说明你暂时还没找到答案。"

从上海财经大学毕业后,蒋明康供职于中国人民银行上海市分行外汇管理处。此期间,蒋明康亲历了1988年南浦大桥和1991年杨浦大桥的筹建工作。由于项目耗资巨大,中央的拨款和借款远不足以支持项目建设所需的全部资金,需要通过举借外债来进行项目融资,但当时的中国还没有银团贷款相关的合同范文及可参考书籍。蒋明康和两位同事亲自找来其他国家已有的银团贷款相关合同文本,逐字逐句地进行翻译,仔细地进行研究对比,然后结合我国实际情况,起草了我国第一份银团贷款合同。

由于一切都是从零开始,没有任何先例可循,在此过程中,他们遇到了许多困难。比如在项目建设过程中需要与外方银团进行谈判,谈判时外方牵头的银团都有自己的专用律师,我国当时并没有精通这一领域的律师,所以没有自己的专业律师。蒋明康说:"项目建设融资过程中面临了诸多困难,一切都是从无到有,非常艰难。"再比如,起初我国缺乏相关的担保经验,也没有相关的法律法规、管理办法等作为依据,蒋明康与同事又一同研究并编写了国务院第一个担保条例——《对外担保暂行管理办法》。

据蒋明康阐述,当时南浦大桥的建设项目涉及提前还款问题。根据亚洲银行惯例,由于提前还款会扰乱贷款方的计划,造成经营损失,因此通常还需要另付一笔额外开发费用。后来,经过我方的努力争取,双方决定坐下来进行闭门谈判,经不懈努力,亚洲银行最终不仅同意免收这笔额外费用,还同意自此以后的提前还款都无需再另外付费。

蒋明康很骄傲地说:"因为他们当时预计我们会越来越有钱,这笔贷款一定能提前偿还。"事实印证了蒋明康的话,后来杨浦大桥建设项目的贷款也提前还款了。"这些事告诉我们,要对国家和自身有信心,当下没有钱可以借,以后会有能力提前偿还的,这和买房是一样的道理。"他补充道:"对国家的预测和对自己的预测是类似的,不要惧怕借债,要在刻苦努力的前提下对自己有信心。"

"借外债以后要做货币掉期,也是从中国银行的一个经验教训中学到的。"蒋明康说,"上海瑞金大厦项目建设时借了日债,因当时经验不足,没有进行套期保值,加之日元升值,还款时需归还所借钱的两倍之多。自此以后,我们才开始意识到汇率是有变化的,需要进行预测,借外债的同时要学会做货币掉期。"这也是蒋明康所说的要在市场变化中不断学习的例证。

1994年起,蒋明康开始从事对外资银行的监管工作。在外资银行进入中国之初,我国缺乏相关的监管经验,亟须建立起一套针对外资银行的监管体系。蒋明康与同事不远万里奔赴发达国家的同类监管机构拜访学习、借鉴经验,回国后起草了我国最早的《外资银行监管条例》。蒋明康说:"要向发达国家的监督管理制度学习,更要在市场中不断学习。我国目前商业银行的基本业务逻辑、内部管理制度和公司治理等也都借鉴、参考了发达国家的相关做法和经验教训,这让我们少走了很多弯路。"

蒋明康在访谈中还一直强调终身学习的重要性,根据他个人的学习和工作经历,他说:"市场是不断变化的,实际工作所需的知识能在学校学到的仅占 2%,而其余的 98% 都需要靠自学。"蒋明康认为,大学期间的学习除了能为我们今后个人发展奠定良好的专业基础外,更重要的是培养我们终生学习的能力和习惯,正所谓"授人以鱼,不如授人以渔",我们要在市场的变化中不断学习、完善和发展自己。

"先有儿子,再有老子"

1979 年至 1985 年间,上海的外债主要来自中央"三部两行"[①]的外债项目,总体债务规模小且均采用统借统还方式,由国家直接计划安排。1986 年国务院批准实施"九四方案"[②],采取在中央批准的额定范围内自借自还方式,上海的外债规模迅速增加,形成了持续数年的举债高峰。在此期间,上海的外债规模从 1986 年的不到 1 亿美元猛增至 1991 年的 31 亿美元。

在蒋明康看来,举借外债才真正标志着我国金融业对外开放的开端。上海作为我国金融业聚集程度和发展水平最高的城市之一,也是我国最早尝试举借外债的城市。1979 年,中国银行从中国人民银行分设出来,主要负责履行国家外汇管理的职能,彼时只有中国银行经营国际业务,其他各大国有商业银行尚未开展国际业务。因为上海是我国最早开始举借外债的城市之一,这些银行在上海的分行率先代表总行尝试开展国际业务,向国外借债,由此打开了我国举借外债的历史。蒋明康说"这种地方分行先行,总行后续跟上的'先有儿子,再有老子'的模式是非常特别的,由特殊的历史发展阶段所造就,之前没有先例,后来也不会再有。"

"上海人具有吃苦耐劳的精神"

后来,蒋明康进入上海银监局工作,他回忆起曾因工作需要与上海市纪委的同志同去上海一些工厂进行考察的情形。至今令他记忆犹新的是,这些工厂的工作环境都非常嘈杂,所用设备大多是由欧美发达国家淘汰而来,工人的工作条件十分艰苦。工人们上班基本靠乘公交车,上班高峰时公交车里面挤满了人,有时连车门都关不上。工人们为了不迟到,人再多也要硬挤上去,车上的拥挤程度甚至夸张到有人全程只能一只脚站着。

上海普通百姓的住房也很紧张,很多人都是三代人共住一间房子,"挤挤"一堂,只能拿窗帘隔开,做事都要蹑手蹑脚,尽量保持安静。"那时上海大部分普通人的生活条件和

[①] 三部两行指当时的经贸部、财政部、农业部、中国银行、中国人民银行。
[②] "九四方案"即 1986 年上海经国务院批准,可利用外债 32 亿美元,其中 13 亿美元用于企业的技术改造项目,14 亿美元用于大桥、地铁等市政工程建设,5 亿美元用于宾馆等第三产业建设。

工作条件都很艰苦,但上海人民还是非常勤奋努力,纪律性也很强。"蒋明康说,"这段经历至今都令我印象深刻,甚至对我整个人生都有很大影响。"蒋明康出生于上海西南近郊的金山区,他笑称自己是"草根",说正因如此,他更明白刻苦努力的重要性,一定要靠自己脚踏实地的努力才能做出一番成绩。

20世纪90年代的上海是逐渐迈向蓬勃发展的上海,千千万万普通上海人在自己岗位上的勤奋努力造就了上海的发展,成为一个时代的烙印。

"拨改贷"与广国投事件

在"拨改贷"①之前,国有企业的资金都来源于国家财政的无偿拨款,大众普遍认为财政资金和国有银行的钱都属于国家,不过是从"左口袋"到"右口袋",企业也靠财政拨款发工资,当时工人的工资也都是固定的。这种资金供应的"大锅饭"曾在一定历史时期为我国集中财力保证重点领域的建设提供了很大的帮助,但随着时代的发展,其弊端也越来越明显,比如过分强调行政干预,导致市场投资效率低、工人懈怠、工期拉长等诸多问题。

为了提高投资效率、改善投资结构、增强企业的资金周转和利息观念,1979年国家首先在北京、上海、广州三地及纺织、轻工、旅游等行业试点"拨改贷"。"拨改贷"后,企业的资金来源从财政无偿拨款变为银行贷款。银行贷款与财政拨款不同,需要先对企业进行审核,对符合条件的企业进行放贷,最后企业还要按期偿还本金和利息。但当时许多企业由于一时无法实现转变、适应新模式,依旧"坐等"银行贷款给工人发工资,甚至有些企业出现了拖欠、拒绝归还银行贷款的现象。

蒋明康说,不仅许多国人在转型之初表示不理解,当时在华的外资银行也不了解我国的实际情况,认为我国国有企业的借款有政府的信用作背书,于是放心大胆地给国有企业放贷,直到轰动一时的"广国投事件"发生以后,外资银行才开始意识到事实并非如他们所想。

改革开放后,政府为了对外融资,成立了政府实际控制的"窗口"公司,以"窗口"公司的名义对外借贷和发行债券,广东国际信托投资公司(以下简称广国投)便是在此背景下于1980年成立的。中国人民银行批准其为非银行金融机构,并享有当时工商银行、农业银行和建设银行都没有的外汇经营权。1983年起,广国投先后与日本、美国、英国、法国等国家的数十家银行签订了贷款协议,信贷额度超过3亿美元。在国际债券市场上,广国投在成立之初便每年向中国香港、欧洲等地发行大额债券。当时的广国投以其规模、海外关系和政府背景而著称。1997年,其主要债权人所在地(日本、中国香港)受亚洲金融危机冲击,收缩对外投资,要求广国投马上偿付巨额对外到期债务。因为自身过分扩

---

① "拨改贷"是指我国基本建设投资由财政无偿拨款,改为通过当时的"中国人民建设银行"(现"中国建设银行"前身)以贷款方式供应的制度,即国家对基本建设投资由拨款改为贷款的简称。它是固定资产投资管理体制的一项重要改革。

张、管理混乱、内部腐败等问题,广国投最终难以偿付巨额外债、应对危机而宣布关闭并宣告破产。在此过程中,政府未对广国投施以援手进行行政干预,广国投作为企业风险自负,是我国在"拨改贷"转型过程中实现政企分开的试金石。

作为"拨改贷"转型的亲历者,蒋明康说这是一个艰难的过程,不仅是国家由财政拨款到银行贷款的简单转变,更是众人对国有背景企业及机构存在政府信用背书观念的一种转变。

对外开放与外资银行进入

改革开放以来,我国一直把银行业改革作为一项重要工作推进,银行业对外开放作为银行改革的方向之一,其典型表现是允许外资银行进入我国市场。40多年来,我国银行业逐步有序地推进改革开放,行业的深度和广度都有了巨大变化。

外资银行进入中国的历程

改革开放初期,我国银行业开放的步伐较为缓慢,当时国家允许外资银行进入我国,主要是为了满足我国总体经济发展的需要,配合我国引进外资的整体战略。1980年,日本输出入银行在北京设立首家代表处。两年后,南洋商业银行在深圳开设首家分行。

关于外资银行进入我国的最初动因有诸多不同的观点。在蒋明康看来,以上海为例,20世纪90年代初期,由于浦东开发开放亟须大量引进资金和技术,为吸引外资和外资企业的进入,需同时引进服务于外资企业的外资银行,这是最初上海引进外资银行的重要动机。蒋明康回忆道:"当时,外资企业尚未大量进入我国,也未曾与我国企业发生交易,不了解我国国内具体情况,而一些外资银行'嗅到先机',他们作为'先遣部队'率先进入我国,'勘测'我国总体经济情况和政策环境。在对我国市场情况有了初步了解后,回去反馈给其所服务的跨国公司,以此引领外资企业逐步进驻上海。"

就这样,20世纪90年代初上海就迎来了一大批外资银行和外资企业的进驻。1996年,上海成为首个外资银行参与人民币业务的试点城市。

蒋明康说:"当时上海作为首个试点城市,依旧是没有任何先例可循,留给我们的又是一个个需要攻克的难题和挑战。"首先,通过大量翻阅资料,一遍遍地撰写、讨论、修改,他们从无到有地制定了外资银行经营人民币业务的相关规则。其次,经营人民币业务的银行要有票据交换的相关资格,这需要外资银行的相关人员进行考试,考试内容包含借贷等会计知识。但由于外资银行系统的信息化、智能化程度很高,不需要员工懂会计知识,银行的日记账、总账都是由系统自动生成,外资银行的员工大多不懂我国的相关会计知识,导致外资银行当时难以在短时间内获得此资格,这又是需要解决的问题。蒋明康还列举了当时他们所面临的诸多难题。

21世纪初,随着我国加入WTO,外资银行在华进入加速化发展阶段,人民币业务的经营范围逐渐扩大至内地城市。2002年至2005年间,外资银行累计在我国25个城市开办了人民币业务。此后,我国又逐步取消了外资银行经营人民币业务的客户限制和地域限制,而且全面开放了设立分支机构的区域限制,给予外资银行以国民待遇。2019年11月,国务院发布相关意见,意见指出,将全面取消在华外资银行等金融机构业务范围的限制。因此,我国银行业对外开放程度不断提高。

外资银行的监管政策

随着我国银行业的逐步对外开放,整体银行体系结构和市场格局都随之发生改变,对外资银行的监管政策也不断推陈出新。

1983年,我国制定了第一部针对在华外资银行的法律文件——《关于侨资、外资金融机构在中国设立常驻代表机构的管理办法》。1985年,国务院出台《中华人民共和国经济特区外资银行、中外合资银行管理条例》,允许外资银行在经济特区建立营利性机构。1990年,上海成为首个除经济特区外获准引进外资银行营业性机构的沿海城市,并出台了相应的管理办法。6年后,中国人民银行颁布《上海浦东外资金融机构经营人民币业务试点暂行管理办法》,该管理办法的出台标志着浦东成为首个允许外资银行经营人民币业务的试点地区。2006年,国家又修订了《中华人民共和国外资银行管理条例》及《实施细则》,允许外资银行法人化改制,将分行转为在中国注册的法人银行,享受国民待遇。

在此过程中,各项相关法律、法规、条例、管理办法的出台见证了外资银行逐渐进入我国的整体历程,也为监管机构更好地对外资银行进行监管提供了参考标准。

中国人民银行对外资银行和本土银行实行分开监管。"虽然外资银行和本土银行在业务类型、业务内容等方面十分相似,但却风格迥异。"蒋明康根据他的既往工作经验说道,"在对外资银行进行监管时,需监管当局对外资银行的企业文化、行事风格有一定了解,只有这样才能更精准、有效地进行监管。"蒋明康还强调,对外资银行的监管要遵循"对等原则",要建立备忘录,同时最好与其母国监管当局建立合作关系,便于信息互通,更高效地对外资银行进行监管。

外资银行的管控模式

"从硬件方面来看,相较于我国本土银行,外资银行的网络信息系统更为先进完善,信息化、智能化程度更高。"蒋明康如是说。比如大多外资银行的总行与全球各分行间都有完善的远程联网系统,该系统保证了总行对各地分行的每一笔业务实时知晓,打破了地域限制,有效提高了总行对分行的管控效率,这为外资银行"走出去"提供了最基本的技术支撑。

蒋明康还说,据他观察,外资银行特别重视总纲(reporting line),整体银行的内部管理都离不开总纲。比如上级对下级的报告一定要尽可能及时做出反馈,或指出问题或做出决策,这能有效避免中间环节职责不清等问题,同时也保证了管理流程中的每个环节有人把控、有人负责,可有效避免常识性错误的发生。

外资银行也十分注重企业文化的建设。总行会定期对各地区分行进行走访,走访的主要目的在于检查各分支机构的企业文化氛围是否与总行一致,对不一致的要求其查找原因并进行整改,务必保证分行的文化不能游离于总行之外。蒋明康说,对外资银行来说,企业文化是规矩,没有规矩就没有其独特的企业文化。

外资银行的服务对象和业务范围

在蒋明康看来,外资银行大多有着清晰的自身定位,大部分外资银行在我国仅经营对公业务,不提供个人业务。外资银行在我国的服务对象主要集中于跨国公司及在跨国产业链上与其有合作的中资企业,且由于大多外资银行有良好运作的集团统一授信制度,外资银行与其所服务的跨国公司间的合作十分便捷高效。蒋明康说:"外资银行与其所服务的外资企业、跨国公司可以说是'相互依存'的关系。"

蒋明康用"十分本分"四个字概括性地评价了外资银行的特点,即外资银行所提供的服务非常传统和基础,其创新主要体现在所提供服务的方式方法和风险防范的手段方面,外资银行很少会在尚未完全摸清市场的情况下开展新业务。

鉴于外资银行清晰的市场定位和有别于我国本土银行的目标客户群,蒋明康认为,外资银行的进入不但不会对本土银行造成负面影响,反而有利于我国本土银行在内部的管理思路、管控模式等方面向其学习借鉴,提升我国本土银行的综合竞争力。

蒋明康对30多年来我国以银行业为代表的金融对外开放历程的回忆和评述,是我们国家金融记忆中的珍贵片段。蒋明康既是见证者,也是亲历者,他的叙述带领我们回顾了我国银行体系从逐步建立到逐渐开放的过程,也窥见了历史发展过程中我们曾面临的诸多困难与挑战。上海作为我国金融业对外开放的"试验田"和"主战场",在我国金融开放中占据了最前沿的位置。如今,上海已经成为我国金融发展环境最佳、市场体系完备程度最高的地区之一,我们也将带着这份骄傲继续努力,向着建设国际金融中心的目标迈进。

后记

在采访过程中,蒋明康先生娓娓道来,将中国30多年来银行业对外开放的画卷缓缓展开在我们面前。时光荏苒,留下的不仅是一段令人荡气回肠的记忆,也是中国金融发展历程的最好见证。

作为将中国银行业对外开放的亲历者和探路人,蒋明康对这些年来的中国巨变,对中国金融业的发展历程感慨万千,更对新一代年轻人有着诸多期许。如今的中国金融已进入转型变革的重要时期,面对行业的深度调整,蒋明康希望年轻人能在保持理性、避免常识性错误的基础上夯实基础、敢闯敢为,肩负起新时代的使命和责任,为现代化发展之路下的金融业发展贡献自己的智慧和力量。

(口述:蒋明康　　撰稿:徐晓萍)

4　上海金融改革的同行者

——访张伟国先生

张伟国

人物小传 》》》

张伟国，1957年10月出生，1992年毕业于上海财经大学货币银行学专业，硕士研究生，经济师。1991年7月至1994年3月，先后任中国人民银行上海市分行计划业务处副处长、处长；1994年3月至1995年2月，任中国人民银行公开市场业务操作室副主任；1995年2月至1997年11月，任招商银行上海市分行副行长；1997年11月至2002年2月，任中国光大集团有限公司(香港)财务部副总经理、总经理。2002年起在上海银行担任副行长、执行董事，城市商业银行资金清算中心理事长，上海银行(香港)有限公司董事，2017年11月从上海银行副行长与董事的岗位上光荣退休。

张伟国的学习与工作经历十分丰富，他亲身经历了近三十多年诸多金融改革的重大事件。

新形势下的金融求知者

1987年，上海被国家列入金融体制改革试点城市，市场经济蓬勃发展。1987年4月1日，重组后的交通银行正式对外营业，成为中华人民共和国成立以后的第一家全国性股份制商业银行。1988年，上海成立了万国证券、申银证券和海通证券三家证券公司，同时外汇调剂中心也在上海落成……这一切都意味着上海的金融事业跃上了一个新的台阶，也对金融从业人员提出了新的挑战。

1989年，已在银行工作了近9年的张伟国有幸得到时任中国人民银行上海市分行行长龚浩成等人的推荐，参加了上海财经大学硕士研究生入学考试，并于9月份入学。在上海财经大学读了三年半后,他于1992年12月顺利毕业,获得经济学硕士学位。

当时的学习生活十分辛苦。由于是在职读研,张伟国边工作边学习,每周的星期一和星期三,从下午一点一直学习到晚上八点,星期六学习半天。大家上课的方式主要是按公共课和专业课分大小班,比如经济学理论、资本论、统计学、外语和哲学等公共课采用大班制,而专业课就用小班授课的形式,但小班课也允许部分人旁听。当时研究生第一学年的两个学期以公共课为主,第二学年和第三学年转到以专业课为主。

在上海财经大学学习期间,张伟国先生深有体会的是三点:第一,上海财经大学在教育改革方面是领先的,不仅在学制安排、学科内容设置等方面有自己的特色,而且教学内容在国内处于前沿水平。老师对教材的讲解也不局限于金融理论与基本概念的分析,而是结合当时计划经济向市场经济转变的大环境。第二,老师的教学方式是灵活与有效的,多采用开放式的授课,鼓励学生们共同讨论。第三,上海财经大学的老师都非常敬业、恪尽职守,同时,良好的学术氛围也给大家留下了深刻的印象。

在张伟国的印象中,记忆特别深刻的老师有王学青与龚浩成两位老师。王学青老师上课非常认真,为人严谨并注重细节,他写黑板字一笔一画,非常工整。王学青老师对学生的要求也非常严格,经常会给大家指出做错或需要完善的地方。龚浩成老师是另一种严谨的风格,他在学术研究领域对自己的要求非常高,经常会在问题的看法、对国家大事及金融改革发展的想法等方面指点学生,然后提出如何结合实际进行研究和开展工作。此外,戴国强与其他一些老师也经常给予大家诸多的学业指导。

2018年5月12日,由上海财经大学与鸿儒金融教育基金会及复旦大学共同主办的2018年度"中国金融学科终身成就奖"举行颁奖典礼,庆祝上海财经大学金融学家王学青教授和复旦大学金融史学家叶世昌教授获此殊荣,张伟国参加典礼并致辞

上海财经大学当年一共招收了十几位在职研究生,分别来自政府、企业和银行。来自政府机构的同学包括周太彤、徐建国和石良平等。来自企业的有上海家化的葛文耀及部分企业家与财务总监。来自银行的一共有三人,除张伟国外,还有中国人民银行的李

安定、中国工商银行的梁光伟。

2017年7月,张伟国(左三)和上海财经大学金融学院部分同班硕士研究生同学于上海银行大厦聚会合影

这届研究生中,货币银行学专业一共三人,大家各有自己的工作特点与专长。张伟国当时在中国人民银行上海市分行计划业务处工作,对整个上海的宏观经济、货币政策很熟悉。李安定是中国人民银行办公室的,除了货币政策外,在其他业务方面也涉猎较广。梁光伟当时在中国工商银行工作,对银行业务方面比较熟悉。在中国向市场经济转轨以及金融改革开放不断推进的背景下,现实中存在很多亟待解决的问题。大家在上专业课的时候,都是带着问题来和老师进行交流的,对当时的热门课题经常会展开激烈争论和探讨,比如大家会讨论在计划经济转轨条件下,商业银行的经营理念要如何转变?管理机制要怎样变化?会争辩在金融市场发展过程中,商业银行的业务要如何同市场经济接轨、国家的金融管理政策要如何调整……当然,由于同学们的基础与背景不同,对这些热门话题的思考角度也不同,大家经常会存在一些争论。当时的任教老师都非常开放,他们会在课堂上和同学们进行交流,并根据实务情况及其变化来修改与完善教材。

张伟国非常感谢上海财经大学为他提供了一个良好的学习机会,他认为在上海财经大学这段时间的学习,不但大大提升了理论水平,也拓宽了视野,为他本人及之后的工作发展奠定了扎实的基础,也为他日后兼职上海财经大学金融学院教授、培养硕士研究生打下了根基。

上海信贷资金管理体制改革的践行者

1991年7月至1994年3月,张伟国担任中国人民银行上海市分行计划业务处处长,他深刻地体会着我国资金管理体制的重要变革。

20世纪80年代,中国的信贷资金管理实行"统一计划,划分资金",主要通过各专业银行的条条渠道来分配资金。

为了振兴上海经济,根据中央的要求,上海市人民政府在1985年提交了一份名为《上海经济发展战略汇报提纲》的报告。后经国务院批准,于1986年9月1日起在中国人民银行上海市分行(当时还有深圳市分行一起试点)率先推行信贷资金"差额包干"与切块管理。所谓切块,是指上海的工商银行、农业银行、中国银行和建设银行分行的信贷计划和资金不再分别由各家银行的总行调度和管理,而是统一归中国人民银行上海市分行管理。这样,各专业银行市分行在信贷计划与资金分配上同其总行及上级分行脱钩,纳入中国人民银行上海市分行的年度信贷计划,由中国人民银行总行审批并下达,实行差额控制,这样就可以改变原来的"条条"管理体制,促进上海经济的发展。

当时在中国人民银行上海市分行计划业务处里,张伟国承担着计划条线工作。所谓"计划条线",是指整个上海的货币信贷管理主要由计划业务处通过计划条线进行管理,即制定年度银行信贷资金的投放计划,进行资金管理和资金调度。

张伟国清晰地记得上海市领导对资金管理的关心与重视。时任上海市委书记的朱镕基同志曾批示:广东资金相对宽松,有何经验可鉴?为此,上海市计划委员会和中国人民银行上海市分行组成了包括张伟国在内的四人组赴广东调研。回沪后,考察组向市领导递交了报告,对加强与完善上海资金管理提出了政策建议,获得市领导的肯定。

上海的信贷资金管理工作一直走在全国前列,大家在这方面做了很多工作,成果也是十分显著。从效果来看,信贷资金切块管理在总量和结构上都为支持上海改革开放发挥了重要的作用:一是通过金融的杠杆,将存款资金留在上海,对上海经济的发展、重大项目的推进、浦东的开发都起到了决定性的作用;二是在保重点、调结构方面发挥了很好的合力作用。

从资金总量来看,1985年上海金融机构贷款余额为307.10亿元,而1997年各项贷款余额已达到4 162.33亿元,1985年到1997年的十几年期间增长了十多倍。同时,这些年间上海的多个重大建设项目,如金山石化、宝钢一期二期、上海污水处理系统、桑塔纳轿车的合资和杨浦大桥的建设等,都靠信贷资金的支持才得以顺利完成。

中国央行公开市场业务的操作者

1994年至1995年,张伟国见证了中国外汇公开市场操作的筹备及运作。

1980年10月,我国开始允许外汇调剂,随着外汇交易开放的推进,各地都组建了外汇额度调剂中心,业务范围也不断扩大,外汇市场交易与外汇价格出现了一些混乱,建立统一规范的外汇市场成为中国外汇管理制度改革的主要方向。

1993年年底,党的十四届三中全会通过《中共中央关于建立社会主义市场经济体制若干问题的决定》,提出要发挥市场机制在资源配置中的基础性作用。1993年12月28日,中国人民银行发布了《中国人民银行关于进一步改革外汇管理体制的公告》,自1994年1月1日起进行外汇体制的重大改革,奠定了我国以银行结售汇和全国统一规范外汇市场为基础,以有管理浮动的市场汇率为核心的外汇管理体制框架。

这次改革的重要内容之一就是建立外汇交易中心。1994年4月4日中国外汇交易中心正式联网运作,由商业银行作为合格的外汇交易商在外汇交易中心统一交易外汇。外汇交易中心的建立有两方面的重大作用:一是从管理角度实现了国家对外汇市场供求的有效调节;二是从国家储备角度,外汇交易市场的建立提升了我国外汇资金实力,又创造了中国人民银行通过公开市场投放人民币的新渠道。

当时外汇公开市场交易是除经济计划手段、利率管理手段之外我国可以运用的第三种手段。外汇交易中心是一个中介机构,公开市场业务操作室是外汇中心里的一个交易主体,代表国家进行外汇买卖。当时,公开市场业务操作室是用国家储备的人民币来购买商业银行出售的外汇,由投放人民币基础货币变成外汇储备,达到吸纳外汇储备、调节外汇市场供求的效果。可以说,公开市场操作业务在当时是一个非常先进的理念,它不同于以往的计划操作,完全转变为基于市场的操作,开启了人民币与外汇、国债的市场化交易新模式。

从业务上看,当时的公开业务市场操作先是中国人民银行根据国民经济发展状况决定年度的总体公开市场业务要求,然后操作室结合宏观经济形势、国际市场波动等情况进行分析,最后决定外汇交易的操作。在市场化的交易机制下,操作室在制定市场化交易策略时,会了解与跟踪市场交易情况、交易对手情况、代表性的外贸集团公司的发展情况,分析判断外汇市场的行情、我国未来的外汇进出规模及速度等情况。

中国人民银行公开市场业务操作室于1994年3月正式在上海设立。回忆起当时紧张而又"首吃螃蟹式"的筹备情景,担任首任操作室副主任的张伟国依然心情激动:"我们上海分行共四个人出来参加筹备工作,其中包括现在仍然在公开市场业务操作室工作并担任主任的朱沛与副主任潘钧两位,中国人民银行总行资金司派来几位。时间紧,担子重,更没有任何经验,而且还是外汇市场的操作,这项工作的压力可想而知。"

在张伟国的印象中,比较深刻的事件是去美国调研。1993年年底,在公开市场操作室筹备时,由时任中央银行资金司司长兼公开市场操作室主任的尚福林带队,包括吴晓灵在内的一行六人去美国考察公开市场操作。他们先后访问了美国联邦储备委员会(美联储)、美国财政部、世界银行和国际货币基金组织等部门与机构,同时还访问了一些大型银行,向他们学习如何实现外汇交易市场的公开市场业务操作。美联储最大的分行是纽约联邦储备银行,它是公开市场操作的执行机构,设有公开市场操作室以执行公开市场操作业务的指令,实现美联储关于货币吞吐量的计划目标。美国公开市场操作是通过美国政府债券的买卖来投放与回笼货币,这不同于我国公开市场操作业务(我们是通过

2006年4月，张伟国在JP摩根北京中国年会上做专题发言

外币来实现人民币的吞吐），虽然工具对象不同，但是可以学习美国公开市场操作的交易机制和操作内容。他们当时从美国了解了公开市场业务操作一系列的内容和办法，包括交易系统、竞价机制、对手机制和计算机制等。这为后来国内的外汇公开市场操作提供了基础。

在中国人民银行总行的领导下，在大家的努力下，公开市场操作室的筹备最终取得了圆满成功，并在1994年4月18日开锣当天顺利买入第一单外汇。

现代商业银行经营管理者

1995年，张伟国从中国人民银行出来，他的角色便转换为商业银行的经营者，先后担任招商银行上海市分行副行长（1995年2月～1997年11月）、中国光大集团有限公司（香港）财务部总经理（1997年11月～2002年2月）、上海银行副行长（2002年2月～2017年11月），直至退休。

张伟国从中国人民银行出来后的第一站是招商银行，这是为了配合深圳的发展而于1987年在深圳蛇口设立的一家股份制商业银行，作为中国境内第一家完全由企业法人持股的股份制商业银行，它推动了我国银行业的改革试点工作。

在经营方面，招商银行非常注重发展个人业务，开创了中国银行业的多个第一。当时该行的知名产品有金葵花系列，1995年7月又推出了具有里程碑意义的、我国境内第一个基于客户号管理的借记卡产品"一卡通"。1996年在国内率先实现储蓄全国通存通兑及公司业务通存通兑。1997年4月开始推出首个真正意义上的网上银行——"一网通"……招商银行也注重个人服务的标准化,1997年3月,招商银行同时获得英国BSI太平洋有限公司和中国船级社质量认证公司颁发的深圳地区储蓄服务ISO9001质量保证体系认证书,成为我国内地首家获得ISO9001证书的商业银行。好品牌、好服务推动了个人业务的迅速发展。

当然,除了个人业务外,招商银行的公司业务也定位明确,以交通系列为主,当时上海的港区轮船、集装箱、中海油和交通运输部的远洋企业等都是招商银行公司业务的主要客户,这些公司业务也为招商银行的发展起了很大的促进作用。

张伟国认为当时招商银行的发展优势突出表现在四个方面:一是经营管理机制灵活,经营效率高;二是市场策略好,注重个人业务的发展;三是不断创新,较好地把握了市场的发展,抓住市场需求进行产品创新;四是面临的机遇好,招商银行赶上了中国20多年经济发展的好时机。

从央行公开市场业务的操作者转到招商银行上海市分行担任副行长,从在中国人民银行作为管理者到商业银行作为经营者,张伟国在招商银行一待就是三年。这三年时间中,他最大的体会是:中国经济市场化进程中要有多元化的金融机构以适应不同的市场需求;在以四大行为主的国家专业银行体制下,各银行的经营要找到好的策略,而不能眉毛胡子一把抓。

从1997年11月开始,张伟国担任中国光大集团有限公司(香港)财务部总经理,转到中国香港工作。

不同于招商银行,中国光大集团采用的是双架构体制:1983年在中国香港创办了中国光大集团有限公司(集团香港总部),1990年在北京成立中国光大集团总公司(集团北京总部),形成一个集团两个经营总部的管理模式。张伟国在光大集团身兼两职,以在中国香港地区工作为主,但每个月都要去位于北京的管理总部一到两次。他当时在集团的财务部工作,主要负责集团的内部财务和资金调度,同时也身兼光大集团董事和光大集团在中国香港上市的子公司——光大国际的董事。

张伟国在光大集团工作的那几年是中国香港金融十分不平静的几年。

在1997年香港回归的背景下,光大集团内部实施了业务发展的战略性调整,确定向金融转型。但在中国香港,光大集团面临着中资企业如何转型与发展壮大的挑战。中国香港的金融体制相对成熟,法律体系、财务体系和管理制度与中国内地存在一定的差异,因此当时光大集团要在中国香港的金融市场上生根发展其实很不容易。

其次,1997年年底发生了亚洲金融危机,1997年6月和7月泰国金融动荡,7月2日,泰国最终放弃固定汇率制,实行浮动汇率制度,引发了一场遍及东南亚的金融风暴。10月下旬,国际炒家转向中国香港,矛头直指联系汇率制,经过血战,香港特区政府在国家的支持下成功地捍卫了汇率制度,但各种资产的价格狂跌还是使集团财务部面临很大的资金压力。

那段时间,光大集团面临巨大挑战。为了应对风暴,集团把业务逐渐转为以金融为主。为此,光大集团扩展了光大证券,成立了光大保险公司,而后又进行了业务调整,在设立一系列对外金融投资项目的同时,收缩和处置了老的和小的工业企业项目,投资基础设施建设……在张伟国离任的那年,光大集团又转到环保投资领域。后来,随着大量中国内地企业到中国香港上市,光大集团作为金融集团为上市公司提供投资服务和商业服务,这为光大的进一步发展提供了机会。

2002年4月,经上海市政府同意,张伟国担任上海银行的副行长。

上海银行的前身是成立于1995年12月29日的上海城市合作银行,总行位于上海,是由当时在上海的98家信用合作社和1家市信用合作联社的基础上合并发起设立建成,资本合计为15.68亿元。2000年,"上海城市合作银行"正式更名为"上海银行股份有限公司",股本增至20亿股,包括国际金融公司(IFC)参股。2001年,上海银行又引入了香港上海汇丰银行参股8%、香港上海商业银行参股3%,同时,IFC增持至7%。

张伟国加入上海银行的2002年,上海银行已成立7年多,形成了约占上海地区银行总资产的百分之十左右的规模。他任职后,上海正处于发展时期,上海银行经市政府批准后,确定了上市、跨区域发展、加强综合性内部管理和提升绩效等一系列目标。在此后的十几年发展中,上海银行也靠着一点一滴的努力去达到之前设定的目标。2018年该行的资产总额突破2万亿元,达到20 277.72亿元,较2017年末增加2 200.05亿元,增长12.17%(见图1)。

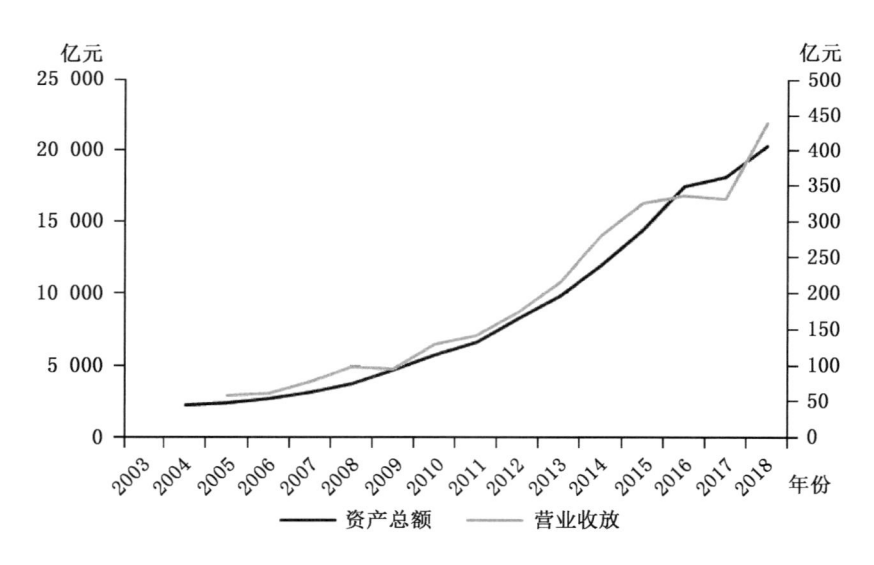

资料来源:作者根据上海银行各年年报整理。

图1　2003～2018年上海银行的资产规模与营业收入

当然,上海银行的发展也不是一帆风顺的,张伟国亲身经历着这十五年来上海银行发展的酸甜苦辣。

银行上市

上海银行早在 2002 年就提出上市，这在国内银行界算是较前卫的声音，然而多年之后，上海银行仍在 A 股市场的门外徘徊。

从 2008 年开始到 2015 年年底，上海银行 6 次申报上市均未成功。张伟国认为上市没成功主要是外部原因：一是大局考虑的因素。由于种种历史原因，上海银行与中国香港的上海商业银行、中国台湾的上海商业储蓄银行之间存在较复杂的股权关系，形成了沪、港、台发展联盟。由于三家银行之间存在股权关系，名字、背景相似，且中央对三家银行的联合发展有想法，客观上导致上海银行上市策略需要综合考量。二是监管政策的因素。随着宁波银行（2007 年 7 月 19 日）、南京银行（2007 年 7 月 19 日）、北京银行（2007 年 9 月 19 日）等城市商业银行的上市，个人股问题（如娃娃股、暴发户股等现象）引起了监管层的重视，经过几年的政策制定，要求所有待上市银行必须按规清理，合规后才能上市，为此，上海银行又苦等了几年。直到 2016 年 11 月 16 日，上海银行才敲开了 A 股市场的大门。

2008 年在上海银行大厦，张伟国（左三）参加上海银行上市工作启动会议

跨区经营

2005 年，上海银行获准在宁波市设立分行，从而实现了跨区域发展。

上海银行是全国第一个被批准跨区域经营的城市商业银行。当时上海银行意识到仅在本地发展，其品牌影响就会局限在上海地区，而拓展外部市场和客户有助于上海银行的持续发展，因此上海银行就提出要跨出上海发展的战略。

由于当时法律规定城市商业银行是属地经营，因此上海银行跨区域发展要先经过银保监会批准，再报国务院批准。得到批准后，上海银行先后成立了宁波、南京、杭州、成都、天津、深圳、北京和苏州八家外地分行，分行又在省内设立二级分行。总体而言，八家分行自成立以来发展良好，尽管有个别分行因当地的宏观形势等原因，走过一些小弯路。

到2018年年底，上海银行在上海、北京、深圳、天津、成都、宁波、南京、杭州、苏州、无锡、绍兴、南通、常州、盐城和温州等城市设立分支机构，形成长三角、环渤海、珠三角和中西部重点城市的布局框架。

与其他新兴银行的跨区域发展相比，上海银行在经营管理上走出了一条自己的路。上海银行采用的是属地化经营管理模式，原则上从分行行长开始，分行所聘用的人员都归所在区域管理。通过引进多元化的队伍，同时强调经营管理要自求平衡、自负盈亏。此外，上海银行总部在外地分行创业阶段，会在适当的时机给予适当支持，这种起步阶段的支持也是上海银行外地分行稳健发展的原因之一。

村镇银行设立

2011年3月到2012年11月，上海银行相继发起设立了上海闵行、浙江衢江、四川崇州和江苏江宁四家村镇银行。

上海银行的第一家村镇银行选择在上海闵行地区，一是因为闵行是以工业为主的，第二产业相对比较集中，科技相对比较发达，国有企业和民营企业都比较多。二是闵行区政府对推进当地属地金融体系比较积极。目前上海银行上银村镇银行在闵行工业投资、管理开发和科技型企业等方面的业务做得比较好，基本实现盈利。

上海银行随后又在浙江衢江、四川崇州和江苏江宁设立了三家村镇银行。上海银行在选择设立村镇银行的地区时，特点之一就是所在区要有上海银行下属的机构，从而有助于扶持村镇银行的业务发展和方便管理。在行内，张伟国参与了村镇银行的筹备工作，而后又担任了行内村委会的管理主任，负责村镇银行的管理。

从2011年设立第一家村镇银行开始，上海银行在村镇银行发展的道路上走得比较稳健，目前也在不断探索、不断学习如何让村镇银行做得更好。

张伟国认为村镇银行要生存发展，面临着如何获得市场认可的问题。首先，由于村镇银行的管理、科技、资本、实力、市场规模和市场影响度等水平相对较低，因此其比较适宜设立在商业银行比较少、竞争不充分的地区。其次，村镇银行要根据自身条件和能力选择发展道路，探索合适的经营管理模式，主办行既要管得好，又要让村镇银行实现自主经营。

支持上海实体经济发展

2012年1月17日,中国人民银行上海总部出台《加强和改进金融服务 支持上海实体经济发展的指导意见》,要求上海市各金融机构推动金融服务,支持上海实体经济发展。这也对上海银行的发展提出了新的要求。

银行服务支持实体经济,一定要有强有力的工具和手段来提升自己的服务能力。张伟国认为普惠金融的发展需要解决两大问题:一是信息不对称下的风险不对称问题。二是成本问题。做小企业与小客户,银行内部运营成本很高。因此发展普惠金融的核心是风险与成本问题,一定要控制风险,降低成本。

商业银行可以借助多种手段和工具,实现控风险、降成本的目的。首先,金融科技手段可以用来解决信息不对称,降低业务成本,提高经营效率。比如在大数据支撑下的金融新科技,注册制的小微企业贷款流程全部是在网上完成的,90%以上靠机器进行贷款的审查,节省了人工成本,同时大大提高了发放小额贷款的效率。其次,商业银行可以场景融资,通过供应链从头到尾把控风险,借助物联网提供的基础,银行可以提升自身的风险把控能力。当然,引用金融科技还涉及银行自身资本实力、对科技的投资、内部管理转型等多种复杂问题。

2002年12月,美国伊利诺伊州大学上海银行中青年干部培训班师生合影。前排左二为张伟国

根据长尾理论，千万级的客户毕竟是少数，如果商业银行能做好针对中小客户的业务，那么银行将面临一个无穷大的市场。因此银行对小微企业开展业务时，在相应技术的支持下，银行充分发挥机制灵活、内部运作高效等优势，借助长尾理论，银行的发展肯定能再上新台阶。

此外，普惠金融也寄希望于需求端的改革，寄希望于中小实体企业自身改善信息质量。实体经济也面临着数字化改革的问题，如区块链、AI人工智能等，也是一个发展的大方向。

张伟国认为产业发展、科技革命给商业银行带来了巨大挑战，未来的商业银行面临着转型和变革，商业模式会产生本质上的变化。中小银行要跟上时代的发展，要在科技上达到领先地位。中小银行要重视已有的科技项目成果，将相关成果应用到银行业务管理中，重新审视和调整自己的业务策略。

在采访过程中，张伟国说他体会比较深的是：在上海财经大学的学习为他在今后工作岗位上的发展奠定了理论和业务基础，社会的发展也为大家创造了新机会。现今，在产业发展、科技革命的推动下，金融业将发生巨大变革，他认为银行的培训教育、学校的专业课程设置等，都应当具有前瞻性，要有金融科技发展的战略眼光，注重培养学生的科技能力，使培养出来的学生能够适应金融行业的未来发展。

后记

张伟国先生是我读研究生时的业界授课教师之一，我对他的为人与阅历一直十分景仰。

作为上海财经大学校友的优秀代表，张伟国的工作经历十分丰富，可以说与中国的金融改革并行，从中国人民银行上海市分行的信贷资金管理到中国的公开市场操作试点，从招商银行到光大（香港）再到上海银行，从亚洲金融危机中的香港到次贷风暴后的上海……他亲身见证并经历了各种金融变革大事。恰逢上海财经大学金融学院编写《何以家国——上海金融改革访谈录》一书，我一下子想到了他。电话联系张伟国先生之后，他欣然接受采访的邀请并精心准备，我们交流了一个下午。他回忆了自己走过的金融之路，畅谈参与的各项改革，兴奋之情溢于言表，让我再次领略了他的精彩人生。我写了初稿后请他审阅，经其三次提意见修改后才最终定稿，让我深深体会到他对工作的一丝不苟。

作为新一代的金融学子，我相信张伟国先生他们这一代人的闯劲与创新精神会不断激励我们继续奋勇前行，更好地推进我国的金融改革与发展。

（口述：张伟国　　撰稿：叶伟春）

商业银行

5　商业银行改革的见证者
——访孙持平先生

孙持平

人物小传 》》》

孙持平，1958年3月出生，中共党员，高级经济师。毕业于上海财经大学金融专业，先后在上海财经大学、香港大学/复旦大学沪港管理学院攻读硕士学位，并获经济学硕士、工商管理硕士学位。1979年3月起进入原中国人民银行上海市分行静安区、黄浦区办事处工作。2001年起，先后担任中国工商银行广东省分行、上海市分行、江苏省分行行长、党委书记，工银安盛人寿保险有限公司董事长。

领会商业银行的精髓

1983年9月17日，国务院颁发《关于中国人民银行专门行使中央银行职能的决定》，并决定成立中国工商银行，承办原来由中国人民银行办理的工商信贷和储蓄业务。1984年1月1日，中国工商银行正式成立，至此，中国工商银行与中国农业银行、中国银行、中国人民建设银行构成了我国四大专业银行，并取得了初步发展。

1984年工商银行成立以后我就留在工商银行，一直在工商银行体系工作。1999年开始担任领导工作。自1997年亚洲金融危机后，中央为加强金融安全、防范金融风险，加快了中国金融业改革进程，改革的重点就是国有商业银行。国家采取了很多措施，如成立四大资产管理公司，剥离四大银行巨额不良资产等。那时候的国有商业银行确实存在诸多问题，不良资产率很高。也正是从那个时候开始，工商银行进行了一系列的改革，过程是十分艰辛的，我们作为基层分行，也经历了很多方方面面的事情。

虽然我1979年就进入银行，从会计员到支行行长，似乎也算懂一点银行业务，但实际上对什么是商业银行、如何办商业银行并不真正了解。那时我们基层关注的就是"账平表对",考核的重点都在这些方面,如果你出了一笔差错那将是天大的事情。只要每晚账轧平了,我们就觉得天下太平了,至于风险意识、效益意识基本没有,合规观念也很淡薄。

有件事我至今都印象很深。有一次审计署来我们支行审计,他们发现为了完成存款指标,支行把对公存款当中一部分钱转到了储蓄存款上,因为我们行对公存款的指标已经完成了,但储蓄存款有点缺口,有人就以单位的名义开个活期储蓄户头,然后将对公存款的一部分钱转过去,这样就两全其美了。虽然只有几十万块钱,因为我是支行行长,审计部门的领导很严肃地找我谈话,说因为你的错误,影响了国务院总理在人民大会堂做的政府工作报告的数据!我感到很震惊,在我们看来一件无所谓的小事,竟有如此严重的后果!这位领导的告诫我一辈子都忘记不了。这件事反映出了我们那时合规意识很淡薄,做事随心所欲,没有规矩可言。另外那个时候只关心业务指标,对商业银行的核心是资产质量和效益这一重要性根本不懂,所以我虽然也算一个银行干部,但并没有按商业银行的要求严格管理和经营。后来,随着国家加大了对银行监管和改革的力度,这种粗放无序的状况才逐步开始改变。

2006年10月27日,工商银行在沪港两地同步上市,时任行长杨凯生(左)和上海证券交易所时任理事长耿亮(右)亲自鸣锣

1999年姜建清董事长离开上海到总行工作,临行前他给我们提了一个要求,希望上海市分行在未来几年的利润能够达到50亿元。这个要求把我们吓得够呛,即使在今天看来,50亿元也不是个小数字。当时听到这个数字,我们觉得这是个天大的数字,因为那时候上海市分行的利润总共才20多亿元。我们当时确实没有商业银行的经营概念,不

理解以盈利为中心、以质量为生命的重要性。2002年,我去北京参加全国第二次金融工作会议。当时的总书记江泽民、总理朱镕基都到会并且做了报告。会议明确提出了商业银行股份制改革的方向,也就是从那时候开始,国有银行的股份制改造被提上了议事日程。虽然工商银行没有被列入第一批股份制银行试点,但是工商银行的股份制改革并没有被耽搁,在总行党委的领导下,工商银行股份制改革的要求之高,范围之广,力度之大,前所未有。这段脱胎换骨、浴火重生的经历令我刻骨铭心,也正是在这过程中,让我逐步理解了商业银行的精髓。

刮骨疗伤打好质量效益翻身仗

工商银行要实现股改上市,首先要解决资产质量问题,提高盈利能力。由于主客观原因,20世纪90年代工商银行的账面上存在大量不良贷款,还有因自身违规经营而产生的巨额历史包袱。这些不良资产,每天都在吞噬工商银行的利润和资本金,不搬掉这座大山,工商银行上市绝无可能。为此,工商银行上下开展了一场艰苦卓绝的质量攻坚战。当时工商银行上海市分行贷款1 000多亿元,不良贷款就有几百亿,不良率20%左右。

银行采取的措施主要有以下几点。

一是控制增量。总行采取了新老贷款分账管理、区别对待的办法。过去的贷款是历史遗留造成的,重点是清收处置,2000年以后新增贷款重点考核质量,规定不良率不能高于2%,一旦超过则要严肃问责处罚,重则甚至个人下岗、单位停贷整顿。这就迫使我们必须高度关注每一笔贷款,确保贷款放得出收得回。此外总行还开发了贷款管理系统,用科技手段控制贷款的发放和管理,过去那种凭行长个人的喜好随意放贷,甚至在香烟盒上批贷款的乱象一去不复返了。

二是处置存量。过去我们有些基层行为了完成利润指标,明明有亏损也不核销,因为核销了以后利润就减少了,还有贷款利息收不到就挂应收利息科目,实际是虚盈实亏。姜建清董事长到总行后,专门提出了一个概念——封闭利润。所谓封闭利润,简单地说就是账面利润要扣除应收利息,发生不良贷款要计提损失准备金。按照这个口径,当时工商银行只有上海市分行、北京市分行等少数几个行是盈利的,而全行的封闭利润是亏的,现实很严峻。置之死地而后生,封闭利润考核不仅断了基层行做虚账的后路,还鼓励基层行积极消化不良贷款,如果你核销了不良贷款,可算做封闭利润,从而达到端正经营理念,做实经营业绩的目的,当然这个过程是很痛苦的。

三是剥离不良贷款。国有商业银行光靠自身能力,短时间内显然无法消化巨额的不良贷款。国家对国有商业银行的不良贷款实施剥离,前后实施了两次,总共近3万亿元,此举为加快解决银行不良贷款问题奠定了决定性的基础。上海市分行剥离了200多亿元不良贷款,那时候大家普遍的心态就想多剥离,希望尽快摆脱不良贷款的包袱,减轻清收处置考核的压力。我当时分管不良贷款处置工作,觉得不能一剥了之,除了仔细甄别是否符合剥离条件外，我特别要求支行同志每剥离一笔不良贷款，都要把这笔贷款从发放到变成不良贷款的来龙去脉写下来，分析原因总结教训，作为案例存档，这些案例最后形成了一本厚厚的册子。我开玩笑说这本书值200多亿元，是一本天价的书——从中可以看到贷款质量是银行最大的成本，粗放式的贷款管理给银行带来了多么严重的后果，损失的都是国家的财富人民的血汗，我们必须永远汲取这惨痛的教训，决不能让国家支付的这笔巨额学费白付。通过全行的努力，工商银行的资产质量问题终于得到根本解决。

工商银行上市时，外部审计找的是全球知名四大会计师事务所之一的安永会计师事务所，他们按照国际会计准则及国家有关规定对工商银行财务报表、内控管理和资产质量等进行全面审计，最后出具审计报告。记得上市之前总行在国外路演的时候，有人曾经问姜董事长：你们国有商业银行的数字准不准？言外之意是不相信我们。姜董事长非常严肃并且针锋相对地回答：你这不仅是在怀疑我们工商银行，而且是在侮辱一家著名的国际审计机构！姜董事长有底气这样说，因为他比谁都清楚，为了打好质量效益翻身仗，我们付出了多少心血，花费了多大的代价。2006年10月27日，中国工商银行终于完成股份制改革，实现"A＋H"股同步上市，当上市的铜锣在上海和香港两地同时敲响的时候，我真的感慨万千，觉得所有痛苦付出的过程都是值得的。

调整业务结构支持上海经济发展

自2000年起，上海掀起了新一轮改革开放的高潮，各方面都需要资金支持。作为国有银行在沪最大的机构，我们充分发挥工商银行的综合优势，积极发挥主动性和创造性，全力支持上海经济的转型发展。

工商银行从名字看就跟工商企业有密切的联系，历史上我们贷款的投向主要是工商企业，绝大部分是流动资金贷款和技术改造贷款，市政建设基础设施这一块基本是空白点，这样的信贷结构显然无法适应当时上海经济的发展需要。我们抓住这一历史机遇，大胆突破，积极发展基础设施建设贷款，从零开始，终于开拓了新的业务领域，在支持上海经济发展的同时，也调整了自身的信贷结构。从东海大桥到长江隧道，从洋山深水港到临港开发区，从浦江两岸到上海中心摩天大楼，从地铁交通网到青草沙水库等，我们可以自豪地说，凡是上海的标志性建筑、标志性项目，工商银行都全部参与了。那是一个火红的年代，层出不穷的项目令人振奋，我们的员工都不分昼夜铆足了劲，奔忙在工地上。为了赶时间，我们经常在休息日或节假日出发去北京，以便尽快获得总行的审批。总行对上海的项目非常支持，往往对我们网开一面，特事特办。如今这些项目都是上海的形象和标志，在上海的社会经济发展中发挥着重要的作用。

除了基础设施贷款外，众多的现代制造业、商贸企业、文化产业乃至中小企业也是我们业务的重点。2002年，我们就对张江开发区的两家芯片制造商发放了贷款，我们和汽车、海运、航空航天等企业建立了长期稳定的合作关系，根据上海调整产业结构转型发展的需要，我们及时调整信贷政策，设计专属产品，为文化产业和中小企业提供全方位服务。由于上海是全国的经济中心，各家银行都很重视，每个优质企业和项目的获得都来之不易，竞争尤为激烈，如国产大飞机项目。工商银行和飞机制造厂的渊源可以追溯到20世纪70年代，当时代号是5703厂，造了国产第一架大飞机——"运10"，是工商银行贷款支持的，虽然试飞也上过天，但在当时条件下，它的元器件是很粗糙的，所以这个项目最终下马了。后来企业还和美国麦道公司合作，组装麦道飞机，就是MD82客机，工商银行也提供了支持。虽然合作历史悠久，但事情一样要从头开始，由于各家银行都是志在必得，总行也要求全力以赴，为此我们成立了项目团队，反复修改服务方案，多次和企业沟通。有一次我在外地出差，客户经理跟我说约到企业项目负责人了，我立即临时改变行程，提前飞回来。到达机场正好是下班的高峰时段，怕堵车耽误，我先坐磁悬浮列车再换地铁，及时赶到会面地点，当面听取企业领导的意见，并修改完善服务方案。通过大家的努力，大飞机项目公司与工商银行签订了首份银企战略合作协议。承载着几代中国人航空梦的中国商飞公司成立的仪式，给我留下了深刻的印象。那天与会人员要全体起立奏唱国歌，这在我参加众多企业成立的仪式中从未有过，伴随着雄壮的《义勇军进行曲》，发自内心的民族自豪感油然而生，更增强了我做好工作的决心和信心。

2019年，上海工商银行和上海申通地铁集团有限公司签定银企全面合作协议

强化网点功能打造第一零售银行

长期以来，工商银行素有"身边的银行"之称，因为网点多客户广，零售银行一直是我们的优势，这也是我们为广大客户服务的主阵地，当时我们上海分行有将近500家网点，

是各家银行中网点最多的。但是随着各家银行纷纷入驻上海，重视零售业务，特别是股份制商业银行，他们网点的活力更强，我们网点的优势地位在下降。过去我们把网点仅定位于办办存款业务，名称也叫储蓄所，所以无论是称谓还是功能定位都有很大的局限性，加上网点形象陈旧，业务流程不合理，客观上影响了网点的竞争力，这与客户愈来愈多的金融多样化需求不相适应。根据姜董事长提出打造第一零售银行的要求，我们从2002年起，全面实施了网点竞争能力提升工程，主要落实三大行动：一是明确网点定位，优化考核办法；二是扩大业务范围及权限，完善业务流程，用现在的时髦话叫给网点赋能；三是加大资源投入，美化、优化网点形象和环境。要求实现三个转变：在服务理念上，从以产品为中心转向以客户为中心；在业务功能上，从以吸收储蓄存款为主转向集储蓄、贷款、结算及投资理财等多元化个人金融服务为一体的全功能服务平台；在网点形象上，从传统呆板的以我为主转向时尚温馨、分区分层，使客户能有更好的服务体验。这项工程开始之初，有的同志并不理解，但我们反复沟通，统一思想，咬定目标不变。到2009年，全行终于基本建成了以财富管理中心为核心、以综合理财中心为主体、以电子银行和特色网点为补充的零售银行服务体系，这项工作取得了丰硕的成果。

永远守住商业银行的根和魂

我生于20世纪50年代，成长于60年代，非常幸运的是我踏入社会时正好赶上了小平同志领导中国进行了伟大的改革开放，彻底改变了我们这一代人的人生。我从乡下来到城市，从庄稼汉变为金融人。个人的命运和时代的命运是紧密相连的，没有改革开放，就没有我的今天。时代给了我亲身参与工商银行从传统专业银行改造为股份制商业银行的机会，是伟大的中国共产党的领导使我有幸亲眼看见了一个被认为技术上已经破产的银行，凤凰涅槃成为"宇宙行"而屹立于全球银行业前列的奇迹，这段经历刻骨铭心，让我收获颇多。

以史为鉴，虽然今天银行的实力已与过去不可同日而语，行业监管也日趋完善，时代在进步，但风险无处不在，让人忧虑的是诸如"爆雷""踩雷"等怪事乱象仍时有发生，究其原因，还是经营理念出了问题，如果不遵守商业银行的经营原则和规律，就会重蹈覆辙，当年辛苦付出换来的成果很可能前功尽弃。我认为最重要的是，必须明确商业银行是一个特殊的企业，来不得半点的急躁冒进和虚假浮夸，任何时候商业银行的经营理念不能变，防范风险的底线不可破。我们必须坚持改革开放不动摇，牢牢守住商业银行的根和魂，潜心打造中国商业银行百年老店，这可能是我们回望那段难忘历史最大的价值和最好的回报。

上海市南京路上某工商银行网点夜景

后记

上海金融业巨变，离不开中国经济持续高速增长的环境因素，离不开一些优秀的掌舵人在复杂多变的金融市场中所显现的领导作用。孙持平先生从工商银行基层岗位起步，一路稳步向前，经历了多个业务管理岗位，深知理论与实践相结合的重要性。金融工作经验丰富，深谙银行管理之道，坚持按商业银行的规律经营银行。安全性、流动性和效益性是商业银行经营的三个基本原则，他始终把安全性放在第一位。他虽头发花白却壮心不已，自2012年7月起担任工银安盛人寿董事长至今，使其金融业生涯又增添了新色彩。

（口述：孙持平　　撰稿：杨　刚）

6 天际线下的回望：用实践检验中国金融改革的成效
——访周路先生

周　路

人物小传 »»»

　　周路，1954年出生，15岁参军入伍，18岁入党，随后开启了6年多的军旅生涯。从部队复员后，在工厂当工人。1978年考入上海财经学院（1985年更名为上海财经大学）财政金融系金融专业，成为上海财经学院复校后的第一届本科生，1983年2月本科毕业后加入中国银行。1984年末响应组织动员报名援藏，先后在中国银行西藏分行和国家外汇管理局西藏分局工作。结束援藏后曾于1987年留学德国。回国后历任中国银行上海市分行外汇信贷部科长、副处长、计划处长，中国银行总行综合计划部总经理，1997年11月任中国银行上海市分行代行长、行长、党委书记，2014年退休。

　　外滩，北起外白渡桥，南抵金陵东路，全长约1.5公里，它是上海的标志。外滩是中国的华尔街，它见证了中国金融业发展的全部变化。外滩万国建筑林立，位于中山东一路23号的中国银行大楼是外滩建筑群中唯一一幢由中国人自己主持联合设计和建造的大楼。日前，周路行长在他刚进中国银行时曾经工作过的外滩中国银行大楼办公室接受了专访。透过办公室面向外滩的窗户遥看浦东，上海的巨变犹如一幅浓缩的油画。作为金融改革和发展的见证者和亲历者，他向我们讲述了这四十年金融改革岁月亲身经历的珍贵片段。

∽ 商业银行重生的起点 ∽

　　周路从上海财经大学毕业后加入中国银行，分配在中国银行上海市分行外汇信贷处工作。刚开始时,他担任联系上海纺织行业的外汇信贷员。周路先生向我们讲述了当年银行贷款的一些故事。他说在计划经济时期,银行就是一个出纳。改革开放初期,国家开始将财政拨款改为银行贷款,当时叫拨改贷,名义上是贷款,但贷款项目选择权并不是银行,而是政府计划部门。

1983年,国务院批准天津、上海两个老的工业城市引进国外技术,对老企业进行技术改造,这是1977年以后上海企业首次进行的大规模技术改造。他刚到银行报到就接到通知去上海市计划委员会开会,讨论如何分配这些贷款。上海市计划委员会的办公地点在外滩市政府大楼里,原来是汇丰银行,后来是上海市人民政府,现在是浦发银行,他是第一次走进这个大楼。一进会议室,他就收到一本很大的白本子,本子里面列明所有的技改项目、人民币或者外汇金额以及由哪家银行办理等内容。说是贷款,但所有这些项目都不是银行选的,银行就是办办手续而已。他感慨地说,计划经济是完全不同于市场经济的一种发展模式,银行在其中的作用非常有限,中国的金融改革和发展就是在这样的基础上起步的。

周路近照

因为是恢复高考以后首批入行的大学生,周路一进银行就被领导安排负责撰写一份华东六省一市丝绸行业技改调查报告,这让他有机会近距离观察当时国有企业的真实情况。纺织业是上海和近代中国的支柱产业,但他们的调查显示,这些纺织企业长期投入不足,技术落后,设备老化,情况非常严重。要扩大出口、提高产品质量,就必须引进先进的喷水织机、箭杆织机,以及后整理印染技术,对企业进行必要的技术改造。但这些改造需要大量资金,而当时筹措这些资金是非常困难的。现在看来这都不是什么大事,在市场经济条件下通过银行的组织、筹集、分配资金的功能,中国经济发展对资金的巨大需求是可以满足的。但当年的计划体制限制了金融业发挥作用。

  周路讲起当年西郊宾馆和瑞金大厦贷款的故事。20世纪80年代初,邓小平来上海,住在上海市委接待处所属的西郊宾馆里。有次他在散步时对陪同的市委接待处处长葛菲说,这么大个宾馆平时没人住有点浪费,在没有接待任务时可以对外开放,赚点钱嘛。葛菲说装修改造没有钱,小平说没钱可向银行借嘛。于是接待处找到我们中国银行,申请外汇贷款改造西郊宾馆。当时我负责这个项目,西郊宾馆的首次改造费用大约几百万美元。他们从来没有借过钱,我们也没有对这种机构贷过款,大家都不大习惯。到企业做贷款调查时我问他们要财务报表,他们不给,说他们的接待任务要保密。我当时年轻火气也大,说既然你们要保密还来借什么款?他们说又不是我要来借,后来经协调解决了报表问题,这段经历后来作为笑谈。和西郊宾馆项目的首次合作很成功,宾馆改造完成后不仅扩大了接待能力,改善了接待条件,而且效益很好。后来我们又与西郊宾馆的上级东湖集团合作建设瑞金大厦。瑞金大厦地处茂名路复兴路口,是上海首座外资承包建设的高档写字楼,由日本三井建筑公司总包,我们转贷日本三井银行贷款。这个项目在当时影响很大,建设工程质量非常好,项目非常成功,没有银行的支持,这座大楼是建不起来的。当时越来越多的人意识到银行可以在上海对外开放和经济发展中发挥巨大的作用,银行也可以在发挥融资作用的同时,改善自己的管理。当时上海几乎所有五星级宾馆和重大项目都是中国银行通过比如银团贷款、联合贷款、混合贷款和转贷款等方式支持解决的。在支持上海对外开放的过程中,银行的影响和作用也越来越大。

1979年版本的外汇券,方寸之间诉说着改革开放初期那段艰难的岁月
(图片由中国银行历史行史馆提供)

金融发展是闯出来的

1990年,中央决定开发开放浦东,但浦东开发所需的资金是个很大问题。当时中国银行行长王德衍受时任上海市市长朱镕基的邀请,率总行代表团访问上海。因当时人民币贷款不是中国银行的强项,总行决定每年向上海提供1亿美元外汇贷款,后来每年增加2亿美元,将外汇兑换成人民币,用于内环高架、杨高路、杨浦大桥等上海市重大基础设施建设的急需用款。美元兑换成人民币面临巨大的汇率风险。随着上海利用外汇资金的增多,汇率风险越来越突出,由于当时日元和西德马克升值,上海很多没有采取对冲措施的企业还款的成本大幅上升。当时人民币对美元汇率还是双轨制,除官方汇率外,还有一个调剂外汇,价差非常大,在广东等外汇需求量大的地方,黑市汇率价差更大。如果中国银行给浦东的美元贷款兑成人民币使用,还款时人民币贬值,企业将担负极为沉重的还款负担。

当时周路是中国银行上海市分行的计划处处长,为了避免开发浦东美元专项外汇贷款的巨额外汇汇率风险,他想到用自己留学国外时了解到的货币互换的方法来解决。货币互换(SWAP)在国际金融市场上是常用的规避风险的金融工具,但当时国内银行没有这种业务,特别是人民币和美元的货币互换业务。那时的上海,没有外汇交易市场,没有远期交易工具,没有外汇管理的规范性文件,但国内企业有避险的巨大需求。随后,几个部门的员工反复研究,终于拿出了货币互换方案。有外汇的企业与有人民币的企业,按企业自愿、均衡定价、银行中介增信的方式进行货币互换,到期赎回。这个方案最后经行领导批准后推出,首笔互换方为当时的借款人上海久事公司。

这是国内首笔人民币与美元货币互换业务,此业务一经推出大受客户欢迎。使用人民币的企业避免了因结汇带来的巨大外汇还款风险,使用外汇的企业拿到了成本远低于调剂的外汇汇率,更远低于黑市汇率的急需外汇。除上海久事公司等中国银行外汇贷款的客户外,上海花园饭店等一批外资企业还用自有的外汇存款来做互换业务,外地的一些企业也找上门来。中国银行上海市分行推出的货币互换业务当时总共续做了总额将近3.5亿美元的业务,大约二三十笔,期限从一年到五年不等。这些互换合同陆续到期后,全部顺利交割,无一违约。企业获益极大并给予了高度评价。总行后曾派调查组专程来上海审计稽核,没有任何问题。

回顾这段历史,周路说,中国的金融改革与发展是在一个特殊的制度环境里进行的,它有一个显著的特点就是试错。虽然现在人民币与美元货币互换业务已被监管部门批准并广泛使用,但当时这种业务并没有总行和外管的正式批复,用现在的标准衡量它是违规的。其实很多改革措施初期都有违规特征,这是中国金融发展中一个很普遍但很有意思的现象。在转轨过程中,旧的管制条件在逐步消退,新的管制条件在逐步形成,没有尝试或突破,这个过程是很难完成的。中国的金融改革是中国历史上的一次伟大实践,

时代的"对话"。图中人物左起：罗氏制药总经理威廉·凯乐、周路、原黄浦区区长徐建国、原宝钢党委书记关壮民、著名京剧演员关栋天

2001年11月，中国香港金管局总裁任志刚率中国香港金融同业代表团访问上海（右十为周路，右十一为任志刚）

没有先例，没有路径依赖。中国金融改革的实践表明，只要有利于经济发展，努力试错，宽容对待试错，对推动发展就有重要的激励作用。在探索发展中暴露风险，在风险总结中继续发展，螺旋式前进，过去如此，今后也一样。中国银行业的发展就是这样一步步改、一步步试地走过来的。没有改革先行者一步步去摸石头，一步步去试错，就不可能走出今天的金融发展新路。检验金融改革好坏的唯一标准只能是实践，即看它对中国的金融发展是否有推动作用，对经济和企业发展是否有推动作用。如果有用就肯定，如果有弊就调整，如果有害就纠正，这才是实事求是的态度，这才是历史唯物主义的态度。

周路说，当年他们这些上海财经大学1978级、1979级的毕业生，在学校受到老师们的精心培育和教导，一出学校又赶上中国金融改革发展的大潮，感恩国家恢复高考，一心报效国家，初生牛犊不怕虎，像筹建上海证券交易所的尉文渊、余建麟、刘波，以及中国人民银行的盛松成、普惠金融的贝多广、申银万国的冯国荣、浙江商业银行的刘晓春、德国安联保险的陈良等一大批校友，都为国家的金融发展做出了很大贡献。勇立潮头舞东风，留下身后一片云，他们为上海财经大学增了光，这一代人的眼光和胆略也给后来的学弟学妹们树立了榜样。四十年来，一批又一批中国金融从业人勇于创新，敢于突破和担责，这才有今天繁荣的金融市场格局。对这些先行者，后人应该表现出足够的理解与敬意。正是这些改革先行者留下的历史片段构成了历史的天空。

周路（右）与上海荣誉市民、罗氏制药总经理威廉·凯乐（左）谈中国加入 WTO

改善监管和金融债权保护

作为金融改革四十年的亲历者，在回顾过去金融发展取得的巨大成就时，周路认为当前有两个问题需要注意。一个是改善监管的问题，另一个是金融债权的保护问题。

改善监管问题

周路认为,现在强调加强金融监管在政治上是正确的,但在加强监管的同时,还应注意改善监管的问题,只有不断地改善监管,才能真正加强监管。1987年他在国外留学时曾到访伦敦,正好赶上1986年撒切尔政府的伦敦金融业大变革,即金融大爆炸(Big Bang)。英国政府大幅放宽监管,鼓励变革与金融创新,开展电子交易,实行混业经营,大量新的金融交易工具出现,老金融城面貌一新。英国的金融改革极大地推动了全球金融的发展,也巩固和加强了伦敦金融城的国际金融中心地位。2001年日本也有类似的尝试(Tokyo Big Bang)。虽然后来全球又经历了几次重大金融危机,各国重回加强监管,但无人否认Big Bang极大地推动了全球金融的发展。一些金融创新工具导致了以后的金融危机,但也对金融风险的防范提供了更多的对冲选择。小平同志说"发展是硬道理",推动金融发展和防范金融风险从来就是一个矛盾问题的两个方面,但发展永远是矛盾的主要方面。发展需要关注风险,但同时也要注意改善和改进监管,管而不死,以管促发,这对金融监管提出了更高的要求。如果把上海建成国际金融中心的目标没有改变,如果当年我们欢迎外资金融机构进来共建金融中心的态度没有改变,那么我们就应考虑如何让监管环境变得更友好,考虑如何让这些外资金融机构更有效地融入中国的金融体系,如何让中国的金融市场更好地嵌入国际金融市场,支撑中国经济的持续增长。中美贸易的冲突和当前复杂的国际金融环境提醒我们应该高度关注这个问题。

金融债权保护的问题

周路说,市场经济制度是建立在产权制度基础上的,金融的债权或金融产权,也是从合法的产权基础上延伸出来的。没有对产权和金融债权进行有效的保护,要推动中国金融市场的发展是困难的。由于历史原因,当时国有商业银行的经营独立性和债权保护存在很多问题。1999年成立四大资产管理公司(AMC),剥离银行不良资产。其实这些导致银行技术性破产的不良资产,大部分都是政府行为造成的。从过去四十年的经验来看,金融机构的内部治理机制是重要的,但外部的制度环境更加重要。一个是金融机构经营的独立性,一个是金融管制法律体系的独立性,这两个独立性得到尊重,金融债权的保护问题就能得到很好解决。这两个独立性其实是市场经济的基本秩序或规则,在任何一个金融市场里,这两个问题得到尊重,金融发展就能得到激励,市场秩序就会改善。从我们过去几十年的发展过程来看,这两个问题还没有得到很好解决。只有在一个安全的金融环境中,金融市场的运作才会有效率,因为只有感到安全的人们才有参与金融活动的积极性。

1991年1月,邓小平同志视察上海时曾经指出:"上海过去是金融中心,是货币自由兑换的地方,今后也要这样搞,中国在金融方面取得国际地位,首先要靠上海。"

在采访中,周路先生动情地说道,一代人办一代事,现在我们国家的发展水平已和三四十年前完全不一样了。没有一个有效的金融体系支撑,世界第二大经济体的出现是不可能的,这也是我们所有金融从业人员引以为傲的。如果我们能清醒地看到我们存在的问题,那么今后我们的金融发展会走得更稳更快。

后记

周路作为推动人民币国际化早期的实践者,谱写了上海金融改革新的篇章。采访周路的地点在外滩中国银行大楼,从窗外望去,阳光洒满大地。今天的东方明珠、杨浦大桥和南浦大桥一起,构成了黄浦江畔靓丽的城市风景线。黄浦江两岸雄浑优雅的外滩和磅礴大气的陆家嘴,为上海这座城市贡献了人类文明史上最美的两条天际线,这两条天际线合并在一起就是中国的金融中心。外滩万国建筑博览群,四十年改革开放再出发,将上海建设成为国际金融中心的梦想逐渐成为现实。

(口述:周 路　编撰:杨 刚)

7 诗性的银行家笔记
——访刘晓春先生

刘晓春

> **人物小传** 》》》

刘晓春，资深银行家，1978年考入上海财经大学，高级经济师，曾担任中国农业银行总行国际业务部副总经理、浙江省分行副行长、农业银行中国香港分行副总经理以及总经理，后曾担任浙商银行股份有限公司行长、副董事长、执行董事、党委副书记等职，目前担任上海新金融研究院副院长。

上山下乡

我当知青的时间实际上不长，上海在我们那届以后就停止知青下乡了，所以我可以算是末代知青。我1976年下乡，不久就考上大学了，当知青的时间也就一年多。但这段经历却对我有非常大的影响。作为一个学生，特别是作为一个城里的学生突然跑到农村去，这落差是非常大的。得知我要下乡，父母暗地里伤心，在我面前却并不表露，我自己的内心也是忐忑不安的，但因为年轻天真，去的时候还是怀着美好的理想，是有幻想的，希望广阔天地，大有作为。这是年轻的好处吧，前路茫茫，心中惆怅，同时却充满希望，跃跃欲试，总有那么一些乐观。

我下乡的地点是上海崇明农场。我在农场的时间不到两年，干了一年四季的农活，还做了几个月"强劳队"的管教。"强劳队"是农场里设置的对一些有犯罪行为的人实行强制劳动、进行管制的机构，是由派出所领导的，是那个时代的特殊机构。所有这些都让我有机会接触到基层生活，让我在以后做农村金融的工作中，能够更好地理解农村、农业和农民，而不是以一个城市人的眼光来看待农村、农业和农民。

刘晓春东风农场服务证

大学时光

我于1978年考入上海财经学院（上海财经大学的前身）并就读金融学专业，可以说是改革开放后最早一批金融学专业的大学生。当时我对经济学毫无概念，是个文艺青年，希望去读复旦大学的中文系，但分数没有达到复旦大学的录取分数线。进入上海财经学院以后才有机会接触经济学这个概念。当时上海财经学院刚刚复院，我们是第一届学生，所以教材不全，好多都是临时凑的。我们当年的课本都是十多年前的，许多都没有再版过，当时用的都是学校临时赶印的油印本，16开本，厚厚的。也有老师现编的教材——不是正规的教材。我们当时学的很多东西实际上是落后的，再加上国家刚刚确定以经济建设为中心，刚刚开始"摸石头过河"。

因为教材老旧，不成体系，所以我用更多的时间看课外书。我当时特别关注的是西方经济学理论、中国经济史，还有就是一些历史、艺术、美学等社科类的书。

学院与大学的区别，据说一个是培养实用型人才为主，一个是培养理论型人才为主。但是，作为上海财经学院的学生，我感觉大家都更喜欢理论，对那些实务课程不太感兴趣。当时毕业分配的去向实际上也是有区分的。我毕业时被分配到中国农业银行浙江省分行，那时候大学生少，浙江省分行有一个研究所，就让我到研究所去工作，后来又到浙江省永康县支行去挂职锻炼当副行长。那时干部队伍青黄不接，所以要培养年轻干部，提出干部四化——革命化、年轻化、知识化、专业化，搞第三梯队。我是沾了财经毕业生的光，所以很早就挂职锻炼，1986年到基层去当副行长，回来以后又在研究所待了一年左右，然后去筹备浙江省农业银行国际业务部。

初生牛犊

1988年，工商银行、农业银行、建设银行开始做国际业务。当时四大行都是专业银行，中国银行是专业的外汇业务银行，其他银行是没有这项业务的。那时外贸也是专营的，全国只有上海等几个城市的外贸公司可以做外贸业务，这些城市被称为口岸城市。其他地方的外贸公司和外贸企业都没有外贸自营权。中国银行虽然各地有分行，也不是所有的分行都能做外汇业务，分口岸行和非口岸行，口岸行才能做外汇业务，并且口岸行的级别也比非口岸行高。比如说中国银行上海市分行，它是口岸行，中国银行青岛分行也是口岸行，但是中国银行济南分行不是口岸行，它是归青岛分行领导。随着对外贸易的快速增长，口岸城市外贸公司专营的体制已经不再适应形势的变化，慢慢地各个地方的外贸公司都可以直接对外贸易，再后来乡镇企业也不需要通过外贸公司去做出口，而是自己可以直接出口，这时中国银行专营的外汇业务也应付不过来。在这样的情况下，我们农业银行就开始成立国际业务部，我是农业银行浙江省分行国际业务部筹备组成员。

刘晓春给基层业务人员培训国际业务知识

农业银行原来的专业是农村金融业务，面对的是农村、农业、农民和新兴的乡镇企业，突然之间要做国际业务，不仅没有人才，大家甚至连国际业务是怎么回事也不知道，一切从零开始。不仅是业务从零开始，基础设施也欠缺，分行甚至找不到一台英文打字机。我们当时买了国产的飞鱼牌英文打字机。筹备的那段时间确实很艰苦，但也很有趣。就我个人来讲，有机会对本外币各项业务都有一个比较全面深入的了解。国际业务部开业以后，我是信贷部经理，相当于现在的客户部经理加信贷审批部经理和风险管理部经理，因为要营销客户、拓展市场，所以与客户打交道时不能只谈信贷，同时要营销各项国际业务，比如国际结算、外汇买卖等。此外，为了让各级支行都能办理国际业务，还要在行内普及国际业务，培训支行领导及业务人员。正是这个过程给了我一个学习的机会，让我能够全面了解银行业务，为后面的工作打下了非常好的基础。

香港分行

在浙江省我是参与国际业务筹备工作,后来还独立筹备了农业银行浙江省分行营业部,随后又回到浙江省分行国际部担任总经理。1999 年我又调到农业银行中国香港分行工作。1995 年工商银行、农业银行、建设银行在差不多的时间成立了各自的中国香港分行。因为亚洲金融危机的冲击,农业银行中国香港分行的经营产生亏损,资产质量也不好。我于 1999 年第一次到中国香港工作。当时虽然已经过了亚洲金融危机最困难的时期,但 2000 年科技股泡沫破裂,接着是 9·11 事件,再后来又出现了非典型性肺炎。就这样,中国香港的房价从 1997 年开始跌,到 2004 年跌幅超过 60%。我第一次在香港工作就经历这么一个过程。4 年时间里,我们中国香港分行从亏损到当年盈亏平衡,到扭亏为盈;资产规模从 30 亿港元到 150 亿港元;从银团贷款的参与行,到银团贷款的牵头行、债券主承销商。

在知名财经杂志《财资》(The Asset)主办的"2017 年财资大奖"评选活动中,
浙商银行刘晓春行长荣获"年度最佳 CEO 奖"

我在香港工作过两段时间。第一次是 1999 年到 2004 年,第二次是 2010 年到 2014 年。第二次到香港的时候,香港分行的总资产是 600 多亿港元,2014 年我离开时总资产是 4 600 多亿港元,跻身香港前十大银行,并且是前十大银行中唯一没有零售业务和分支网点的银行。

中国香港地区的银行业和中国内地的银行业区别是比较大的。从中国香港银行业的发展来讲,它经历过从比较传统到现代,从比较混乱慢慢走向规范的过程。它经历了一波又一波的经济危机、金融危机,在这个过程中很多银行倒闭了。总之,它是一个国际上监管比较先进、法制健全、开放活跃的经济体或者金融体系。在中国内地,由于我们的经济处在快速发展阶段,加上体制原因,这几十年银行的发展一直很快,但总体上我们没有经历过完整的金融危机。改革开放以来,我们也出现过风险,在20世纪末,国际上甚至有评论说我国银行已技术性破产。但有风险以后,我们很快就动用整个国家的资源进行处理,同时由于我们的经济处于快速增长期,银行自身的规模发展和盈利能力提升,风险很快就被处置了,所以很难说我们经过特别大的金融风险。我们也确实有过金融发展相对混乱的阶段,但总体上走得相对比较平稳。

在中国香港,外资机构相互之间的竞争虽然比较激烈,但却非常有序。香港地区市场化程度高,法治程度也高,银行业的经营特别强调法制。它这个法制实际上是渗透在方方面面,包括人的行为方式。所以在做业务的时候,每个环节都会考虑是否符合法规要求。

规则实际上是建立在对金融本质的认识上的,任何创新都会围绕着这个本质来看问题。在中国香港,金融创新层出不穷,但不是为创新而创新,创新要符合商业原则,要遵循金融本质,更要遵守法律规定。

香港地区这么一个自由市场,员工有很好的职业精神,但没有我们所谓的主人公精神。员工和企业之间是契约关系。

新金融研究

上海新金融研究院(Shanghai Finance Institute,SFI)是一家非官方、非营利性的金融专业智库,成立于2011年7月14日,由中国金融四十人论坛举办,与上海市黄浦区人民政府战略合作。研究院的业务主管单位是上海市金融监管局,登记管理机关是上海市社团管理局,致力于新金融和国际金融领域的政策研究。SFI有许多政策建议等研究成果受到了各方高度重视,在国际上也很有影响力。SFI每年秋季举办"外滩金融峰会",全球专家云集于此。

上海新金融研究院研究的重点主要是两大方面,一是金融科技在金融领域的应用和推广,二是上海国际金融中心建设,包括金融对外开放的问题。可能我的经历也刚刚可以与之对得上号。

至于金融科技对金融的影响,我想金融或者说我们整个经济发展到现在这个阶段,需要科技创新来推动下一轮经济增长,这是大家都有共识的。

从银行业的角度说,早在20世纪50年代人民银行就已经引进苏联的计算机来做我们联行清分的业务。银行一直是技术创新的积极支持者,也是新技术创新应用的践行者。但银行不是为技术创新而创新,而是为金融业务创新而应用新技术,并且创新应用新技术的领域是全方位的。比如,现在的企业构成非常复杂,不是单个机构,往往都是集团。在集团内部,不同企业有层级的差别,也有股权结构的区别、所有制的分别,还有行业产业的差别。企业内部的资产负债管理,已经不是传统意义上的财务管理,集团内部由于法人的不同,相互间的资金不能随意调拨。因此,需要以金融的理念和方法进行资产负债管理。另一方面,现在企业与上下游之间的关系也不是简单的买卖关系,更多的是共生共存关系,特别是万物互联的情况下,企业的业务边界将更加模糊。还有各种新商业模式,这些使得企业间的债权债务关系更加复杂,需要有新的金融工具和方式来适应这些变化,帮助企业有效地处理这些复杂的债权债务。银行作为公正的第三方,凭借自身的专业能力,利用新兴的金融科技、创新产品和服务,在为企业提供金融产品和服务的同时,又为企业提供相应的金融管理工具。实际上,银行为企业提供金融服务,不仅仅是增加企业的贷款,更多的应该是通过赋予企业"金融能力",帮助企业更好地管理资产负债,降低杠杆,降低负债成本。

2020年8月22日,刘晓春参加"全球疫情下的中国经济发展之路"高峰论坛

  SFI另一个研究重点是上海国际金融中心的建设。2020年上海基本建成了国际金融中心,从量上来讲已经进入到全球前三位了,这应该是很了不得的成绩。那么接下来应该怎么走?我觉得,国际金融中心建设、"一带一路"的倡议和人民币的国际化是相辅相成的,这方面需要更多地去关注策略或者说切入点。我曾经提出过国际金融中心建设要超越招商引资的概念。招商引资的方式,一是引进外资机构,外资机构就是银行、证券公司、基金公司等。二是钱的引进,有多少外汇能够进来。三是技术和产品。但金融与一般工商业不同,国际金融中心不仅是把国际资金引进来,也要服务于国际市场。金融市场有投资人、交易商、中介和融资人,我们引进外资机构,主要是中介、交易商和投资人,却没有想过要引进融资人。如果对融资人和融资项目开放,上海就能为"一带一路"企业和项目提供有力的金融服务。上海国际金融中心,还应该是人民币的国际金融中心,包括人民币的国际清算中心、人民币融资中心、人民币的交易中心和人民币资产的交易中心等。总之,国际金融中心是为国际提供投融资和交易服务,而不仅仅是为国内提

供投融资和交易服务。

金融业改革

经过四十年的改革开放,中国银行业有了非常大的进步,尤其是在创新、技术应用方面,可以说是走在世界的前列。但也带来了新的问题,就是业务导向有了偏差,更注重发展速度,更注重业务规模,更注重单纯的盈利目的。在这种导向下,发展速度建立在资本紧运行的脆弱基础上,为了规模造成部分的资金空转,创新有时难免牺牲安全,为了控制风险业务管理简单化,从而导致银行与客户之间难以保持长远、综合的战略性关系。我认为近年来出现的一些风险,与这样的导向有关,企业对银行的诟病也与此有关。银行需要应用新兴科技,需要数字化转型,但那是工具性的,不是根本的。银行改革是要建立与客户形成长远、综合的战略性合作关系为基础的稳健经营机制。只有这样,回归本源、服务实体经济才能落到实处,这是从银行自身来讲的。实际上,企业也需要重新考虑如何与银行建立稳健、长远的合作关系。

关于外资银行的引进,就现在的情形来看,我们可以平常心来看待。首先,在中国的市场上,外资银行已经不可能对中资银行形成威胁。在资本约束的条件下,外资银行没有这个能力与中资银行拼规模。其次,在创新能力、科技应用上,中资银行至少不需要仰视外资银行。另一方面,是监管方式、监管理念的转变,也是银行改革的重要一环。

银行改革,需要内在的动力,也需要外在的压力。

金融对外开放,与其他行业不同。其他行业主要就是招商引资,引进机构、引进资金。金融开放,光引进机构和资金是不够的,需要有相应的业务及相配套的金融基础设施,金融的对外开放,要超越招商引资的理念和方式。主要是两个方面:一是着力建设各类对外开放的金融产品市场。二是相应改革监管理念、监管政策和监管方式。

改革是一个漫长的过程。任何社会实际上都是在往前走,只是在某个阶段,老的一套走不下去了,整个社会都形成了改革共识,那么这个时候往前改可能会相对顺当,但这只能说是相对顺当。我们回过头来看这 40 年,实际上并不是一路顺风,中间也是经过了很多波折。

在改革的过程中,曾出现过一种现象,就是一放就乱,一控就死。要走出这个怪圈,就需要法治建设,法治建设中我认为更重要的是执法,依法执法,执法必严,而不能根据形势的变化来执法,忽宽忽严。这是接下来的改革中非常重要的一点,为什么大家有的时候说没信心或者说不确定性增加?经济肯定是具有不确定性的,市场是具有不确定性的,但法治规范要有确定性,只有这样大家才敢去投资。

我们这代人很幸运,我们的工作阶段,几乎就是整个改革开放的过程。少年时代,我们怀着为实现四个现代化而学习的奋斗理想走向社会,现在回头看,这个理想居然实现了,我们国家从相对落后、封闭发展成为世界第二大经济体、第一大贸易国,消除了绝对

2021年1月9日，刘晓春参加校友会举行的"行万里路，读万卷书"活动

贫困。虽然作为个人我只是做了一些平常琐碎的事情，但我们还是可以说，我们参与了历史，而不仅仅是经历了历史。因此，我们珍惜这来之不易的局面，衷心希望国家继续往前走。

后记

　　刘晓春先生一头银发，身形瘦削挺拔。刘晓春先生讲银行，十分精到，银行是金融永恒的题目，理论固然重要，但纸上得来终觉浅，丰富的实践，尤其是一些刻骨铭心的教训，会让人深刻铭记，并反馈到实际操作中去。除了是金融专业人士之外，刘晓春更是妙人雅士一枚，琴棋书画、一箪一食，皆精致从容。在采访中，刘晓春先生说："感谢当年母校所给予我们的理念、知识，支撑着我们走好职业生涯的每一步，作为'上财学子'，理当心系母校，竭诚回报。"

（口述：刘晓春　　撰稿：杨　刚）

8 金融系统改革开放的时代领跑者

——访王世豪先生

王世豪

人物小传 》》》

王世豪,出生于上海,毕业于复旦大学经济学院经济系,高级经济师。上海市政府特聘咨询专家,上海财经大学、复旦大学、上海交通大学、国家会计学院兼职教授;先后在中国香港中文大学、中国澳门科技大学、德国康斯坦茨大学、美国亚利桑那州立大学与国内合办的MBA和EMBA学习并两次获硕士学位;先后到美国花旗银行中国香港分行、日本大和证券总部和德意志银行总部进修。1979年2月入职中国人民银行上海市分行静安区办事处,先后任人民银行上海金融研究所研究人员、科长;金融行政管理处科长、副处长;1990年5月,任人民银行上海市分行"上海市城市信用合作社联社"筹建领导小组成员;1991年2月,任上海市城市信用合作社联社创始主任(法人代表);1995年4月,任上海市人民政府"上海城市合作银行筹建领导小组"成员兼办公室主任;1995～2010年,任上海银行创始执行董事、首任副行长;1996～2013年,任城市商业银行资金清算中心理事长(法定代表人);2013年后任徽商银行、郑州银行、兰州银行独立董事;北京银行和龙江银行顾问;在金融系统工作了40多年,是"上海市城市信用合作社联社""上海城市合作银行""东方证券公司"(其前身是27家城市信用合作社证券部)"城市商业银行资金清算中心"四家机构独立法人、省级及全国性金融机构的主要创始人之一和主要领导人之一。编著出版书籍30余册,发表论文200多篇。

五月的上海,春意荡漾。记者如约来到坐落在上海陆家嘴金融城的上海银行大厦那宽敞明亮的办公室,采访这位被誉为"金融系统的时代领跑者"王世豪先生。

中国人民银行上海市分行"四大才子"之一

中国人民银行上海金融研究所被誉为金融界的"黄埔军校",也是中国金融教育培养的"摇篮"。名师出高徒,著名金融史学家洪葭管、著名金融理论家盛慕杰、著名货币流通专家陈泽浩三位名师门下的学生王世豪,在金融界培养的"摇篮"里"身手不凡",刚起步就初显金融行业新星的风采。45 年后,再回眸当年的往事,翻当年的照片,恍若岁月穿越,一段尘封的记忆也随之打开。

1979 年 2 月,王世豪进入中国人民银行上海市分行静安区办事处工作。他从普通柜员做起,学习最基础的柜台业务。他学习了点钞、打算盘、收储和会计等技能,同时对银行存贷业务有了切实的体会。一年零八个月的柜员工作对其职业生涯的塑造有着重要的意义,成为其金融生涯的第一块基石。在以后多年的商业银行领导决策各项岗位制度、创新业务中,王世豪常常会想一下:业务如何在柜台实际操作?1980 年春天,每天踏实工作的王世豪忽然听得一个好消息:中国人民银行上海金融研究所恢复设立,并公开招考研究人员。王世豪想到,自国家以经济建设为中心的基本路线确定后,金融研究所的重开对中国金融发展有着重要的历史意义,这次研究所的人员招聘他必须参加,而且一定要争取考上!

1980 年 7 月 7 日~8 日,王世豪在虹口区昆山路 146 号的上海市财政金融学校整整考了两天五门专业课后,10 月 7 日王世豪收到了中国人民银行上海市分行人事处发来的录取通知书,他欣喜若狂,买了喜糖分发给营业所的各位老师,晚上全家特地为他举杯祝贺。此时他才获知,1980 年 10 月中国人民银行上海市分行金融研究所招考研究人员时,在上百竞争者中,王世豪与朱小华(曾任中国人民银行副行长)、王华庆(曾任中国人民银行纪委书记)和黄鸿珊(曾任太平洋保险公司部门总经理)4 人脱颖而出,被中国人民银行上海金融研究所录取为金融研究人员。"我于 10 月 10 日喜滋滋地去金融研究所报到,金融研究所党支部书记韩宏泰老师对我说:'小王,这次你考了个探花'(意即第三名)。考取金融研究所是我金融人生的重大转折,从此我开启了人生新的航程。"

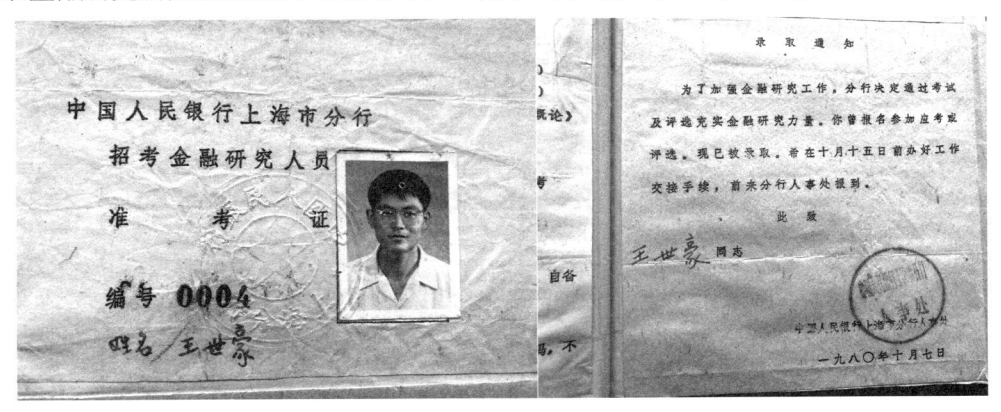

王世豪参加中国人民银行上海市分行金融研究所招考研究人员的准考证和录取通知书

王世豪来到中国人民银行上海市分行金融研究所工作的时候,正赶上中国经济金融界的思想大解放,王世豪师从洪葭管、盛慕杰和陈泽浩三位老师,并且在研究所三个研究组轮转,有幸得到这三位著名金融专家的指导和真传,让不少人羡慕不已。

"师傅领进门,修行靠个人",王世豪在三位恩师的栽培下快速成长。王世豪说:"天行健,德润身。大师有爱,生生不息。三位把我领进门的恩师对我金融职业生涯的成长绝对是关键性的,令我终身难以忘怀。"

洪葭管老师指导金融历史

进入中国人民银行上海金融研究所之初,王世豪先在历史组做研究工作,师从历史组组长洪葭管老师。

历史组的一年,洪老师指导王世豪看了很多金融历史资料,包括几十本民国时期的银行周报。洪老师对他说:"你必须先弄懂民国时期的中国金融史,这样才能为以后做研究打下基础。"在洪老师的指导下,王世豪对民国时期"中中交农二局一库"中国现代化国有金融体系的建立;民国时期"废银改元""废元改币""金圆券"三次货币体制的改革,民营银行南三行、北四行的建立和发展;陈光甫创建上海商业储蓄银行以"一元钱"储蓄起家的事例;张嘉璈在中国银行改革20年建立现代化中国银行管理体制,并建造上海、香港、新加坡三座外形一致的大厦形成跨国银行,为员工建造中行别业员工宿舍等金融历史印象深刻。这些对王世豪参与创建成立商业化和股份制的"市联社"和"上海城市合作银行"有很大的历史启示意义,也对王世豪与班子成员一起推动建造南外滩大厦、陆家嘴大厦,推动实施"货币分房,实现员工人人一套房"的政策起了影响作用。

2018年10月,王世豪在洪葭管老师(右)百岁生日庆典上和老师合影

盛慕杰老师指导金融研究

一年后,王世豪调到金融研究所的编辑组工作。王世豪回忆说,该组的任务是审改稿件、编辑出版发行《上海金融》杂志和金融业务的书籍。20世纪80年代初期、中期的改革和调控如火如荼,学术界的思想非常活跃,《上海金融》是上海金融界唯一公开发行的刊物,可谓是上海整个金融界改革思想和改革政策的主要窗口。80年代初期,"中央银行的设立方案""商业银行的创立探讨""信托公司、证券公司、租赁公司、财务公司等非银行金融机构的设立意义和路径""上海证券交易所设立的意义和路径探讨""外汇交易市场的设立探讨"和"美国货币政策调控的工具"都是印象非常深刻的课题。金融研究所研讨会经常高朋满座,时任中国人民银行上海市分行杨浦区办主任毛应梁、虹口区办储蓄科长周芝石、上海财经大学金融系主任王学青、上海金融专科学校教研室主任徐武定等都是常客。

盛慕杰老师是研究所所长兼编辑组长,王世豪与盛老师两张桌子面对面紧挨地坐了6个春秋。王世豪说,这位恩师思想敏锐,眼界宽阔,对他的职业生涯影响很大。盛慕杰老师经常整天伏案,连续七八个小时撰写文章,并订阅大量报纸杂志对重要信息进行剪报。盛老师有一次拿了份美国财政和金融关系的研究资料给王世豪并叮嘱说:"小王,这份资料你要保存好,研究金融,一定不要忘了金融和财政、金融和经济,就像一条板凳的两只脚,一条裤子的两条裤腿,谁都离不开谁。"

王世豪感慨地说:"盛慕杰老师的嘱咐,对我后来从事几十年金融工作有很大帮助。盛慕杰老师的剪报、报刊学习,对重要信息的学习习惯,盛幕杰老师敏锐的高屋建瓴的视野,旁征博引的例证,以及写文章和演讲严密的逻辑都对我的成长有很大的影响。此外,编辑部每年要召开两次华东六省一市通讯员会议,我作为编辑组的年轻人(先后任副科长、科长),工作量虽然很大,但也因此认识了很多兄弟省市金融界的领导,尤其是极大地锻炼并提高了我组织协调各省市银行界同行开展工作的能力,为后来创议并发起组建全国性的城市信用联社联谊会(后改名城市商行论坛)和'城市商业银行资金清算中心'奠定了基础。"

陈泽浩老师指导金融调研

1987年10月,在编辑组工作6年后,在全国著名货币流通研究专家陈泽浩组长的指导下,王世豪又担任《上海市货币流通周报》主笔一年多。货币流通调查设置了菜场、商场、储蓄所和批发市场等10个调查点。王世豪每周必须跑以上调查点去收集商品购销数据、储蓄投放回笼等数据,综合起来编写一篇《上海货币流通情况周报》呈给行长室专阅。

王世豪回忆说,当年每季要参与讨论由胡琦莹老师主持的《上海企业流动资金分析周报》(选取 20 家大型国企调查点),对工业生产的资金、各种形态的综合分析进行讨论,使王世豪养成了跟踪资金流通形态分析的习惯。这对后来在商业银行领导岗位进行资产负债管理、信贷管理等以及经济的宏观、中观、微观经营和风险分析都打下了良好的基础。

参加上海市经济研究联席会议六年

王世豪回忆说,在金融研究所工作 8 年期间,他每年都会去中山东二路 12 号上海市政府大厦参加由上海市计委研究所蔡来兴所长主持召开的"上海市经济研究部门联席会议"。参会人员都是市级 10 多家经济部门研究所的负责人,他们汇聚一堂,将行业的动态性经济信息进行交流,并对重大改革措施、中央的宏观调控政策进行综合分析。从 1982 年到 1988 年,他连续参加了 6 年,逐步养成了对中央和地方各个宏观部门的相互联系、宏观政策与中观经济、微观经济的联系进行综合分析的习惯。1987 年由蔡来兴主编的《宏观经济管理概论》一书于次年出版发行,王世豪与朱小华、陈泽浩、潘明、汪钰华、沈建新和韩曙等一起参加部分章节的撰写。"这让我对宏观调控的各项综合配套政策有了更深的全面认识。"王世豪如是说。

王世豪自豪地说,中国人民银行上海市分行是上海金融业的最高领导机构。20 世纪 80 年代经过 8 年金融研究所的历练,王世豪与一起考入金融研究所的朱小华、王华庆和汪钰华 4 人经常活跃在上海经济金融改革的思想、理论、政策、方案和项目讨论研究的舞台上。20 世纪 80 年代中期改革高潮时,他们每周至少要参加 2~3 场改革研讨会,发表了大量言论和文章,逐渐被金融界同行誉为中国人民银行上海市分行"四大才子",其佳话一直流传至今。

金融监管的五个瞬间

王世豪金融生涯的第三块基石——金融行政管理处三年监管工作,熟悉了有价证券的市场准入和交易监管,熟悉了金融机构的市场准入和营运监管。

王世豪回忆说:"1988~1990 年恰逢证券市场的启动和金融机构的大量创建,加之金融行政管理处的三年监管工作又极其锻炼人,对我后来能够顺利成功组建多家金融机构起了非常重要的指引作用。"他说,1988 年年初,中国的改革从思想解放和理论探讨走向实践阶段,改革重点从农村转入城市,从农业转向工业,金融的大规模改革提上了日程。王世豪赴日本参加了大和证券公司国际研修班后,由研究所科长调任金融行政管理处为债券科科长,专职上海债券市场的审批和监管[同处的同事张宁(曾任上海证监局局长)同时被任命为股票科科长]。金融行政管理处是一个对上海市所有金融改革的集中审批和监管部门。后来,金融行政管理处一个处的职能被分拆中国人民银行上海市分行的监管部室、上海银监局、上海证监局、上海保监局和上海证券交易所。对此,王世豪在金融监管上印象较深的有 5 个瞬间。

瞬间一：见证国库券柜台交易启动

王世豪在金管处周家渊、王定甫的领导下和同事们一起研究多项预案和实操办法，1988 年 4 月 21 日，他陪中国人民银行总行经管司的领导到第一线跑了好几个柜台，见证了我国证券二级市场的正式起步。王世豪还数次参加金管处和工商局对西康路国债自由交易市场上国库券黄牛的惩罚行动，亲身体验了金融行政执法的威力。

瞬间二：起草全国首个短期融资券的管理条例

该条例后来被总行引用修改成为全国短期融资券的管理办法。因审批需要，那时候王世豪也到申请单位（上海各大钢铁厂、化工公司、造船厂）实地核查资金的用途及还款来源。这些实践，为他后来从事的商业银行信贷管理工作打下了良好的基础。

瞬间三：参加中国人民银行总行第一本金融市场原理与实务教材的编写工作

1989 年，王世豪参加人民银行总行第一本教材《金融市场原理与实务》的编写工作，这本教材的主编是金管司司长金建栋。编写组成员有朱从玖（曾任浙江省副省长）、聂庆平（曾任中国证金公司总经理）、张宁（曾任上海证监局局长）、黄莺飞（曾任金融司副司长）、雷志卫（曾任平安银行总行副行长）、夏斌（曾任深交所总经理）和王世豪（曾任上海银行副行长）。这本书的编写使王世豪对货币市场和证券市场有了较全面的了解，为他后来主持信用社和上海银行的工作后，积极开办证券业务，将商业银行各项业务深入参与货币市场、证券市场、创建银证合作业务等奠定了理论和实践基础。

瞬间四：创新制定金融机构市场准入"先批筹建、后批开业"的两步走审批监管办法

全市兴起组建城市信用合作社的高潮，在机构的审批过程中经常会碰到消防、工商、租赁、水电和通信等部门的政策变化，使机构的一次性"开业审批"处于被动局面。王世豪遂和副科长张金宝商议制定了"先批筹建、后批开业"的弹性机动二次审批办法，经实施后效果很好。后经总行保险合作处崔利贞处长认可赞同并推广到全国，使"先批筹建、后批开业，机构准入二次审批"逐步成为全国金融监管的"机构准入审批监管办法"。

瞬间五：参加城市信用合作社的清理整顿工作

1989 年下半年，王世豪被任命为保险合作科科长，专职从事金融机构的市场准入和监管。1990 年 4 月，根据人民银行总行的精神，王世豪和尉文渊（时任金管处副处长）一起参加上海城市信用合作社的清理整顿工作，清退了不合规定的资本金、存贷款，并对违规经营的新客站城市信用合作社、复兴城市信用合作社两家城市信用合作社撤销了金融经营许可证。

1990 年 5 月，整顿结束后王世豪被中国人民银行分行领导分派参加城市信用合作社

联社筹备领导小组。1990年12月,中国人民银行总行批复同意了上海市联社的章程,以及时任金管处副处长的王世豪受聘为市联社主任(法人代表)的任职资格。

王世豪向记者表示,当年经过中国人民银行上海市分行金融研究所8年三个科室(任科长)和金融行政管理处3年两个科室(任科长)合计11年的历练,参加了几百场金融改革方案和项目的研讨和发言,以及证券市场监管、金融机构监管的实践以后,自己已初步具备了以下能力:领导担任一家大型独立法人金融机构领导者所需要具备的经济金融理论基础、熟悉金融法人治理架构应具备的各大要素;中央宏观调控政策的分析研究能力;中央和地方政府各项改革如何在金融机构落地的实操方案设计能力;金融机构如何办理市场准入、上海及兄弟省市金融机构负责人的人脉关系,等等。他的话语中充满着一种强烈的紧迫感、责任感和自豪感。他觉得过程虽然艰辛,但是也很快乐。在王世豪面前,这是一个崭新的时代。

"心有多大,城市信用合作社的舞台就有多大"

参与组建全国第一家"城市信用合作联社"

王世豪说:"金融业为百业之首。选择了金融行业,就是选择了整个经济的大舞台"。

20世纪80年代,中国沐浴着改革开放的春风,上海也迎来了城市信用合作社发展的"真正的春天"。1986年12月,申城最早的两家城市信用合作社——川南城市信用合作社、豫园城市信用合作社正式成立,由此揭开了上海城市信用合作社蓬勃发展的序幕。

2002年8月,海协会会长汪道涵(右二)特邀王世豪(右一)和张志蛟(左一)、徐凤(左二)在上海寓所交流研讨分析中外金融发展大趋势

1990年7月,中国人民银行上海市分行成立上海城市信用合作联社筹建领导小组。王世豪奉命参与筹建上海市城市信用合作社联社,并参与起草制订和修改全国首个上海城市信用合作社联社筹建方案和联社章程。1991年2月12日,上海市城市信用合作社联社召开第一届股东大会和理监事会议,中国人民银行上海市分行原副行长陈远高当选为市联社理事长,年仅40岁的王世豪当选为上海市城市信用合作社联社主任(法人代表)。任何新生事物破茧而出都会有阻力,首届股东大会有部分信用合作社主任因有关方面阻挠未能参会。

1993年10月,上海市行长(上海市十五家市级金融机构主要负责人)联席会议部分参会人员合影。后排左五为上海市城市信用合作联社主任王世豪

与各区政府建立良好的协调关系

上海市城市信用合作社联社成立后,市联社理事长陈远高和主任王世豪认识到必须取得"区政府、市联社、组建股东和小企业四赢",市联社才能站住脚跟。在上海市人民银行龚浩成行长、周芝石副行长的支持下,王世豪和陈远高马不停蹄地跑了10个区会见区政府分管领导,协调了党团人事、税务、行政和业务的关系。经过半年多的协调和试运转后,于1991年11月25日在上海展览馆友谊会堂隆重举行上海城市信用合作联社正式成立大会。上海市副市长庄晓天、市政府副秘书长胡正昌、市财贸办公室主任张俊杰、交通银行董事长李祥端、中国人民银行上海市分行行长毛应梁等莅临出席。王世豪参与起草的全国首家"上海市城市信用合作联社筹建方案"和"上海市城市信用合作社联社章程",被中国人民银行总行推广到全国,成为全国近200家城市信用合作社联社组建的重要参考和指导。

连续五年新开58家城市信用合作社

最令王世豪难忘的是,他上任后恰好遇上浦东改革开放的大好时机,上海呈现了"一年一个样,三年大变样"的崭新风貌,这背景助力上海市城市信用合作社的快速诞生。值得一提的是,在上海市人民银行的大力支持下,上海市城市信用合作联社成立后的5年里,连续开办了58家城市信用合作社,平均每个月新成立1家信用社。如今,王世豪仍然清晰地记得,那5年自己天天忙得就像打仗一样。

全国率先实施资产负债管理

上海市城市信用合作联社在1992年即制定资产负债比例管理办法,由上海市人民银行于1992年8月17日以沪银计(92)2034号文件《关于上海城市信用合作社资产负债比例管理暂行办法》呈人民银行总行批准。王世豪和张天羽合著的《资产负债比例管理的理论与实践》一书,于1994年由中国经济出版社出版,人民银行总行尚福林副行长专为此书写了序言。截至1995年年底,上海城市信用合作社拥有网点232个,发展中小企业20万户,吸收对公存款252亿元,累计发放各种贷款2 000多亿元,在全国城市信用合作社排名第一。

1994年10月,时任上海市副市长孟建柱在陈远高理事长(左二)、王世豪主任(右一)和外滩城市信用合作社解放副主任(左一)的陪同下视察外滩城市信用社

缴纳税金 10 亿元

王世豪自豪地说,上海城市信用合作社的创办和发展,没有向国家要一分钱、一间房,却为国家创造了可贵的财富,年年缴纳税金,仅 1993 年一年缴纳的税金就达 2 亿元,相当于上海市财政总收入的 1%。从 1987 年至 1995 年 12 月,全市城市信用合作社共创利润 20.5 亿元,缴纳各种税金 10 亿元,积累净资产 10.15 亿元,为充实地方财政收入、发展地方经济、充实城市信用合作社抗风险能力做出了重要贡献。

建造 60 余幢营业楼

值得一提的是,王世豪运用在复旦大学学习的级差地租理论,制定营业用房建造办法,动员 60 多家城市信用合作社建造了 60 余幢宽敞的现代化营业大楼,为城市信用合作社及后来组建的上海银行迅速拓展业务,奠定了强大的物质基础,也为上海银行的持续发展节约了巨额的营业用房租赁成本。1994 年上海城市信用合作社联社,自筹资金 3 亿元在地处中山东二路 585 号建造 28 层高、3 万平方米的南外滩广场大厦,于 1998 年 8 月 13 日正式投入使用,并命名为"上海银行大厦",当年成为全国城市商业银行第一楼。该楼与黄浦江对岸浦东耸入云端的东方明珠和金茂大厦地标景观遥相呼应,风华绝代,融为一体,彰显"外滩沿江畔第一楼"的磅礴气势。

参加新中国首场金融招商引资会

令人难忘的是,1995 年 9 月 19 日,王世豪参加了中华人民共和国成立后首次金融机构招商引资的谈判。这也奠定了上海银行于 1999 年 9 月正式签约成为新中国历史上第二家吸引外资入股的金融机构的基础。

因为敬业,因为勤勉,因为执着,王世豪收获满满。王世豪坦言:"从上海城市信用合作社到改制成上海城市合作银行,一路走来,都是伴随着改革开放和市场经济大潮而不断发展和壮大的。心有多大,舞台就有多大;相信未来,我们的舞台会更大!"

在王世豪的眼里,满是憧憬。

不畏艰辛,证券市场路上高歌行

每一位执着奋斗的人,都渴望看到它、靠近它。而王世豪就是其中一位离彩虹最近的人。

1990 年 12 月 19 日,这是一个载入中国金融史册的日子:上海证券交易所正式开业。时任上海市市长朱镕基、副市长黄菊、市政府顾问汪道涵、中国人民银行副行长刘鸿儒等出席上海证券交易所开业庆典。这天,王世豪露出了舒心的笑容——"在上海市人民银行和证交所筹备组的大力支持下,上海的上工城市信用合作社、环龙城市信用合作社、川

1995年9月19日,世界银行行长沃尔芬森(外方左二)、国际金融公司副总裁卡松姆(外方左一)在花园饭店与时任上海市副市长华建敏(中方右二)、市人民银行副行长林毓利(中方右三)、市财政局副局长周有道(中方右五)、合作银行筹备办主任王世豪(中方右一)洽谈上海城市合作银行与国际金融公司合作事宜

北城市信用合作社、江浦城市信用合作社和文庙城市信用合作社五家城市信用合作社与其他20家金融机构一起,共同成为该交易所创始发起人会员单位。"截至1995年年末,上海市城市信用合作社联社辖下共有证券业务部27家,拥有交易席位64个。

在全国城市信用合作社首创证券代理和自营业务

王世豪认为,"在城市信用合作社开设证券业务部,可以说是银行业和证券业综合经营的初探。上海城市信用合作社第一步是代理万国、申银、海通证券公司等8家机构的证券业务,全市信用合作社共有94个营业网点办理委托代理证券业务。第二步是经批准开办自营证券(股票)交易的业务,共申请开办了27家证券部。证券交易既为城市信用合作社自身拓展扩大了业务渠道,增加了营业收入,也方便了上海市民及社会各界投资股票市场,并大大地推动和活跃了上海证券二级市场的发展,1992年至1993年证券交易最高峰时,全上海的证券交易(含代理)约有40%是在城市信用合作社的柜台上成交的。"

"今天,当我们回首上海证券市场的发展史时,可以自豪地说,上海的城市信用合作社在上海证券市场的早期发展中有着重要的地位和作用。在城市信用合作社证券业务的发展过程中,得到了中国人民银行各级领导的亲切关怀和支持。1991年11月,时任国务院总理李鹏视察上海证券交易所,观看上海环龙城市信用合作社第18号证券经纪人现场证券交易的操作。"王世豪如是说。

1993年,王世豪(中)在证券研讨会上向原上海市市长汪道涵(左)和市人民银行龚浩成行长(右)汇报上海城市信用合作社证券业务

那时,证券业务部整个营业厅常常是人潮涌动,柜台也险些被挤塌,仅有1个电视屏幕可以观看行情,挤在营业厅后部或门外、窗外的客户为看清屏幕上的行情还需使用上望远镜。于是,王世豪提出,率先在市联社证券部交易大厅设置股民座椅,为股民提供舒适的环境,这一贴心的服务举措,在全市被各证券业务部迅速推广。

初创时期的各信用合作社证券业务部每个交易日一早,各信用合作社证券部门口就排起了购买当日限额的证券买卖委托单(黑市曾卖到100元/张)的队伍,需要证券业务部人员很早就赶到营业部维持秩序,处理有关的矛盾和纠纷。当时每日交易结束后,再打印当日客户交易的交割单,在晚上七八点钟打出交割单是常事,有时甚至会延至深夜或次日凌晨四五点钟。

1995年底,上海城市合作银行成立后,在总行的组织架构中专门设立了证券管理部,负责管理全行下辖的27家证券业务部。1996年和1997年,实现的净利润分别为3 490万元和6 857万元。1997年10月,随着中国金融业"分业经营、分业监管"政策的出台,27家证券部全部划转并转制挂牌成立为"东方证券公司"。

编辑《上海证券年鉴》20年

上海社会科学院从1992年起开始编辑《上海证券年鉴》,一直到2012年为止,共编了整整20年。"我从1992年起担任该年鉴编委,20年间编委会名单上只有主编龚浩成(曾任中国人民银行上海市分行行长)和我从头到尾做了20年编委,证券界的人世沧桑可见一斑。"

上海证券业的创建和发展,留下了王世豪的智慧、心血和汗水,真可谓"功不可没"。

不改痴情,勇立商行潮头十五载

负责组建全国第一家城市合作银行

让我们把时间重新拉回到20世纪90年代中期,回眸王世豪在历时10个月的参与并谋划筹建上海城市合作银行的300多个日日夜夜的那些难以忘怀的往事,从而可以串起上海银行发展的轨迹。

王世豪介绍说,在1994年的北戴河会议上,中央领导提出要在全国城市信用合作社的基础上组建城市合作银行。在1995年年初举行的全国金融工作会议上,国务院副总理兼中国人民银行行长朱镕基要求京、津、沪的城市合作银行要在2015年年底挂牌成立。

1995年3月14日至16日,中国人民银行在北京金台饭店举行为期3天的"城市合作银行试点城市座谈会",由此拉开了全国组建城市合作银行的帷幕。王世豪随上海市副市长华建敏等领导一起参加了会议。

被市政府任命为筹建办主任

1995年4月4日,上海市人民政府"上海市城市合作银行筹备领导小组"第一次会议在外滩12号上海市政府第七会议室召开。市长徐匡迪代表市政府宣布了筹建领导小组的名单,副市长华建敏(任组长)、市政府副秘书长冯国勤、市计划委员会副主任程静萍、市人民银行行长毛应梁、金融行政管理处处长沈斌和市联社主任王世豪(兼任筹建办公室主任)等领导一起参加了会议。筹建组长华建敏副市长在会上做重要讲话。王世豪在会后当即拟出一个筹备领导小组办公室工作职责、组建方案和工作人员的名单分别呈报华建敏副市长和中国人民银行上海市分行。

组建的三大难题

贫富不均的99家独立法人的合作金融机构要合并成一个法人,碰到了很大难题。

当时第一个难题：10个区政府、99家牵头单位、99个城市信用合作社领导班子、近5万个股东和5 000名员工都有顾虑，不愿合并，个别区政府领导和股东单位领导在座谈会上公开反对合并。第二个难题：99个机构，99块蛋糕10亿元的多年累积如何估价、如何在2 400家单位股东、45 000个人股东、5 000名干部员工、99个理事会和监事会分配的问题；第三个难题：当时100多亿元的存量贷款以及每年5亿元的税收如何在99家牵头组建单位以及10个区政府之间分配的利益问题。

化解难题的三大利器

担任市政府筹建领导办公室主任的王世豪第一步设计了"六不变（人员不变、职位不变、待遇不变、财产使用权不变、内部管理制度不变、业务操作制度不变）、四不准（不准突击放款、不准随意进人、不准转移资产）、三必须（必须保证正常营业、必须坚守岗位、牵头单位必须脱钩）"的组建政策，并经领导小组讨论同意后实施，初步缓和了筹建初期各个方面的对立情绪。第二步，王世豪根据在复旦大学经济学院学习的理论，采用系数权重法平衡了最多达五次募股的新老股东之间的利益关系；用资本分红和劳动分红相结合的办法，平衡了股东和员工之间的利益分配关系；用职务系数法平衡了干部和员工的利益分配关系；用劳动时间计算法平衡了新老员工之间的利益分配关系；用坏账准备比例提取法平衡了当前风险和远期潜在风险的关系；用原有贷款不变、财产使用权不变、税收基数不变的"老人老办法、新人新办法"的办法，平衡了99个牵头组建单位和十个区政府的利益问题。第三步，王世豪主持迅速拟定起草了三个组建的基础性文件：(1)上海城市合作银行组建方案。(2)关于组建上海城市合作银行的可行性报告。(3)上海城市信用合作社清产合资方案。充分体现了王世豪理论联系实际，综合政策设计的能力。三大步骤是三大利器，化解了各方阻力，使整个筹建工作得以顺利开展。

总行验收组连说"三个没想到"

1995年10月24日，中国人民银行验收组一行13人抵达上海，正式对上海城市合作银行的组建工作进行验收检查。最后，总行验收组负责人对王世豪连说了"三个没想到"："没想到筹建工作这么顺利，没想到信贷资产质量这么好，没想到发展速度这么快！"

"验收工作通过后，这意味着上海城市合作银行已步入人们翘首以盼的开业准备阶段。虽然，我在历时10个月的筹建上海城市合作银行300多个日日夜夜是那么的紧张而繁忙，但是心里始终是充满了成就感，工作起来有一种使不完的劲。今天想想，这也许就是人们说的责任感、使命感、紧迫感和光荣感吧！"王世豪说。

1995年12月18日，上海城市合作银行成立大会暨首届股东大会在上海市政府会议厅举行。1995年12月29日，上海城市合作银行在友谊会堂举行了隆重的揭牌仪式，从而向世人宣告一家新型的股份制商业银行诞生了。根据中国人民银行总行领导的要求，王世豪将全国首家城市合作银行的筹建经验编写成《上海城市合作银行筹建实录》一书，时任上海市市长徐匡迪特地为该书撰写了序言。该书出版后，上海经验传遍全国，来上海的取经者踏破门槛，对全国近200家城市合作银行的筹建起了很大的推动作用。

上海城市合作银行首届领导班子在揭牌仪式上的合影。左起：党委副书记祝幼一，董事长庄晓天，副董事长、行长兼党委书记姜建清，执行董事兼副行长王世豪

从这一天起，王世豪的职位也由原来的"上海城市信用合作社联社主任、上海市城市合作银行筹建小组成员兼办公室主任"变为"上海城市合作银行副行长"。

从此，王世豪肩负的担子更重了。他周围的同事经常问他："这样没日没夜地工作，难道你是'铁人'不觉得累吗？"王世豪总是淡淡地一笑，因为他觉得全身心地融入工作是快乐的，也是他一直追求的⋯⋯

其中，王世豪在担任上海城市合作银行副行长和上海银行副行长期间，他和班子成员倡议并由班子成员全力推行的全行5 000名职工实行货币化福利分房，使上海银行员工"人人一套房"；配合国企改革在全国第一家实施代发养老金；适应房屋商品化改革，参加全国首批（四家）推出按揭贷款业务；国内第一家成立中小企业服务中心；综合实力排名全国150家城商银行之首；开创沪港台"上海银行"战略联盟等经典故事闻名遐迩，成为银行系统的佳话而被广为流传。

清算中心，倾情十八载敢担当

王世豪提出并创立城市商业银行清算中心，这是一个完全由市场需求催生的新生儿，王世豪被推选为首任理事长。

首创"特约汇款证"全国结算工具

1996年5月8日是王世豪难以忘怀的日子。没有行政指令,也没有红头公文,为了解决城市商业银行间的资金清算,由上海城市合作银行牵头,联络全国28家城市商业银行(筹)在上海共同组建的"城商行资金清算中心(筹)"在上海成立了。王世豪被推选为首任理事长。当年,清算中心(筹)就创新了自己的清算工具——"特约汇款证",并在全国试行。

1991年11月,上海市城市信用合作联社陈远高理事长(右六)、王世豪主任(右五)邀请全国十家市联社负责人召开工作研讨会

回眸当年的场景,王世豪按捺不住激动的心情,他感慨地说:"没有想到的是,1991年策划成立清算中心;1993年市联社起草了清算中心的筹建方案和章程,1996年试运营,一回首就是11年。直到2002年的7月,括号中的那个'筹'字终于摘去,清算中心拿到了中国人民银行总行正式批准的'准生证'。2004年8月20日,城市商业银行的第一张银行汇票在上海正式诞生,100多家城市商业银行从此有了合法的真正属于自己的资金清算平台。"

筹建并试运营了11年才拿到"准生证",也充分印证了当年王世豪率领的创新者们敢于拼搏、敢于突破的精神风貌。

获批全国首张支付清算牌照

我国城市商业银行合作携手跨越了新的里程碑。2002年10月18日,由王世豪提出建议由上海市城市信用社发起筹建,并由上海银行牵头首创的全国"城市商业银行资金清算中心"在上海银行南外滩总行大厦隆重举行开业揭牌仪式,王世豪作为"城市商业银行资金清算中心"首任理事长和上海银行副行长主持了整个开业揭牌仪式。

左图:城市商业银行资金清算中心理事长、上海银行副行长王世豪在清算中心揭牌仪式上致辞
右图:2002年10月,上海市常务副市长蒋以任(右)和中国人民银行第一副行长史纪良(左)为城市商业银行资金清算中心开业揭牌

清算中心的揭牌为上海金融中心增添了一根地桩,为全国城市商业银行提供了一个统一、规范、高效的合作平台,对全国城市商业银行相互在其他业务领域的联合与合作提供了重要的经验。

王世豪向记者回忆起城市商业银行的第一张在上海正式诞生的银行汇票"6 920 048.20元金额藏玄机"时,兴奋不已——

清算中心珍藏着当年所有的票据资料和样本。"第一笔业务是在上海银行总行营业部办理的,由上海汇到北京。当时,是上海上实集团汇给北京化玻兴旺医疗器械有限公司的6 920 048元2角。"为什么汇款金额会有零头呢?原来其中颇有讲究,6 920 048元2角,用阿拉伯数字表示就是6 920 048.20元,而这个数字对于清算中心来说具有特别的意义。"69"表示清算中心首批开通69家会员单位的银行汇票清算业务;"2 004 820",则表示这张汇票诞生在2004年的8月20日。

从1987年信用合作社之间通汇开始,到1991年11月上海城市信用合作社联社发起清算中心研讨会、1993年全国第一届城市信用合作联社联谊会上一致推举上海城市信用合作联社牵头组建清算中心,到1994年在武汉六大联社签约打通联社与联社通汇,到1995年上海城市信用合作联社拟定了清算中心的组建方案、章程和会计核算办法,到1996年清算中心正式成立并试运行,再到2002年取得金融清算牌照并正式挂牌。从第一张城市商业银行清算中心自己创立的"特约汇款证"到第一张银行汇票的签发,到全国150多家城市商业银行近1万个网点全部进入通汇网络,再到工商银行3万个城市网点代理了清算中心的特约汇款证和汇票,二十多年清算中心走过了一条并不平坦的道路。

截至 2018 年,清算中心拥有会员单位 150 家,每年票据签发量 2 000 亿元,全国 30 000 个银行网点见票即付,成为中国银行业重要的清算渠道之一。

民间自发组建的全国性清算机构

看着这个市场从无到有、从小到大,走过那么多风风雨雨,作为发起创办并担任了 18 年清算中心理事长的王世豪,曾不无感慨地表示:"如果不是中国人民银行总行、上海市分行和上海市金融服务办公室这些年的默默支持,我们的清算中心恐怕很难走到今天。如果没有当年那些创业者和会员行的坚守,这个市场或许已经中途夭折了。"

2020 年 11 月 8 日,王世豪(左一)参加庆祝张重华先生从教 75 周年座谈会时,和复旦大学党委书记焦扬、副校长许征、张乐院长、赵定理会长、市社联王战主席等合影留念

"金字招牌",是他心中的"圣地"

王世豪告诉记者:品牌是一家银行的旗帜,品牌是市场经济条件下银行十分重要的无形资产。

说起"上海银行"金字招牌的由来,王世豪的话匣子又打开了——

沪港台三家"上海银行"

1998 年年初,中国人民银行总行决定将全国城市合作银行统一更名为××市商业银行,以更加符合"股份制银行"的实际。当时王世豪心里想:如果能更名为"上海银行"就好了!不料,竟然心想事成,机遇来了。

1998年2月12日至13日，中国人民银行总行在北京华融大厦举办全国银行五级分类管理培训班。中国人民银行和工商银行、农业银行、中国银行、建设银行及交通银行全国6大银行的领导班子全体成员参加培训，王世豪作为上海城市合作银行的代表也参加了这次培训。培训的第一天吃自助午餐时，王世豪正好遇到了中国人民银行总行行长戴相龙的秘书刘福寿，他和王世豪一起坐到中国人民银行行长戴相龙旁边，同桌的还有工商银行的羊子林、交通银行的殷介炎等银行同业的领导们。

戴相龙行长对上海市城市商业银行一直很关心，尤其是在上海城市合作银行成立时，戴行长还破例题写过"严格管理、稳健经营，办好城市合作银行，为上海经济发展创业立功"的条幅。

那天，戴相龙行长关切地问王世豪："现在你们的99朵玫瑰怎么样了？"

王世豪回答说："99朵玫瑰合并为一级法人的城市合作银行后，银行业务发展非常顺利。但在改名问题上碰到了难题。因为根据中国人民银行最新规定，各地城市合作银行都要统一改名为'某某市商业银行'。如果那样，上海城市合作银行的行名就应是'上海市商业银行'。但是，中国香港和中国台湾都各有一家'上海商业银行'，将来容易引起混淆。"

戴相龙行长沉思一会儿后说："这样吧，我提议你们行干脆就更名为'上海银行'怎么样？"

"'上海银行'，那可太好了！"王世豪望着戴相龙行长兴奋地重复了一遍，戴相龙行长肯定地点了点头。

之后，中国人民银行总行办公厅副主任易都佑和刘福寿秘书向王世豪介绍了更改行名的具体报批程序。

返沪后，王世豪即对时任上海市计划委员会主任韩正和上海市综合经济党委副书记杨定华做了书面和口头汇报。根据中国人民银行总行要求的程序，随后，上海市政府正式向中国人民银行提交了关于上海城市合作银行更名为"上海银行"的报告。由于行名的更改涉及近200家需要更名的城市合作银行，是一项全国性的政策。对此，中国人民银行又很慎重地请示了国务院，称此为"特例"，由朱镕基副总理亲自签批同意。

全国首家地方命名的银行

半年后，即1998年8月13日，上海城市合作银行获准更名为"上海银行"。这也是当时全国唯一一家以地方的名称命名的商业银行。王世豪负责了全行的行名更改工作。"上海银行"响亮的牌子，不仅赢得了上海市和全国银行同业的羡慕，而且也为上海银行取得了良好的国内外品牌效应。

2007年11月，在上海陆家嘴举行"上海银行大厦"竣工入住仪式。"我充分相信，未来在陆家嘴这一国际著名金融城，上海银行将继续在上海金融的舞台上演绎出一段段精彩的故事，让'上海银行'的品牌再创辉煌。"王世豪说。

金融系统改革开放的时代领跑者

王世豪于 2008 年 3 月和 2010 年 12 月两次被上海市人民政府特聘为决策咨询专家

王世豪和他撰写的 30 多本业务书籍

生活中的领跑者

追溯王世豪先生成长的经历时发现,命运女神并不曾特别眷顾王世豪。在他每个成功的背后,都有一个酸甜苦辣的故事,都有一个殚精竭虑的过程。王世豪在当时金融系统的改革领域逆风而行,需要胆识和魄力,不少同仁希冀的目光都落到了他的身上,也把一副千斤重担压在他的肩上。

王世豪坦言:"全国和上海有一大批亲历改革开放的参与者与见证者。岁月折射出的不仅是金融系统的发展史,更是现代中国那段筚路蓝缕、波澜壮阔的发展史。上海改革开放40周年给我们留下的精神财富,是激励我们继续前行的宝贵资源。"在记者看来,在岁月中的艰苦历练,对人生的深刻感悟,对时代和社会的独到思考,对经济学的独到见解乃至做出的贡献,使王世豪独具人格魅力。

2021年6月18日,全党全国庆祝百年党庆之际,王世豪(左)应邀为上海市社会科学界联合会举办的"四史教育"做"上海金融改革发展40年"主题报告

王世豪出生于上海市中心的万航渡路闻名遐迩的中行别业小区的一个普通知识分子、银行职员的家庭。

一家人能够入住中行别业小区,还要追溯到王世豪的父亲王纪怀年轻时的英雄壮举。1937年,从中华职业学校毕业的王纪怀在500人报考中国银行入选前20名的"海选"中,最终以第16名的考分进入中国银行工作。1942年,时值日寇为打通浙赣铁路疯狂进攻金华衢州,王纪怀恰在衢州中国银行分行工作。他不顾个人安危,舍弃私人物品,在炮火里冒险从分行内抢救了一批账册、档案以及公章。事后得到了中国银行总行记大功一次、银元2 000块的嘉奖,并得以在1945年抗战胜利后,从昆明分行调入位于上海的中国银行总行工作,并优先入住到中行别业小区新公寓楼。对王世豪而言,"中行别业"的童年是幸福的,他和同为中国银行的职工子弟们结下了深厚情谊。

父母的从严家教和熏陶,对王世豪一生的成长起到了决定性的作用。他的父母对他的培养可谓含辛茹苦。王世豪感慨地说:"严父慈母,是我的第一任老师。"

王世豪的妻子毕业于复旦大学历史系,是上海财经大学马列教研室教授中国革命史课程的教师,平时教学工作很忙。由于她爱上了一位"工作忙碌起来与你没商量"的王世豪,工作和家务两副担子只能由她一人来挑。

双休日,他俩互相搀扶着散步回到家,一个铺纸磨墨,一个写字画画。两人情趣相投,过着其乐融融的幸福生活。王世豪感慨地说:"和谐的家庭是我事业成功的基础。军功章的一半应归功于我的太太邱雅芬!"

后记

　　采访王世豪,除了感动,还有敬佩,敬佩他在 20 世纪 70 年代末,拒绝平庸,怀揣着从事金融事业的梦想和信念默默前行,毅然迈向追寻梦想的地方。

　　记者每次见到王世豪,总能感受到他的素谈、平和、朴实无华。如果你认定眼前这位事业成功年长的男人犹如一棵参天大树,那么,你能不费力气地从那些动感的发丝中觉察到一种负重的美,几乎每一根抖动的发丝如同繁茂的枝叶,而那些枝叶无一例外地与积蓄的沉淀、慷慨和默默奉献紧紧相连。在大树的眼前,你就会情不自禁地驻足仰视……

(口述:王世豪　　撰稿:严伟明)

9　中国金融开放的参与者和见证者

——访黄晓光先生

黄晓光

人物小传 》》》

黄晓光，1980年考入上海外贸学院（现上海对外经济贸易大学），1984年毕业留校任教。1988年获得联合国国际贸易中心奖学金，赴荷兰尼罗得商业大学（Nyenrode Business University）求学，获工商管理学硕士学位。1992年初进入银行业，曾任花旗银行（中国）有限公司行长、美国银行中国区总裁及美国美林中国区全球企业和投资银行联席主管，澳大利亚和新西兰银行（中国）有限公司行长、首席执行官及大中华区总裁。曾获得2007年上海市政府"白玉兰纪念奖"、2007年"中国十大财智英才"、2008年第一财经金融价值榜"年度金融家"，以及2015年"沪上金融行业领袖"等奖项。在社会兼职方面，曾担任上海欧美同学会副会长以及上海金融仲裁法庭的仲裁员。

开启金融生涯

1984年，黄晓光从上海外贸学院毕业后留校做了老师，教授国际金融课程。随着中国改革开放的深入发展，各行各业的对外交流越来越多。1986年，他考取了联合国国际贸易中心在华设立的奖学金，赴荷兰尼罗得商业大学攻读工商管理学硕士。毕业以后又回到上海外贸学院教授企业财务管理课程。在教学的同时，他还与同事一起翻译了《1990年国际贸易术语》一书。

随着中国经济的蓬勃发展，毕业于经济专业的黄晓光想着要到真正的经济大潮中实践一番，于是他辞去教职，加入了上海庄臣公司。庄臣公司是一个中外合资企业。黄晓光应聘的岗位是公司 CFO(首席财务官)助理。进公司后他被安排到各个部门轮转实习，先后在市场部、销售部和计划财务部熟悉情况，了解流程。在这些部门实习过后，他开始正式协助 CFO 工作，内容涉及营销预测、市场分析、营销业绩生产计划和资金安排等。在这段过程中他熟悉和掌握了公司的整体运作，开始渴求更大的挑战。

2008年2月25日，黄晓光(右四)获"2007年中国十大财智英才"奖

1992年，荷兰银行打算在上海设立办事处，黄晓光应聘到荷兰银行，开启了他的金融生涯。荷兰银行是改革开放后最早进入中国的外资银行之一。在当年，无论是对于刚刚改革开放不久的中国还是黄晓光个人，现代商业银行业都是一个崭新的世界。进入荷兰银行后，老总把在外滩筹建上海分行的任务交给了他。从装修到招聘、培训新员工，所有的基础工作全部都由黄晓光承担下来。在他的协调和努力下，荷兰银行上海分行顺利地在其外滩原址开业了(在1949年以前，荷兰银行就在上海的外滩开设了分行)。两年后，黄晓光升任荷兰银行上海分行副行长。这期间荷兰银行上海分行在中国积极开展业务，参与了大量的项目融资业务。值得一提的是，黄晓光领导的团队牵头组织了1949年后中国第一个由外国银行牵头的银团贷款项目——为上海外高桥电厂提供贷款。之后黄晓光被荷兰银行派往中国香港和新加坡分行工作。

1998年，黄晓光回到上海，加入花旗银行，出任花旗银行上海分行副行长。他回忆说，当时整个浦东只有两栋楼：招商大厦和船舶大厦。对比现在的浦东到处都是摩天大厦的情况，他开玩笑说，浦东整个开发开放的过程，他经历了四分之三。这话并没有丝毫夸张，黄晓光确实是中国金融开放发展的见证者和参与者，他参与了很多对于中国金融业来说都是里程碑式的项目。例如，他牵头组织完成了上海通用汽车高达10亿美元的国际银团融资。该项目当时被称为"上海1号工程"，这次融资的成功使上海通用汽车项目得以顺利落户，建成投产。上海通用汽车的建成促进了中国汽车行业跨越式的发展。当年中国经济建设与发展需要大量引进外资，所以在那个阶段，外资银行的作用主要体现在为中国大型项目的融资。关于外资银行在中国的发展历程，黄晓光把它归结为

2007年4月2日,花旗银行转制成立本地法人银行,启动全面人民币零售业务,从左到右为 Richard Stanley(花旗银行中国有限公司董事长)、方星海(上海市金融服务办公室主任)、洪佩丽(上海银监局副局长)、黄晓光(花旗银行中国有限公司行长)

三个阶段:2001年中国加入WTO之前是第一个阶段,2001年至2008年则是第二阶段。第二阶段中国的开放步伐进一步加大,外资银行除了参与项目融资之外,还开始了全面的商业银行业务,同时随着中国的企业开始走向国际,外资银行也在中国开始了投资银行业务。2001年后,各种大型项目的建设和投资活动蓬勃开展,黄晓光亲历了那个生机勃勃的时代。例如,中石油收购哈萨克斯坦石油41亿美元的融资项目、中国历史上第一个人民币银团贷款——上海港集装箱股份有限公司10亿元人民币银团贷款、第一个为中资银行引入外方股权投资——浦东发展银行引入外资股权投资、中石油发行30亿美元全球企业债等一批重大项目,等等。黄晓光特别提到了作为花旗银行团队中的主要成员,他全程经历了投资浦发银行的全过程,其中涉及财务、法律、人事甚至外交等方方面面的事情,经过300多天夜以继日的谈判和工作,终于完成了中国又一个里程碑式的银行股权投资项目,同时还成立了中国第一家中外合资的信用卡公司。此外,他还参与并见证了电子银行、网上银行等一系列新兴金融产品的引入和发展。2007年,随着中国加入世贸协议和金融业的进一步开放,国家希望能引进外资银行的零售业务,允许外资银行从分行转制成法人银行。黄晓光全程参与了这个转制过程,帮助花旗银行成为第一批被银保监会批准的外资法人银行之一,并出任花旗银行中国有限公司第一任行长。2008年后是第三个阶段。因为全球金融危机的发生,外资银行本国的金融市场出现了问题,对外业务有了一定程度的萎缩,进入调整的过程。黄晓光认为,这个过程至今都还没有完成。他说,他在花旗银行的13年,是中国改革开放最重要的13年,也是银行业发展最快的13年,业务规模迅速扩大,同时创新产品也层出不穷。个人的命运与时代的命运是紧紧相连的,黄晓光认为那也是他自己职业生涯得到最好发展的时期。

一段新的征程

2010年10月,黄晓光加入美银美国银行,担任美国银行中国区总裁兼全球投资和企业银行中国区联席总裁,开始了一段新的征程。与花旗银行不同,美银美国银行在中国专注于公司与金融机构的业务,着重发展投行的业务。摆在黄晓光面前的新的挑战是如何将商业银行与投行业务有机地结合起来。当时中国已经有一批企业发展壮大了,它们开始走向国际,寻求海外市场的投资机会。黄晓光敏锐地捕捉到了此时银行业务的发展方向,他带领团队积极利用美银美国银行在中国香港和纽约资本市场长期运作的优势,帮助中国的一些头部企业在纽约资本市场发行商业票据筹措资金,为它们的收购兼并活动提供短期资金需求以及相应的流动资金,同时也为这些企业在收购兼并后的日常运营发行全球债券以筹措长期稳定的资金。这些企业包括中石化、中石油和中粮集团等中国大型的跨国公司。在黄晓光的领导下,美银美国银行的业务在中国取得了长足的发展,经过四年多的努力,中国区的营业收入在集团的亚太区排名由原来的无足轻重跃居为第一,特别是在上海银保监会辖区内的排名表中也成了外资银行在中国最大的分行。

2015年1月,黄晓光加入澳大利亚新西兰银行(简称澳新银行)中国有限公司,负责大中华区业务,担任澳新银行大中华区总裁、澳新(中国)有限公司行长兼首席执行官,管理的区域更加国际化了。关于这一次"跳槽",黄晓光饶有兴趣地讲了一个背景故事。为了说服他能加入澳新银行,当时的澳新银行CEO特地在北京约见了黄晓光。他说:"我们关注你很久了,我们注意到你无论在花旗银行还是美银美国银行都做得非常成功,在很多里程碑式的项目和业务中都能看到你的身影,但你在这两家银行里的工作内容大致是相同的,现在有一个新的挑战,你想不想在你的职业生涯里尝试一下?澳新银行是一个亚太地区的国际银行,进入中国已经有30年了,我们一直是跟着花旗银行、渣打银行和汇丰银行后面开展业务。我们想请你来帮助我们制定一个适合自己特点的大中华区业务发展战略,你愿不愿意接受这个挑战?"黄晓光心动了。一直以来,虽然他在银行业领域取得了很好的声誉和业绩,但因为都是在全球性银行里任职,业务发展战略都是由总部统一制定,分部能做的就是如何很好地执行这个战略。如果能由自己来制定一个大中华区的业务发展战略,而且还要能付诸实施,那将是一个非常有成就感的工作。他决定再次迎接一个全新的挑战。

历史的转折点

加入澳新银行的那一年正是一个历史的转折点:中国第一次成为资本净输出国。当年中国的资本输出大约1 430亿美元,规模达到了世界第二(美国第一),对外贸易约4.5万亿美元,其中约60%是在亚太地区发生的。而中国资本输出中的70%以上也都是流向了亚太地区的,其中就包括了澳大利亚和新西兰。根据这一分析结果,黄晓光看到了这家外资银行在中国的发展前景。在加入澳新银行不久,他做了一个战略决策,要将业务中心放在亚太地区,整个大中华地区联动起来,帮助中国企业走向亚太地区,让澳新银行利用自己的区域性优势,成为这些地区企业的主要合作伙伴,同时也可以将区域内的跨国企业带入中国。

黄晓光分析说,中国的银行业大致分为四组:第一组是中资银行,特别是中国银行、工商银行、农业银行、中国建设银行和交通银行,他们在中国内地无比强大。第二组他称为外资批发银行,包括JP摩根、美银美国银行和德意志银行等,它们主要侧重于大公司的商业银行业务和投行业务。第三组,是国际性的本地银行,包括花旗银行、汇丰银行等,尽管它们是外资银行,但在中国内地的运作方式和行为策略已经非常本土化。第四组是要搞出自己特色的外资银行,像澳新银行、星展银行等。同时中国市场上的客户也分三类,第一类是中国的全球性公司。第二类是走向亚太地区的中国企业。第三类是在华的跨国公司。黄晓光根据澳新银行自身的特点,确定了目标客户:在"第一块蛋糕"中选择中国在澳大利亚和新西兰有项目的全球公司。例如,帮助中国能源头部企业中石油、中海油和中石化从澳大利亚进口天然气;为吉利汽车、阿里巴巴和腾讯等公司在海外的收购项目组织银团贷款和发行债券。他把重点放在"第二块蛋糕"上。例如,为山东玲珑轮胎有限公司在东南亚建立生产基地提供全方位的银行服务。在"第三块蛋糕"中,则选择其中具有成长性的公司。随着中国消费市场的日益崛起,在黄晓光的领导下,澳新银行敏锐地捕捉到了这个机会,积极与一些著名的国际品牌公司合作,为他们在中国拓展市场提供外汇现金管理和融资。黄晓光总结道,做银行就是跟着两件事走,一个是资本流向,另一个是贸易流向。经过三年的努力,澳新银行大中华区在黄晓光的领导下形成了自己所需要的组织、团队、文化和执行力,业绩持续增长,每年都超额完成任务。在2018年格林威治(Greenwich)咨询公司的企业银行调查中,澳新中国在"整体关系质量指数"中排名第一,且一直保持到2021年度。

期待和展望

上海距离国际金融中心还有多远?黄晓光分析道,国际上有不同的金融中心,像中国香港和新加坡,他在这两个地方都生活工作过,这两个金融中心是靠吸引大量的游资形成的,而不同于伦敦、纽约和东京这些国际金融中心。伦敦是最早的金融中心,是在大工业大生产的支持下产生的。纽约和东京也都是本国强大的经济支持出来的。中国已经成为世界第二大经济体,需要一个自己的国际金融中心。上海已经基本具备了国际金融中心的条件,下一步要成为国际金融中心或亚太金融中心。

黄晓光说,上海在历史上曾经是亚太金融中心,他曾查过档案资料,了解了20世纪二三十年代的上海作为亚太金融中心的盛况,当时在外滩沿线就曾汇集了300多家中外

2020 年 11 月 3 日，黄晓光（左三）参加纪念浦东新区开发开放 30 周年暨中国资本市场 30 周年圆桌对话

银行。一个国家的经济越来越国际化，必然是"你中有我，我中有你"。

上海在建设国际金融中心的过程中，越来越多的外资机构会带来产品、管理技术、制度体系等，整个行业就会越来越强大。上海要建成国际金融中心，人民币国际化是一个必然的过程。要想让国际上的机构和个人都要持有人民币，我们不仅要建立起完善成熟的股市、债市、银行间货币市场、汇率市场和利率市场，而且要有国际金融机构积极参与其间。而人民币要成为国际主流货币，也必须要有上海作为国际金融中心来支撑，这是相辅相成的。届时各国企业到上海来发股票、发债券，各国银行在这里做外汇交易，"我们一起定人民币的价"。

黄晓光最后补充道，上海要成为真正的国际金融中心，还要有一个大家能认同的法律和管理体系，世界各国的人愿意在这里生活，信息要开放。上海在建立国际金融中心的过程中，中国要制定能跟国际接轨的规则，坚持对外开放。

后记

"浦东这片热土，遍地是机遇。"回忆起近年来浦东的飞速发展，黄晓光如是感慨。作为国内首批外资银行总行的第一位本地行长，黄晓光行长曾在多家外资金融机构担任要职，他见证了浦东金融业开放的广度。"浦东开发，金融先行"，伴随着浦东的开发开放,陆家嘴已成为我国金融业对外开放的缩影。在这一过程中,外资金融机构不仅是市场的受益者,也是市场的推动者。同时,作为现代经济的核心之一,金融必须服务于实体经济,并从中获得真正的发展。回望历史可以发现,外资银行在上海的发展历史都是金融"反哺"实体经济的极佳注脚,外资银行进来,对于上海在中国近现代经济发展和社会的变迁过程中发挥了重要作用,在一定程度上支持了中国的金融稳定与金融效率。

(口述:黄晓光　　编撰:杨　刚　易　雯)

10 商业银行数字化历程的亲历者
——访吴国华先生

吴国华

人物小传 》》》

吴国华,1965 年生,男,中共党员,上海财经大学 1991 级货币银行学专业硕士研究生,现任新加坡绿联国际银行副行长兼首席风险官。

感恩母校:学到了现代经济金融理论

1991 年,冲着国家宣布要开发浦东和恢复上海国际金融中心的目标,我这个搞计算机科学、没有一点经济金融常识的人报考了上海财经大学货币银行学专业硕士研究生,感谢老师们把我的两门专业科分数给到刚过 60 分,我才得以顺利考上。

我们专业有 4 个同班同学,受教于两位优秀的专业导师。一位导师是金融系主任王学青教授,他擅长社会主义体系下的政治经济学、会计学、金融学和银行管理等国内传统的经济学;另外一位导师是王宏儒教授,他毕业于美国哥伦比亚大学金融系,擅长西方经济金融理论,尤其是货币理论。

当时,货币银行学专业的全称是西方货币银行学,学校在这个专业的课程安排上,也是以西方经济金融理论课程为主,老师们也主要选择英文原版的教材或者根据西方理论编译的教材,比如,费方域的宏观经济学、奚君羊的微观经济学都是使用影印的原文教材,我选修的陈信元的会计学原理使用了原版教材,刘絜敖的国外货币金融理论、王学青的货币银行学、盛松成的货币经济学等则是老师们自己编著的西方金融理论教材,这些教材现在已成为经典,仍在持续再版。在改革开放的大旗指引下,我在认真学习当下适用的社会主义经济金融理论的同时,把更多的时间精力放在了学习西方的现代经济金融理论上。

上海财经大学金融系1991级硕士同学合影

在上海财经大学短短两年半的时光,我就像一块干海绵那样,贪婪地汲取着现代经济金融知识。那时,上海财经大学研究生院和外文图书馆正好都在中山北一路369号校区,我在图书馆借阅的也都是英文原版书。校园里的地摊上,还常常有很多进口的二手原版英文教材,那也是我们经常去淘书的好去处。

感恩时代:得以学以致用

现在回想起来,我们在上海财经大学读书的最大收获是系统地掌握了现代西方经济金融的基本知识体系。在我们1994年初毕业进入金融机构工作时,正好赶上中国经济体系逐步跟国际接轨,随着改革开放的深入推进,无论是经济制度还是商业银行的管理实践,都是在学习借鉴西方现代经济金融理论,在学校里学到的这些崭新知识正好能逐步派上用场,在银行管理的众多实践领域里发挥了重要的引领指导作用。

比如,从1994年开始,会计准则采用国际通用的借贷记账法,当时银行信贷部门的师傅们虽然有丰富的企业资金监督管理经验,但是对新的会计术语并不了解,比如流动比率、速动比率、资产负债率等,在开始的时候他们还看不懂新的财务报表,也不知道如何进行财务分析,我学过的会计学原理正好用上,在学校看过的穆迪的信用风险财务分析方法恰好得以运用,我还自己设计了一套Excel表格来做借款企业的财务分析和各种比例的分析,每个月把贷款企业的财务数据录入电脑中并定期监测,以分析企业经营状况,及时预警信用风险。到后来,还能准确识别虚假的财务报表。

吴国华(后排右一)的硕士学位论文答辩会(前排左一为王宏儒教授、右一为王学青教授)

1995年,在设计按揭贷款的按月等额还本付息方式时,原本是要直接采用其他银行现成的计算公式的,但是我根据在学校里看到过的美国和中国台湾地区的按揭贷款计算公式来计算,发现结果有差异,最后说服会计部门采用国际通行的计算公式,改正了其他银行的错误计算办法,还推导出了加速还款、等额本金还款等多种还款方式的计算公式。

我在起草中长期贷款项目的评估办法时,也正好在学校学习过世界银行的项目评估体系,与新的会计制度完全一致,恰好派上用场。我设计的Excel评估表能够把项目的资产负债表、损益表和现金流量表准确地计算出来,并能对项目进行风险敏感性分析,对项目风险进行量化评估。

在实行贷款五级分类和实施巴塞尔协议时,也正好用上我硕士毕业论文的信用风险量化理论。但是,在上海财经大学学习期间我们还没有接触到有关巴塞尔协议的内容,大概是因为1988年7月才推出的巴塞尔协议Ⅰ尚未被全球银行业所共同认可。在我任上海农商银行首席风险官期间,已经发展到巴塞尔协议Ⅲ了,我在全面学习把握巴塞尔协议Ⅲ的过程中,在杨力师兄的指导帮助下,着手整理翻译巴塞尔协议Ⅲ及其相关内容,于2014年1月出版了100万字的中译本《巴塞尔协议Ⅲ》(综合版),算是我从上海财经大学毕业后继续学习的成果。

点滴记忆:商业银行的数字化历程

我比较赞同一本书上讲的观点:几百年来,银行业的服务本质并没有变化,变化的只

吴国华翻译的《巴塞尔协议 III》(综合版)

是银行提供服务的方式。或者说,商业银行的发展历程更多的是数字化历程。40 多年前,在改革开放的初期,中国的银行业还在普遍使用算盘和纸质账簿。1994 年我研究生毕业的时候,银行已经普遍采用计算机处理核心业务了,算盘基本绝迹,员工更多地使用电子计算器,并为员工配置了微型计算机用于日常办公。

(1)商业银行经营的对象与工具的数字化历程

从商业银行经营的对象和使用的工具来看,其数字化历程是:银行经营的货币,从贝壳、铜钱、银锭、黄金和纸币,发展到了数字货币;银行的凭证,从汇票、支票、存折和银行卡,发展到了网络银行和手机银行;银行的计算工具,从算筹、珠算盘、计算器和计算机,发展到了云计算;银行的账本,从纸质账簿、磁带和磁盘,发展到了云存储。

目前,商业银行已经发展到没有实物货币,没有实物凭证,没有纸质账本,没有柜台,甚至也没有自己的机房,只有员工、办公室和笔记本电脑。这就是新加坡定义的数字银行。

(2)商业银行核心业务的数字化历程

根据史料记载,公元前 6 世纪,古巴比伦就出现了银行的雏形。从银行业诞生的第一天起,存款、贷款和汇兑/结算就一直是银行的核心业务,这个没有变化。后来逐步发展起了理财/投资顾问业务和金融风险管理服务(比如远期结售汇、货币互换、利率互换等产品)。

商业银行在给客户开户时,过去要客户到银行柜台,出示证件、营业执照和印鉴等纸质材料,现在客户只需要坐在办公室或者家里,用电脑或者手机提交相关资料的扫描文件,银行则利用 AI 技术识别文件信息,连接可靠信息库验证信息的真实性和准确性,也通过视频技术验证人员身份的真实性,银行在后台还会根据监管要求进行必要的尽职调查,最终实现客户的在线申请开户。

在结算业务上,过去使用支票、汇票和贷记凭证等纸质凭证,客户要去银行柜面申请

吴国华在绿联国际银行办公室

办理。记得当年初次上门服务，我去客户处拿支票和汇票到银行入账，客户不放心，还专门安排人陪同我回到银行。现在客户则使用网络银行和手机银行，随时随地都可以完成支付和资金查询，银行也无需人工处理，不需要交换票据，结算成本大幅下降，银行收取的手续费也越来越低。银行承兑汇票的数字化发展历程最能体现数字化的价值，最初的时候是采用纸质的、有防伪标识的票据，但是虚假票据仍然层出不穷，银行需要培养大量的专业人才来识别虚假票据，但是仍然持续不断地出现票据诈骗案件，银行损失较大。后来，中国人民银行推行电子票据系统，不仅加快了业务处理效率，更是杜绝了虚假票据问题，银行的经营成本、风险损失大幅下降。

在存款业务上，过去客户是持纸质的存折、存单去银行柜台办理，现在则完全可以在电脑和手机上完成存款的存取，银行也无需审核印鉴、身份证，没有人工介入，相关流程完全自动完成。

在贷款业务的客户信用信息的收集方面，过去是客户经理现场调查，再回到办公室撰写调查报告。现在更多的是从各种渠道收集客户信息，包括从政府机构获取的工商注册、财务报表、纳税、海关、诉讼和公用事业等信息，还可以从供应链上下游的交易、网络舆论、电商平台以及点餐打车平台等处获取信息。对于上市公司，目前还可以借助 AI 技术来分析企业公开的年报，帮助信贷人员生成信贷分析报告。此外，对企业信用风险的分析还涉及预测企业未来的发展前景，这需要收集处理政府政策、宏观经济、行业、供应链和关键原材料供求等更多的信息，也需要更复杂的数学工具来预测。

在抵/质押物权的确认、控制和价值监测方面，过去需要借贷双方受权人去政府部门当面递交书面材料,完成抵/质押登记手续,现在逐步实现了与政府机构的网络对接,在线上即可完成抵/质押登记和查询。对于质押货物的全流程监控,过去是委托存货监管公司来监控,也常常发生存货失控的案件,现在商业银行已经能够与部分生产商、运输公司和仓库管理公司实现系统对接,甚至可以通过物联网技术实现单个具体货物的全流程有效监控。在抵/质押物的价值监测上,过去是评估公司安排估价师现场查看和评估抵/质押物,现在可以借助平台信息实现在线实时估值。

在贸易融资和供应链金融业务方面,过去需要客户快递纸质文件(包括信用证、货运提单、保险单、仓单、发票、订单、收货确认和权利转让通知等)到银行,由银行单证处理中心的专业人员来人工审核贸易单据,现在客户只需要网上提交电子文件,银行通过与客户的系统对接,减少了文件要求,还借助 AI 技术来识别和处理必需的文件,既提高了工作效率,又提升了审核的准确率,并降低了操作成本。

在信用风险的计量方面,过去是信贷员撰写书面调查报告,定性地陈述客户的优点、缺点和定性评估风险状况,没有任何量化的风险指标。从 20 世纪 90 年代初开始,国内银行开始尝试基于专家判断,将定性指标量化,结合定量财务指标进行风险大小的计量。自 2006 年巴塞尔协议 II 推出后,国内银行开始使用内部评级法计量贷款的违约概率,步入更精确的风险量化阶段。目前,有些贷款的信用信息指标多达成千上万,商业银行使用数学工具不再局限于线性回归方法,而开始采用判别分析法、神经网络和图理论等工具。在 2010 年前后,商业银行也开始尝试通过量化模型自动审批贷款,无需人工审核,尤其是在零售小额贷款上逐步得到普及。

后 记

采访过程中,吴国华先生身着短袖衬衫,留着精干的短发,显得很有活力。三十多年来,他在不同类型的银行任职过,不断挑战自我、丰富自己的理论知识,保持着不懈攀登的姿态。他兴致勃勃地谈起最近参与绿联国际银行建设的情况。他认为商业银行的数字化历程远未结束,数字科技仍然是推动银行发展的核心动力,商业银行将会努力获取更多的信息、处理更大的数据流量、采用更复杂的数学分析工具。但是,数字化本身也会带来数据安全、系统稳定、技术诈骗和数据迷雾等风险,再先进的技术也需要银行工作人员坚守风险防范的初心,风险管理永远离不开人的理性判断,西方精细化科技管理仍需结合东方系统性综合平衡的智慧,方能让商业银行行稳致远。

(口述:吴国华 撰稿:杨 刚 易 雯)

非银机构

11 投行家背后的大学问

——访贝多广先生

贝多广

人物小传 »»»

贝多广，上海财经大学学士（1978级）、硕士（1982级），1988年获中国人民大学财政金融系经济学博士学位。曾任财政部国债司副处长、加州大学伯克利分校中国中心客座研究员、纽约联邦储备银行客座研究员、中国证监会国际部副主任、JP摩根北京代表处首席代表。1998年4月加入中国国际金融股份有限公司，任投资银行部董事总经理、上海分公司总经理等职。2010年贝多广先生重回摩根大通，并执掌摩根大通与第一创业证券成立的合资证券公司。现任中国普惠金融研究院院长，中国证券业协会发展战略委员会顾问、上海财经大学和中国人民大学的兼职教授、博士生导师。

歪打正着读金融

我从对金融的认识谈起吧。如今对金融的热衷和憧憬，几乎是每个青年学子的志愿。在中国所有的大学院校中，说金融专业是最热门的专业可能不会过分，如果再冠以国际金融专业，则会令学子们趋之若鹜。无论是农业大学、矿业大学还是外国语大学都设立了金融专业。在1978年报考大学之前，我是上海住宅建筑工地上的一个小木工，面对会计、统计、财政、金融、工业经济和贸易经济等专业目录，我一头雾水。我是误打误撞进了金融专业。当时社会上企业改革刚刚提出，蒋子龙的小说《乔厂长上任记》风靡一时。大多数人的认识停留在经济体制改革就是指企业管理体制的改革上，似乎未来企业会有较大的自主权，厂长经理会是很好的职业目标。于是，我第一志愿报了工业经济。对于第二志愿，真的是无从下手。我问我父亲，金融是什么意思？父亲说，金融就是银行,是金饭碗。于是,我填了金融作为第二志愿。进入金融班之后,我才知道不少同班同学的第一志愿都是工业经济,大家多少都有点失落感。但是,后来同学们都开始庆幸自己进入了金融专业,因为随着经济体制改革的全面展开,金融的重要性拔地而起,人们开始意识到金融可能是现代经济的核心。所以说,我是入学时懵懵懂懂,毕业时踌躇满志,自以为是时代的幸运儿。如今,金融早就不仅仅指银行,自己毕生致力于金融事业,自豪之余每每念及父亲在十字路口的指引。

上海财经大学1982级研究生毕业前夕与朱沪生老师的合影。前排左一为张翱,左二为张为国;中排左二为盛松成,左五为朱沪生,右一为奚君羊;后排右二为贝多广

金融专业中最重要的专业基础课是货币银行学。当时的授课老师王学青先生告诉我们新的教材正在印刷,暂时先用过去的旧教材。不管怎么说,我们已经感到欣喜,因为这可能是当时唯一一本比较正规、正式出版的教材,装帧漂亮,蓝皮封面。当时我们都称它为"蓝皮书",反映出它在金融专业中的经典性和基础性的地位以及其他白皮油印讲义所不具备的正规性。这本教材的全名叫《资本主义国家的货币流通和信用》,作者是黄达等人。蓝皮书对于这一代金融学子应该是记忆深刻的。我们学到了十捆羊毛换一张牛皮的等价原理,学到了格雷欣的"劣币驱逐良币"法则,了解了股票交易所是所谓虚拟资本,也知道了通货膨胀对收入再分配产生的影响。

1982年我提前半年本科毕业,开始攻读货币银行学硕士学位。导师王宏儒老师讲美国的货币银行学,另一位导师龚浩成老师讲货币银行学社会主义专题。当时除了阅读资料准备学位论文之外,也做了一些初步的文献编译工作,比如"形成美国债券利率差异的因素",现在来看这些只能算是习作。研究生第二年开始独立地思考一些金融问题并做成笔记,陆续参与学术讨论会。

20世纪80年代初,我国的改革开放刚刚开始,整个社会形成了一种奋发向上的动力,被称为"八十年代新一辈"的青年人更是乐观向上、思想活跃、激情洋溢,为改革开放和现代化建设献计献策、多做贡献的愿望十分强烈。我的一篇笔记《试谈新技术革命时代我国金融事业的对策》参加了1984年莫干山会议征稿活动。幸运的是,我被选中成为正式代表参加9月的讨论会,这也是上海财经大学唯一的中青年参会代表(正式代表共计124人,其中上海地区11人)。会上我结识了一批北方的青年学者,如蔡重直、张少杰、常修泽等,莫干山会议在经济改革史上具有重要的意义,成为所谓"非常之地"的"非常之遇"。之后,我将"莫干山精神"的火种带进了具有学院派风格的上海财经大学。

1984年11月下旬,我作为主要发起人,代表上海财经大学研究生会邀请院内外部分中青年理论工作者和实际工作者举行了"金融体制改革研讨会"。当时来参加研讨会的嘉宾包括时任中国人民银行上海市分行金融研究所朱小华副所长、王华庆、朱镇华,上海市政府办公厅刘康,上海社会科学院部门经济研究所潘正彦,上海财经大学财政金融系朱德林教授,财政金融系研究生陈良(后任中德安联人寿保险有限公司执行董事兼任总经理)、刘波(后任上海证券交易所副总经理),世界经济系研究生张翱,复旦大学世界经济系研究生杨鲁军等。大家对金融体制改革、建立上海金融中心以及银行经营管理方式的改革等专题进行了探讨。这可以说是上海第一场金融改革研讨会。

1985年4月,在天津召开第二届中青年经济改革论坛的时候,上海财经大学增至五个代表参加,此次论坛规模更大,影响更大,天津市委、政府、人大、政协的第一把手全来了,来自全国各地的代表有二百五十人。我以《对财政收支平衡的再认识》一文入选并在论坛上获奖。当时经济改革的讨论如火如荼,到参加论坛时,最热门的话题是关于国企改革。我们同年级、不同专业的六位研究生同学自发组成研究小组,胼手胝足,形成《将部分全民所有制大中型企业改造成股份公司的若干设想》的长文,我在论坛上发言。随后,《经济研究参考资料》全文刊登了此文,这在当时算是最早比较系统地阐述国企股份制改革思路的论文之一。

1985年,上海市委举办了经济工作者的座谈会,虽然规模很小,大约20来人,但是这个会议的规格特别高,当时上海市市委书记芮杏文、市长江泽民都出席了会议,还有其他市委领导参加会议,我也有幸被邀请参加会议。轮到我发言的时候,江市长幽默地问:"贝多广这个名字很有趣,和贝多芬有什么关系呀?"我知道领导在玩笑,机智地回答说:"我是贝多芬的弟弟。"全场哄堂大笑,顿时气氛活跃了不少。那次会议讨论的话题比较集中的是如何使上海成为国际金融中心。当时实际我们也不太懂金融中心应该有哪些要素,但是在当时的历史背景下,科班学习金融专业的人似乎有话语权来讲这些事,可以说是"莫干山精神"薪火相传。由于上海财经大学的氛围和师资的优势,我在硕士生期间打下了比较扎实的现代经济学和货币银行学的基础,日后内心深感幸运。

博士生阶段攀登金融的学术高峰

1985年我赴中国人民大学攻读博士学位,指导老师是王传纶教授和黄达教授。王老师给我们讲货币经济学,黄老师没有专门讲课,但时不时找博士生聊聊并要求写出一些研究文章。

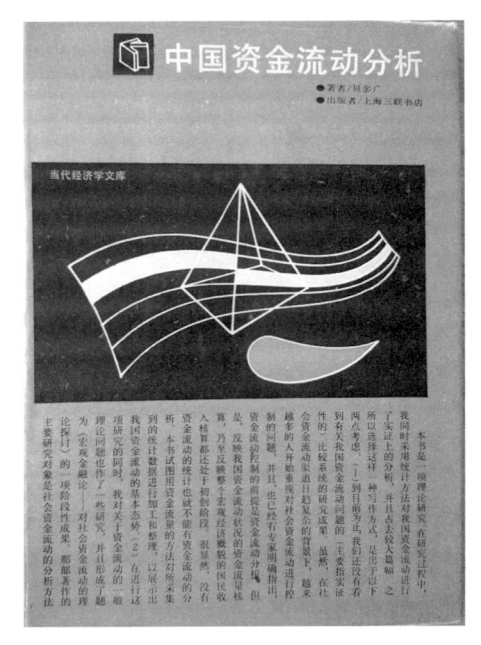

1989年,贝多广的博士论文《中国资金流动分析》正式出版

学术研究上,对我影响最大的一部著作是黄达教授的《财政信贷综合平衡导论》。黄达教授在这部著作中表现出其分析之细微、逻辑之严谨、文字之准确,即使今天读来仍然令人折服。所以,从当时我们所阅读的国内文献来看,黄达教授的这部著作乃是一座高峰,他因此而获得孙冶方经济学著作奖。通过细读,使我找到了在中国进行金融研究可资立足的基石。有意思的是,当我们踏过黄达老师树立的里程碑之时,目睹经济体制正在发生着趋势性的变化,新的学术高峰正有待我们这一代人去攀登。正如后来黄达教授所说,《财政信贷综合平衡导论》的分析框架是就计划经济体制搭建的。在那个时代,政府主导了几乎一切经济决策,人们普遍认定财政平衡是经济稳定增长的唯一条件。黄达教授指出,信贷作为财政的补充,实际上拓宽了经济政策的调控空间,换言之,信贷平衡可以与财政平衡形成配合,尽管财政有时无法实现平衡,比如出现财政赤字,但透过调整信贷规模也可以取得国民经济的最终平衡,这就是简而言之的财政信贷综合平衡。无疑,在当时背景下,这一理论使得过去拘泥于财政平衡的经济观点有了焕然一新的视野,这是中国经济理论的一大进步,对当时的经济政策具有极大的指导意义。

经济格局的逐渐变化,恰好为经济分析提供了便捷的路径,即由简入繁,从人为简化的模型出发,逐步增加变量,使分部门模型最终接近现实。此种分析方法恰好与中国现实走过的道路相契合,中国金融结构正是从一个极其简单的格局逐步走向一个多部门的复杂格局的。出于这样的考虑,我在论文《论社会资金流动的综合平衡》(它是我的博士论文中的核心章节)中,先设立一个简化的模型,从单一的财政(政府部门)主导型经济起步,进而加入信贷(金融部门)的作用,这相当于黄达教授的模型。随着模型的复杂化,再依次加入企业部门、家庭部门乃至国外部门,而金融部门又可细化为中央银行、商业银行以及非银行金融机构,使得分析层层递进,越来越逼近市场经济的形态。当然,在20世纪80年代中期,政府仍然是非常强大的经济部门。通过这样的分析,我们得知经济正在从财政主导型向金融主导型转变。相应地,宏观经济的平衡问题已经非但不囿于财政平衡,也不限于财政与信贷两者的平衡,而是多部门的综合意义上的宏观平衡。从这一意义上说,这篇论文体现出了学术上的继承原则和创新原则。

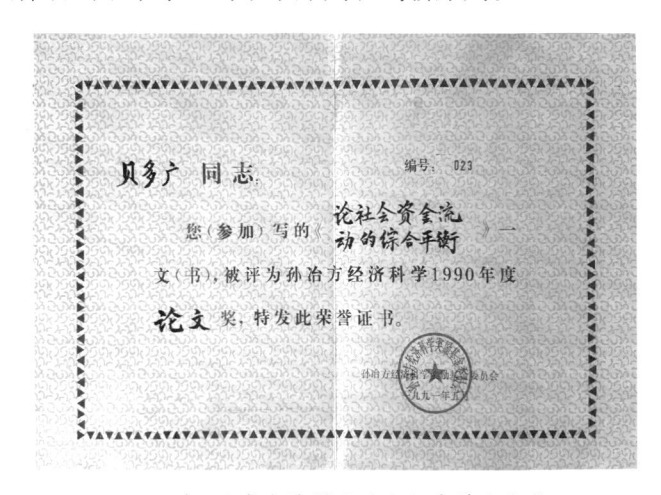

1990年,贝多广获得孙冶方经济学论文奖

这篇论文后来在《经济研究》杂志上发表并获得了1990年的孙冶方经济学论文奖。而这样的分析在经济学上的意义在于,将原来传统上归入部门经济学的财政金融学科水落无声地拓宽到了宏观经济的广阔视野。

浦东的开放要往前推进

我于1988年获得经济学博士学位,成为中国人民大学首位财政学博士。有感于书斋研究无法亲历快速变革的现实,在学术前景看好的情况下,辞别校园,进入实务领域工作。

我在财政部国家债务管理司工作的时候,除了发行国债以外,也代表财政部跟进资本市场的项目,当时的资本市场实际上等于国债,股票市场还没有开始。有一件事跟上海是有关系的,当时国家要把浦东的开放往前推进,上海提出来浦东开放要往前推进,就要在上海浦东建立上海证券交易所。这份报告打给中央,中央让各部委提意见,报告到了财政部,最后落到我的案头。各部委都在征求意见,包括中国人民银行,但是还没等到我们完全形成统一的意见,实际上中央已经定了,就是要坚定改革开放,中央积极支持。这件事情不光是国内轰动,在国际上也语惊四座,非常轰动。

我相信开办证券交易所这件事是最为引人注目的,因为在这之前很多人对证券交易所是什么都没有概念,他们甚至连证券交易所是不是社会主义经济体制下的一个组成部分都抱有怀疑的态度。上海证券交易所的成立,实际上也实质性地开启了上海迈向金融中心的步伐。

1993年,我回国担任中国证监会国际业务部副主任,主要负责中国企业的海外上市,比如到美国上市或者到新加坡上市,另外一项工作就是负责中国的B股。因为当年B股市场还是火爆的,主要是上海和深圳的企业,包括选择发行企业以及发行额度。我负责的时候就开始探索B股的一些新品种,例如为了扩大(B股)股票的流动性,把上海的B股跟美国的一级ADR结合,相当于到美国去挂个牌,这样的话(B股)股票就更会得到国际投资者的认可。还有B股公司到海外去发行可转换债券,探索B股和H股的结合,企业发了B股再去发H股,实现两地上市,等等,这些我都做了一些创新和探索。两年间我相继做了(1994年)山东华能、(1994年)华能国际、(1997年)东方航空和(1997年)南方航空等项目在美国上市,以及中国企业赴海外其他市场上市的工作。我在证监会负责这项工作,亲身介入的项目比较多,也和很多B股企业做了许多交流,所以在当时来说,对上海资本市场的发展还是起了一点作用。

1994年,贝多广参加美国证监会培训项目,并接受时任美国证监会主席阿瑟·莱维特(右)颁发的结业证书

亲历投行：助力宝钢上市，推动 A 股市场走向成熟

我于 1998 年 4 月加入中国国际金融股份有限公司（简称中金公司），时年 40 岁，至 2010 年 8 月离开时，正值 52 岁。可以说，我把人生中最年富力强的岁月都贡献给了中金公司。

记得刚加盟中金公司时，负责公司日常工作的副总裁方风雷征求我对于工作的意见。当时高级投行人员要负责开发新客户，有两项选择：一是行业上可以选择铁道部，二是区域上可以选择上海市。我说我对铁道部方面的业务没有什么感觉，我是上海人，可以去上海。于是我便受命去建立中金公司在上海的投资银行业务。

中金公司于 1995 年 7 月正式成立，在 1997 年 10 月完成了一个具有里程碑意义的项目，即中国电信（香港）（现中国移动）在境外资本市场的挂牌上市，融资金额高达 42 亿美元。这让政府一下子看到了推动央企改制上市的曙光。中金公司顺势布局，开始启动中国石油、中国石化、中国联通等大型央企的改制上市。在上海，最著名的央企就是宝钢集团。我到上海后的第一项也是最大的任务就是开辟与宝钢集团的合作，目标是帮助宝钢集团实现海外上市。

时任中金公司董事长的周小川和建设银行上海市分行的领导带我去拜会了宝钢集团董事长徐大铨和总经理谢企华。高打高举，一路顺风。1999 年 8 月，宝钢集团正式启动重组上市工作。头几个月的工作相当密集——设计重组方案、权衡各种测算方案的利弊得失、对每一个业务部门进行尽职调查直至对厂区各部位进行实地考察。我预测进入发行上市阶段后的工作强度还会进一步增大，就在 1999 年 12 月去医院做了胆囊切除手术，以便轻装上阵。当时与我们并肩作战的是以李小加为首的美林投行团队。2000 年 2 月是我们预定的香港联交所上市聆讯日期。可是，当我们几乎完成了所有的招股准备工作时，却发现由于钢铁行业的周期性质，海外市场风云突变，宝钢集团的几家可比公司如日本新日铁、韩国浦项钢铁等在海外市场的股价持续低迷。如果按照这样的市场估值，宝钢集团只能在低于净资产值水平定价，这不符合国家相关规定。于是，我们只能按下暂停键，祈愿上帝重启上市窗口。同时，宝钢集团与上海市第一钢铁厂和上海市梅山钢铁股份有限公司的整合仍在进行——宝钢集团上市融资的主要用途就是购买这两家公司的资产。当整合走到完成式时，上市变得迫在眉睫。差不多在半年后即 2000 年 8 月，宝钢决定暂时放弃海外市场而选择国内 A 股市场。

A 股市场当时的特征是，市场浅，由政府审核主导，投资者以散户为主。一般都认为 A 股市场容纳不了体量大的央企融资。每有稍大的盘上市，舆论就会反应激烈。在这之前浦发银行上市，发行规模 40 多亿元已是晴天闷雷。如若宝钢上市，市场能否接受？我们承受了很大的压力。

可军令之下，只许成功，不许失败。我们采取精心设计、精心执行的策略，在之前准备

海外上市的基础上,引进海外资本市场的操作方法,大胆创新突破,誓要取得圆满成功。

宝钢项目受到了国务院的直接关注和支持,一切似乎都很顺利。我们仅用一个月的时间就完成了所有A股发行上市的申报材料,9月即报中国证监会。我估计审批过程会非常通畅,便利用10月份假期组织了一次赴美考察,主要是为下一步保险公司上市做专题调研,同行的还有证监会、银保监会的相关领导。可是,就在入住纽约酒店后的一个半夜里,我接到了项目组同事卢晓峻从北京打来的电话,说宝钢项目在当天的证监会发审会上没有通过,而宝钢领导对我作为项目总负责人在此关键时刻没在现场颇有看法,中金资本市场部负责人滕威林正在做解释工作。这情形确实有点惊心动魄,必须立刻拿出应对方案。实际上,证监会发行部主任宋丽萍与我们同行,下榻在同一家酒店。但当时是半夜,我没敢惊动她,一直等到清晨来临,我才向她报告,请她尽快了解情况并帮助解决。经过数小时的沟通,我们项目组会同律师、会计师团队,对证监会发审会提出需要澄清的十多个问题做出了回复。由于时差的关系,我们在纽约忙碌时,国内已进入半夜,国内投行、律师、会计师、其他中介机构以及宝钢的工作团队都跟着度过了一个个不眠之夜。企业上市过程就是流汗流血脱一层皮的历程,里面有很多可歌可泣的故事。

2000年11月,贝多广在上海证券交易所宝钢股份新股发行前参加招股书发布会

现在回忆起来,宝钢项目执行过程中有两件事是重大突破,让人难以忘怀,一是估值定价,二是投行收费。

传统上,A股市场无论对什么行业都是按简单市盈率(PE)计算。但是对宝钢集团这样的资本密集型企业,国际上的做法多是按扣除息税前的收入(EV/EBITA)来计算市盈率,这样算出的市盈率会超过当时市场一般接受的PE水平。另外,购买股票主要着眼于公司的未来,所以理论上还有现金折现法(DCF)模型估值。我们说服了证监会领导,准备同时计算三种方法下的市盈率,然后从中选择三者重叠部分的估值作为定价的依据。这在当时是一个很大的突破,对监管、对投资者甚至对许多投行都具有创新指导作用。针对A股市场以散户为主的特点,我们专门设计了战略投资者配售,以使超大型发行的投资者结构得到优化。在A股发行史上,宝钢首次运用预路演和路演等在内的国际化价格发现机制,即根据估值等手段初步形成发行价格区间,然后通过预路演寻找市场对企业估值的看法,在此基础上形成股票定价区间,随后开展路演及簿记建档,等簿记建档结束后再确定最终定价。这次实验取得了巨大成功。

关于投行收费。A股市场向来是卖方市场,发行股票的公司通常把承销费压得比较低,无法与国际惯例相比。中金公司与美林公司共同为宝钢集团完成了几乎全部海外上市的准备工作,随后又承担了A股上市的全部任务。我们希望宝钢集团能不受A股市场惯例的影响,有所突破,按接近国际惯例的标准付酬。当时宝钢集团的领导非常大气,充分肯定中金公司的工作和贡献,但同时也担心若超出传统做法太多,会引来非议。作为专业人员,我们坚持专业水平的服务,在进入资本市场的环节,路演、推介等项活动都表现出令人信服的专业质量,使宝钢集团心悦诚服地认识到中金公司的价值。在发行上市胜利完成之时,宝钢集团领导决定给予中金公司除承销费之外的额外奖励,令我们获一份惊喜。宝钢集团项目的收费标准为当时的投行业务提供了一个新的基准,也为中金公司以及其他更多投行投身于A股市场,特别是争取央企的业务提供了巨大的推动力。

宝钢A股IPO共融资78.46亿元,于2000年12月12日正式在上海证券交易所挂牌上市。宝钢股份在A股市场的发行犹如一艘航母驶进国内A股市场,顿时国内A股市场就吸引了全国上下乃至国际投资界的无数眼球。《亚洲货币》杂志专文评论,认为宝钢股份上市标志着中国A股市场开始走向成熟。对于中金公司来说,宝钢项目的成功无疑是继协助中国电信(香港)在境外上市之后的又一个里程碑项目。从此,中金公司可以在境内外两个市场游刃有余,为众多央企、国企和民企提供最佳的投资银行服务。

每每想到这段往事,我都会心潮起伏,感觉做了一件很有意义的事情。

外资并购案的得与失

在中金公司任职期间,由我主持完成的令人印象深刻的并购案例有上海贝尔股份有限公司(以下简称上海贝尔)和法国阿尔卡特股份有限公司(以下简称阿尔卡特公司)并购案。2000年2月,周小川担任中国证监会主席,他对中国上市公司的结构优化和国际化非常重视,试图积极主动地推进境外公司在境内上市。大概在2001年下半年的一天,时任证监会国际业务部副主任王林给我打电话,表示希望能组织上海的几家著名大型跨国企业召开一场座谈会,倾听一下他们对在境内上市的愿望。我向他介绍了几家跨国企业,其中包括联合利华公司(以下简称联合利华)和阿尔卡特公司。

当时全球最大的日用化工品制造商之一联合利华聘请中金公司担任顾问,期望借上海白猫股份实现国内 A 股上市。案例结构大致安排如下:当时上海的双鹿冰箱因经营不善成为 PT(特别转让)公司,白猫集团计划将其收购重组,将白猫旗下的优质资产上海牙膏厂整体注入,形成新的上海白猫股份有限公司,并计划于 2001 年恢复上市。而计划收购的实际出资方是联合利华。如此一来,联合利华将成为新的白猫股份的控制股东,并由此用"后门上市"(BACK DOOR LISTING)的方式实现其在华业务在 A 股市场的上市。

遗憾的是,这个项目因涉及庞杂的利益相关方等诸多原因,联合利华最终功亏一篑,与中国 A 股市场擦肩而过。

上海贝尔曾经是中国发展最快的合资企业,2000 年初随着移动通信技术的发展,上海贝尔主要从事的固定电话程控交换机的生产出现下降势头。在 2001 年左右,阿尔卡特公司表达出在国内 A 股上市的意愿。阿尔卡特公司有意收购当时国内盈利能力最强的合资公司上海贝尔,帮助上海贝尔获得最新的移动通信技术。阿尔卡特公司计划将原持有的上海贝尔股份从 31.65% 提升至 50%+1 股(请注意这个"1 股",它的意义远远超过了它的面值。阿尔卡特公司多了 1 股之后,占股超过 50%,可以将新公司的营业收入计入在欧洲上市的集团财报),而中方持有股份为 50%-1 股,将放弃绝对控股地位。同时阿尔卡特公司承诺将在上海设立研发中心,引入国际最先进的技术设备等,并承诺考虑新公司未来在境内上市。中金公司担任这一项目的顾问,在并购的过程中,双方开价的差距很大,中金公司通过对企业进行正确的估值,找到了相对合理的价格,让双方都非常满意,被权威机构评为当年成功的并购案例之一。

这一项目充分体现了一种合资双赢的思路。当时的背景下要做这样的跨国并购,阻力还是蛮大的,中金公司在中间做了大量的工作,我到信息产业部去汇报最后的方案。幸运的是,这个项目得到了当时的总书记江泽民的认可。在时任信息产业部部长吴基传等高层领导的直接关注下,最终收购计划如约完成。后来的事实证明,上海贝尔的转股改制是国家在新的历史条件下及时做出的一项重要战略决策,其目的就是要通过转股改制,借助阿尔卡特公司的力量,帮助上海贝尔突破产品和业务单一、技术研发和创新能力薄弱的发展瓶颈,走上全球化发展的道路。而这一重大的战略重组,也给阿尔卡特公司带来了实实在在的利益:通过与上海贝尔强大的市场平台和本地化能力的整合,可一举改变其在华相对弱势的市场地位和力量分散、成本过高的局面。上海贝尔的成功转股改制,上海贝尔阿尔卡特公司的成立,对于中方及阿尔卡特集团来讲,应该是一个符合双方利益的"双赢"的结局。

遗憾的是,在之后的十来年里,阿尔卡特公司在全球范围先与朗讯科技后与诺基亚进行了并购整合,这一漫长过程令阿尔卡特公司最初提议的 A 股上市计划无疾而终。

普惠金融是我的金融生涯的第二个春天

普惠金融是我的金融生涯的第二个春天。我对它的认识来得偶然但却激发出巨大的"头脑风暴",促使我决心将未来就身于这项事业。

2009年我在上海组建了上海金融发展基金,这是一个产业基金类型的私募股权基金。在预选投资项目的考察过程中,我被两个投资项目深深打动。第一个项目在深圳,我去参观考察了一家消费金融公司。这是一家来自国外的消费金融公司,它们的商业模式已经在东欧一些国家取得了成功,正在中国市场试验。它们的融资对象是没有资格获得银行信用卡的工薪人群,这一点对我非常震撼。我了解到,中国商业银行发放信用卡的范围非常有限,当时有资格申请使用信用卡的大约只有7 000万人,而工薪人群大概有4亿人,包括农民工。可见,消费金融的业务空间庞大无比。我从宏观经济的直觉理解,如果整个工薪阶层的消费能力通过金融手段得以提高,对于中国经济增长,尤其是从投资推动型向消费驱动型转化意义重大。由于各种原因,传统银行在这方面的作为不大。市场呼唤新的商业模式,也就是要用商业的方法向中低收入人群提供消费金融服务。第二个项目在四川南充,这是一个四线城市,却有一家外资的小额贷款公司,向个体工商户甚至农户等提供小额信贷服务。我走访了它们的几家客户,其中有服装铺子、水果摊等小商小贩。有一家大学生创业的橱柜店,让我十分感动。普通大学毕业的小伙子专营居民橱柜改造,很受欢迎,在资金困难之际获得了小额贷款,扩大了业务,满足了人们消费升级的需求。小额贷款本身帮助解决了大学生的就业、创业和扩业的问题。这样的好事,没花国家一分钱,还给国家创造税收。这样的例子很多很多,一个服装店、一个小摊、一个自行车修理铺,这些正是中国实体经济的细胞。

联系到资本市场上的泡沫和过度供应,比如,一家国有企业在海外上市经常会有十家以上的投资银行充当主承销商,显然供过于求,而帮助国家90%就业、60%GDP、50%税收的中小微企业却面临着金融排斥的困境。这些正能量的金融对于我来说不仅是一种惊喜,更让我觉得必须对中国金融发展的现状进行反思,同时对自己喜滋滋于高端金融的职业生涯也有必要进行一场反省。什么样的金融才会真正给社会带来更大的价值呢?

2013年前后,博士生罗煜与他人合作翻译了《微型金融经济学》,约我写一篇导言,坐下来清理一下思路,比较全面地了解小微金融情况,形成了一些想法。

我跟中国人民大学当时的校长陈雨露商量,建立一个普惠金融研究院。2014年年末,我回到母校中国人民大学正式启动对小微金融和普惠金融的研究工作,成立中国普惠金融研究院(Chinese Academy of Financial Inclusion at Renmin University of China, CAFI)[①]。

回顾我国经济发展所走过的四十年历程,我深深体会到,开放是经济发展成功的必要条件,同样,要普惠金融在中国健康成长,有必要采取开放的心态,认真研究其他国家的经验和教训,建立实践者、监管者和研究者充分沟通交流的平台,要以稳健的心理去推进可持续的发展。

改革开放40多年的历史反复证明金融还是有好坏之分的。金融知易行难,一旦陷进去便不能自拔,因为新的问题远远超过想要回答的问题。当然,中国资本市场的发展历程跌宕起伏,惊心动魄。当中国打开大门即将拥抱世界市场的时候,中国证券行业尤其是证券公司可能面临的新挑战,是人们比较关切的问题。好在那么多年的投资银行经历,磨炼了我面对挑战心不慌的素质。2015年我发表了《好金融与好社会:问题的提出和答案》一文,向社会发出建设好社会必须要有好金融支撑的观点,让人们重新反思金融对社会的价值。

2017年2月,贝多广(左)邀请诺贝尔和平奖获得者、孟加拉国格莱珉银行创始人尤努斯教授(右)到中国人民大学参加有关普惠金融主题的对话讨论

在我看来,目前中国金融系统的问题是,金融结构与经济结构严重错配。中国的整体经济结构呈"金字塔"形状:大量普通民众、中小企业位于经济结构的底层,形成一个厚厚的底座;再往上则是数量只占1%的大中型企业;位于塔尖的则是央企,"80%的就业在

[①] 隶属中国人民大学财政金融学院下设的国际化专业研究机构。以"情怀 Commitment,行动 Action,专注 Focus,影响 Impact"为理念,CAFI致力于打造普惠金融领域的一流智库和行业交流平台,推动普惠金融体系建设,实现"好金融、好社会"的愿景。

下端,20%在上端"。与之相反,金融结构却呈"倒金字塔",80%的金融资源在金字塔上端,只有20%在下端,与经济结构"完全不匹配、不对称"。随之带来的问题是,处于上端的少数大企业,金融服务"供应过度、服务过度";下端大量的小微企业与普通民众却往往得不到金融服务,因此带来就业、民企生存困难、消费需求疲弱等一系列问题。

中国渴望一个包容性的金融体系。当然,建立包容性的金融体系正如登山,说易行难。重大理念认识上的似是而非、商业效益与社会效益双重目标的龃龉平衡、传统金融与金融科技之间的樽俎折冲,都是普惠金融建设事业中需要认真探索并找到解决方案的内容。欣慰的是,我们的努力加之我们的成绩赢得了越来越多的合作伙伴。在迈向"好金融、好社会"的进程中,我们一点都不寂寞。

长风破浪会有时,直挂云帆济沧海。

后 记

贝多广先生青年时饥渴而贪婪地沉浸于经济学百花丛中,以酿制芬芳馥郁的宏观金融蜜糖,之后当了近二十年投资银行家。此后,他从金字塔云端俯冲到贴近地气的普惠金融。从宏观金融、资本市场到普惠金融,中途换道易轨,然而他的跑道是"形散神凝",始终紧紧围绕着"投资融资"这一中心,铺展在金融资本发展的前沿,勇于尝试,迎接挑战,最终也能成就真正的自我。采访过程中,我们对贝多广先生所拥有的宏观金融学者的快速学习能力和精准的表达力印象深刻,这些让他看待问题时具有更加全面宏观的视角和对大局势的敏锐把握。坚实的学术基础和广泛的经济学问题意识,赋予了他一种超脱现实束缚的精神世界与追求。

(口述:贝多广　　编撰:易　雯　杨　刚)

12 与狼共舞的时代同行者
——访张兴先生

张 兴

> **人物小传** »»»

张兴,上海财经大学金融学学士,中欧国际工商管理学院在职工商管理硕士,复旦大学金融学博士,上海财经大学、复旦大学、高金学院兼职教授,高级经济师。1985年至1999年在中国人民银行上海市分行工作,历任外汇管理处(外资处)副科长、科长,外资金融机构管理处副处长、银行一处副处长、正处级金融监管员等职,1999年12月调任中国银行保险监督管理委员会上海办公室主任(后改为综合管理处处长),2002年任银保监会国际部副主任,2003年底任银保监会上海监管局党委委员、局长助理、副局长,2008年7月任银保监会江西监管局党委书记、局长,2011年11月任大众(2014年6月更名为史带财产)保险股份有限公司董事长、党委书记。2021年后,先后担任奥飞迪(海南)科技有限公司中国区总裁、亲和智能(海南)科技有限责任公司董事长。中国保险智库专家,中国保险40年特别致敬的40个中国保险人之一,2012年当选上海十大金融行业领袖。上海财经大学第二届校董事会成员、兼任金融学术委员会主席、金融学院上海国际金融中心研究院理事。

美好的大学时光

回顾学生时代,印象最深的还是上海财经大学4年的学习生活。我是改革开放以后,借着国家改革开放的东风进入大学学习的。现在还记得1981年9月进入369校区(中山北一路校区)报到的情景,当时学校门口锣鼓喧天、彩旗飘扬,道路两侧放满了介绍各个院系情况的黑板,那时候学校名称还是上海财经学院。当时的生活环境、学习条件都非常简陋,学校各方面的设施也比较陈旧,但大学四年的生活却令人难忘。大学四年,我不仅学到了很多知识,更认识并结交了许多朋友。上海财经大学不仅帮我完成了本科学习,也成就了我的家庭。我爱人也是上海财经大学毕业的。虽然我们是在工作中认识,但也离不开上海财经大学这个纽带。可以说,上海财经大学对我的影响是终身的。

我就读的世界经济系国际金融专业在当时是一个非常新的专业。开学以后别的系的同学很快就拿到了本学期所有的课本,而我们在开学初期不仅没有课本,甚至连课程表都无法确定。因为学校领导太重视我们这个专业,一直想着如何给我们安排最有用的课程,安排最好的老师和教材。一切都是在不断摸索、不断变化中。由于当时还处于改革开放初期,国内缺乏国际金融相关的书籍。我们的老教授们参考他们20世纪三四十年代在国外读书的资料,每学期给我们编写教材,然后刻蜡纸油印出来,赶在上课前发给我们。结果每节课下课,我们的手全是黑的,双手沾满了油墨。虽然是三四十年代的教材,但仍是当时国内不可多得的国际金融最新的知识,我们依然能满满感受到校领导和老师们对我们的深情厚谊和殷切期望。

2016年6月4日,张兴(前排右四)作为上海财经大学第二届校董会成员与部分成员合影

我们那届学生,大多数都是从家门到校门的应届学生,没有经历前几届师兄师姐上山下乡的洗礼,都比较单纯,也很珍惜大学的学习机会。由于教室比较拥挤,大家都喜欢去图书馆看书。但图书馆的座位非常有限,进图书馆看书是要抢座位的。每天晚上,校图书馆开门的时间还没到,门口就已经排起长队了。大多数同学进不了图书馆,就去大食堂后部看书,我也常去食堂。由于食堂后部灯光的亮度不够,很多同学自己购买了台灯带去食堂。有的同学为了省事,甚至把台灯和课本就放在食堂,白天上课,晚上直接去食堂自习。每天晚上,图书馆和食堂灯火通明,交相辉映,时隔多年,那些情景依然历历

在目。

369校区只有一个食堂,饭菜品种也很单一。当时是改革开放初期,国家经济还在复苏阶段,食品供应严重不足,厨房的设备也很简陋。蒸出来的米饭保温条件也不那么好,稍微放一会儿就凉了、硬了,很难下口。同学们喜欢的荤菜肉类都要凭票去市场上采购,食堂每顿都是有限供应。排在后面的同学不要说买不着荤菜,蔬菜也都是剩下的一些发黄的青菜,缺盐少油,难以下咽。虽然当时条件确实艰苦,但同学们的学习热情依然高涨。

现在的人在家里、在手机上就可以看国内外最新的电影,根本无法想象三四十年前看外国电影是多么稀罕。当时,学校有一个英语试听室,约40个座位,供学生们听英语,偶尔也会放一些原版电影。每次放原版片时,同学们都是争先恐后,座无虚席。一方面是为了提高英语听力,另一方面,则是接触和了解外部世界的难得机会,也算是我们这些学习英语的学生特殊福利吧。

当时的社会风气还是比较保守,学校生活也是比较单调。开学不久,我们班里买了一个排球,班里同学课间到旁边的操场上围成一圈垫排球,放松一下。很快,在我们外面又围成一圈,是其他系的同学,带着稀罕和羡慕的眼光围观。

大学的第一个圣诞之夜,班里同学聚会。我们去外面小店买了一些熟食和冷菜,再在食堂里买了一些热菜,大家凑在一起热闹一下。晚饭后,我们举办了班级的首场舞会。顷刻,我们发现窗台上、门窗外,满眼都是人,是其他系的同学在观看,这消息当晚就传遍了学校。第二天一早,系主任和班主任老师就把时任团支部书记的我叫到办公室,调查我们举办"黑灯舞会"的情况。好在我们的老师都是比较开放,对我们也是比较信任,最后并没有给我们上纲上线,也没追究责任。但从一个侧面反映出改革开放初期社会风气之保守。第二学期开学后,团市委通知组织高校大学生联谊舞会比赛,各高校为了选拔参赛队员,纷纷举办各种交谊舞培训,于是,交谊舞瞬间风靡上海各高校。在那次比赛中,上海财经大学舞蹈队得了奖,被誉为"上海的杨百翰",我们班我们系都有几名同学参赛。此后,每到周末,369校区的舞厅,成为周围各大学包括上海外国语大学、复旦大学、同济大学等大学舞蹈爱好者的汇聚中心。几年前,在上海财经大学百年校庆之时,当年的校舞蹈队队长俞丽萍登高一呼,以当年舞蹈队成员为核心的校友们紧急集合,给母校百年校庆奉献了一台精彩绝伦的国际舞蹈大赛。赛后,上海财经大学舞蹈团应运而生。

监管外资银行

大学毕业后,我被分配到中国人民银行上海市分行(国家外汇管理局上海分局)外资处外事科。当时,上海只有四家外资银行(外资保险公司一家都没有),分别是汇丰银行、东亚银行、渣打银行和新加坡华侨银行,都是1949年以前遗留下来的。上海在20世纪三四十年代有"远东金融中心"之称号,是东方的巴黎。那时候外资金融机构还是比较多的,有 100 多家。随着抗日战争的爆发,一些外资机构陆续离开。友邦保险公司就是在那时候撤离上海的,先去了中国香港,后迁到美国,在此基础上才有了后来全世界最大的保险集团——美国国际集团,与我后来加入的史带保险公司也有着不解之缘。中华人民共和国成立初期,以美国为首的西方国家对新生的红色中国实行经济、军事封锁。不久,随着朝鲜战争的爆发,西方国家更加强了对中国的经济、军事封锁,中国对外贸易、对外联系已很难进行,一些外资金融机构在中国客观上很难开展业务,不得不离开中国。另外,根据毛主席和中央当时的政策,先关门把家里打扫干净,再开门迎接客人。中国政府对西方金融机构采取限制和打压政策,限期关闭。上海当时实行军管,只留下四家外资银行,保留一个对外经济金融交往的窗口,勉强维持少得可怜的中国对外的贸易结算。为了确保这四家银行能自力更生,而不是自生自灭,甚至允许他们开展一定规模本地居民的人民币存贷款业务,维持最基本的生存。

2016 年 3 月 20 日,上海财经大学金融学院校友会成立。张兴(左)与上海财经大学原副校长、金融学院校友会会长龚浩成先生(中)、樊丽明校长(右)合影留念

组织上对我很重视,根据我的专业,安排我跟着一位老同志学习,参与对这 4 家外资银行的监管。我跟着这位老前辈学到了很多知识,不仅包括金融监管经验和外汇管理政策,也包括参与撰写各种监管报告、工作总结。我充分应用在上海财经大学学到的专业知识,设计、编制了各种监管分析报表和各种监管制度等。从今天来看,这些报表和制度是非常初级和基础的,但在当时已是从无到有的创新,特别是随后开发开放的深圳、厦门、汕头和蛇口四个城市的同行来沪交流,我们都毫无保留地介绍了上海的做法和制度,他们回去以后结合当地市场情况,又做了进一步的发展和完善。以后又有北京、广东等 14 个沿海城市进一步开发开放,通过彼此的交流、学习,逐渐建立和形成了中国人民银行对外资银行监管的基本框架,我有幸为我国外资银行的监管事业贡献了绵薄之力。

筹备上海证券交易所开业仪式

除了负责早期的外资银行和中资银行外汇业务的监管外,特别是随着20世纪九十年代上海金融的对外开放,作为市人民银行外事科长,我有幸参与了当时上海的一些重大金融活动,包括作为三个主要负责人之一,我参与了上海证券交易所的筹建、开业的全过程,帮助上海证券交易所建立了初期的外事接待制度并参加了初期的一些重大外事活动。另外二位负责人,一个是我当时的处长徐风同志,还有一个就是后来成为上海证券交易所第一任总经理的尉文渊同志,他是上海财经大学1979级的校友。

根据中央和上海市委市政府主要领导的要求,上海证券交易所只有几个月的筹备时间,必须在1990年底完成筹建、开业,只能成功,不能失败!按照计划,将向世界上100多个主要国家证券监管部门的领导和近200家各国主要证券公司的负责人发出邀请,时任上海市委书记、市长朱镕基等国内重要领导也将参加开业仪式。

按照市委、市政府对我们筹委会的要求,要筹备一个700多位中外嘉宾参加的盛大开业仪式和招待酒会,在上海证券交易敲锣后30分钟内,与会中外嘉宾在参观交易所交易大厅期间,上海证券交易所要确保交易系统运转正常,不能发生停机死机情况,否则要追究相关负责人的责任。根据分工,我主要负责开业仪式的会务筹备和参会的100多个国家证券监管单位领导落地后的接待等工作。我当时以上海市人民银行英语口语尚可的年轻干部为主,从上海各金融机构、外资代表处紧急抽调了100多人,确保一对一跟团接待各国证券监管单位的来访团,并对这批年轻干部进行外事礼遇、基础导游等内容的口语及专业紧急培训。最后,几乎所有的中外应邀嘉宾都参加了开业仪式和招待酒会,开业活动取得圆满成功,我们的工作得到市委、市政府主要领导的高度肯定。

建设南浦大桥

上海的金融对外开发开放是从1990年开始的。同年4月18日,中央还宣布了浦东开发开放的决定。当时,浦东、浦西发展的差距很大,浦东虽然面积与浦西相近,但人口和经济产值都只是浦西的十分之一。民间流传一个说法,宁要浦西一张床,不要浦东一套房。两岸间的交通也很不通畅,原来只有打浦路一条隧道,延安路隧道于1989年5月1日通车。当时过隧道还需要收费,更没有横跨两岸的大桥,两岸的交通主要依靠轮渡。

大桥建设刻不容缓。南浦大桥始建于1988年12月5日。根据事先约定,大桥建设资金由上海市政府、亚洲开发银行和国际商业银行的银团贷款三部分组成。

1990年上海重新申请亚洲开发银行贷款,南浦大桥建设也即将完工通车。我当时陪同分管基建的倪天增副市长接待来沪考察的亚洲开发银行郑寅用副行长(韩国人)。郑副行长说,即使没有亚洲开发银行贷款,上海也独自完成了南浦大桥的建设,说明上海不缺钱。我当时给倪副市长做翻译,倪副市长说,上海非常需要南浦大桥,由于亚洲开发银行搁置贷款,我们不得不挪用别的项目,把买米买酱油的钱先行垫付。上海人民不仅呼唤南浦大桥,还需要其他的一系列大桥建设。如果亚洲开发银行能批复对南浦大桥的贷款,上海人民会永远感谢亚洲开发银行的支持。民生项目本身是亚洲开发银行的优先项目,更何况南浦大桥的高速高质完工是一个现成的苹果,没理由不接,亚洲开发银行董事会不久就批复了该笔贷款。随后,亚洲开发银行还对杨浦大桥及上海和中国其他省市一系列基础设施项目提供了贷款。

2011年11月,张兴(右)与原美国国际集团董事长、美国史带集团董事长格林伯格先生(左)合影

亚洲开发银行5 000万美元主贷款问题顺利解决,还有国际商业银行4 000万美元的银团贷款。亚洲开发银行坚持按其习惯雁过拔毛,对商业银行的银团贷款美其名曰要提供亚洲开发银行担保,收取担保费。我记得最终取得银团贷款招标的是在沪有代表处的十多家欧日银行。当时,亚洲开发银行基建项目处的叶廷(Yeting)处长来沪逐个拜访,说服他们接受亚洲开发银行担保。但这10多家银行一致反对。他们认为,每家银行的贷款份额少的也就两三百万美元,多的不过五六百万美元,他们正在争取中国人民银行的批复,早日允许他们来沪设立分行(后来改为当地法人)。根据各自总行的意见,他们可以放弃上海市政府的还贷,根本不需要亚洲开发银行提供还贷担保。叶廷处长私下跟我说,他理解各行的意见,但让他破例放弃担保实在为难。我以20世纪60年代后期中苏关系恶化、苏联撤走专家、限期还款为例,即使在当时非常困难的经济条件下,中国人民依然不屈不挠,砸锅卖铁也要按期还款,现在更不可能发生违约还贷的事,使他欣然打消了顾虑,回去汇报后免除了此项担保。虽然担保费不多,仅免收了几十万美元,但政治意义十分重大。后来,我也参与了杨浦大桥亚洲开发银行贷款项目的申请协调工作,最后顺利通过了贷款审核。再以后,随着中国政府部门的职责调整,亚洲开发银行由中国

人民银行改为财政部协调，我们也逐渐退出这方面的工作了。

改革开放以来，随着中外交流的不断加强，国内去国外读书的人非常普遍。海归回国工作也很受重视。1988年年末，受中国人民银行派遣，我参加了在纽约举办的联合国开发署的一个信贷经理培训项目，很有收获，也近距离感受到了纽约这个国际金融中心的繁华和先进。培训后期，我也产生了出国读书的念头。回国后，我就开始申请出国留学。我很幸运，很快收到了几所美国著名大学的录取意向，也同意给我奖学金，但需要我的英语考试成绩才能发录取通知。当时我已参加了托福考试培训班，就立即报名参加考试。第一次考试不理想，就接着报名参加5月份的考试，但当时市里有重大外事活动，不得不放弃考试，只能延后到10月份。那个时期，正值上海金融和浦东开发开放，国际金融界重要来访者此起彼伏、连绵不断，我不得不一再爽约、延后考试，校方也很理解、支持，破例多次同意我延展申请，最后我实在过意不去，也确实无法参加考试，不得不放弃了出国留学的计划。未能出国留学，成为我当时的一个人生遗憾。几年后，中外联合办学的中欧国际工商管理学院进入上海，才实现了我继续深造的夙愿。

参与市长咨询委员会工作

1988年朱镕基同志出任上海市市长，他一直在思考如何打开上海工作的局面，如何让上海重振昔日雄风，走向国际。据说，他曾经与时任美国国际集团董事长格林伯格先生等多位国际人士探讨过此事。格林伯格说，上海曾经是远东的金融中心，上海要尽快走向世界，还是要在金融方面有所突破。这与邓小平此前关于"中国金融国际化要靠上海"的英明论断不谋而合。应朱市长的邀请，格林伯格先生协助建立了上海市市长国际企业家咨询委员会，并应邀担任第一届理事长，随后应邀担任终身理事长（该理事会由国际百强企业主要负责人参加，每年更换三分之一的成员，格林伯格先生是理事会成立30多年来参加了历届会议的唯一代表）。

1990年市长咨询会议的核心议题就是上海国际金融中心的建设。鉴于议题的专业性，市政府有关方面当时缺乏与国际金融业打交道的经验和人脉，朱市长指定新成立的市外资委（外资委主任初期由朱市长兼任，市外经贸委副主任叶龙蜚担任常务副主任）组织协调首次会议，上海市人民银行负责具体的会务组织工作。

我当时是上海市人民银行外事科科长，奉命负责具体的会务工作。除了上海市人民银行抽调的一些干部外，上海市外资委从市政府相关委办局抽调了处科级干部30多人，参加我们的会务筹备工作。为了安排一场近400人参加的中外参会嘉宾的宴会座席，我和同样不抽烟的一位市外资委副主任（副局级干部）熬了一个通宵，抽掉了两包香烟，终于完成了座席安排。因为有上海市政府各有关委办局的大力支持和配合，会议取得了圆满成功。会议结束后，上海市主要领导高度肯定了会务组织工作，并把以后几年咨询会议的会务组织工作交给了市外资委和市人民银行负责筹备（几年后，这项工作移交给上海市外经贸委,现在由上海市外办负责)。参加这些会议的会务组织,一方面,开拓了我的视野,增加了成就感,培养了我的组织协调能力,特别是增强了临机处变能力;另一方面,从那以后,开始了我的烟民历史。

打开中国保险业的大门

1979年,中国人民银行等部门联合下发《关于恢复国内保险业务和加强保险机构的通知》,停办了二十多年的国内保险业由此正式恢复。经过短短40多年的发展,我国保险行业从一个几乎不为人知、仅具有一点财政补偿功能、仅有一家公司经营的小单位,发展成为今天拥有4.26万亿元保费、超过20万亿元资产、240家中外保险公司、800多万从业人员、在国民经济中扮演着重要角色以及世界排名第二位的保险市场。

2015年4月20日,张兴(右二)与来沪参加上海财经大学商学院银行家俱乐部活动的著名经济学家吴敬琏教授(左二)等合影留念

保险业对外开放促进了行业的快速发展。保险是金融三大支柱产业之一。中国金融业的改革开放首先是从保险业起步的,而保险业的对外开放最早始于上海。中国加入世贸组织以来,中国保险业已成为我国对外开放力度最大的行业,对外开放已成为中国保险业最亮丽的一道风景线,不仅促进了中国保险业在过去30多年持续快速发展,而且对促进中国金融体制改革持续深化以及整个中国金融业的对外开放都起到了重要的作用。中国经济之所以能够在短短30多年的时间里,创造出一个又一个世界奇迹,国有企业改革和专业化市场化的构建是重要的经验之一,也完全适用保险行业。

保险业对外开放促进了对外资保险公司的监管。在原保监会时代,外资保险公司和中资保险公司是分别监管的,既有相同的内容又各有特色。上海对外资保险的监管始于1992年友邦保险进入上海。我们参考了各主要国家和主要保险市场的监管做法,制定了

《上海外资保险公司管理条例》，主要有以下几个方面：一是非现场监管。主要是通过报表分析及日常联系，对被监管机构的经营状况和风险控制进行分析与跟踪。二是现场监管。一个是开业前检查，适用于所有新设公司。另一个就是专项检查，对公司的合规经营、内控体系和市场行为等方面进行现场检查。三是外部审计和三方会议制度。这是上海外资保险监管独具特色的一项内容，后来也获得了中国人民银行总行外资司的高度肯定。四是审核寿险合资公司的合资合同及章程。这也是上海外资保险监管独有的一项工作。五是组织保险代理人资格考试。这项工作非常有意义，后来成为上海中外资保险监管共同指导推进的工作。

记得当年有这么一段小插曲。1992年年初，全国知名的"老保险"、全国人大原代表、中国人寿上海分公司总经理何静芝女士，在有关部门就是否批准友邦保险公司进入上海市场征求业内意见时投了反对票，她担心竞争不过外国保险公司。她认为，世界上几乎没有一个保险市场在自己还没有形成和发展壮大前，就对外资保险开放的。进来的过程中仍要百般刁难，设置种种限制，让外资保险公司无法施展拳脚。例如，中国的台湾地区就是在本土保险公司有了25年积累之后，才于1987年对外资开放保险业。当时，上海保险业的基础十分薄弱，因实行综合经营，1992年上海保险市场只有中国人寿保险和太平洋保险两家机构，年保费收入只有15亿元左右，真正意义上的寿险几乎一片空白。

据说，对外资保险开放是由当时的国务院副总理朱镕基总理提出来的。在1992年3月的一个保险业的会议上，他指出："我们得让外资进来，带着他们先进的管理和技术；当然你得让人家进来后有钱赚，有甜头，人家才会来。"也有人认为，那是中央的一个政治决定。从那以后，一直到2001年中国加入WTO之前，外资保险进入中国，都是由政治局主要领导决定，中国人民银行具体批复，都是为了服从国家大外交的需要。经中国人民银行批准，美国国际集团（AIG）在努力耕耘中国保险市场15年之后，于1992年9月25日获得保险经营牌照，重新进入中国，回到了其当年在上海的发源地——中山东一路17号的友邦大厦，在上海正式设立其在华第一家分公司，即美国友邦保险有限公司（AIA）上海分公司。

中国保险业的大门由此徐徐打开。

加入史带财产保险

我与史带集团董事长格林伯格先生的渊源始于1990年，相识于筹备首届上海市市长国际企业家咨询会议之时。1992年，美国国际集团（系史带保险集团创设）旗下的友邦保险公司获准在沪设立分公司后，因监管和被监管关系，我与格林伯格先生产生许多交集。1992年也是中国保险业对外开放的元年。

史带财险的前身是大众保险股份有限公司，1995年1月在沪成立，是中国第六家股份制商业保险公司。诞生之初，公司以经济最发达的华东地区为业务拓展和机构发展的

2019年12月,张兴被《今日保险》杂志(根据保险业界高管及学界著名学者提名推荐、业内投票确定)评为"40年特别致敬40位中国保险人"之一

重点区域。华东地区也是保险业发展最快、竞争最激烈的地区,是兵家必争之地。公司发展过程中,因偿付能力不足,几度被限制业务或机构发展,也几次引进新的投资者,公司也由最初的民营为主转为上海国资控股的保险公司。

2011年7月,作为上海金融国资市场化改革的战略部署,大众保险引进素有"国际保险教父"之誉的格林伯格先生麾下的美国史带集团作为战略投资者,持有公司20%股权,并取得经营权。我当时已在江西保监局担任局长、党委书记多年。2011年11月应格林伯格先生和大众保险股东——上海国际集团等大股东的邀请,我加入了当时的大众保险公司,并担任公司董事长、党委书记。2013年底,为了进一步深化上海金融国资改革,根据公司国有控股股东的上海市政府领导决定,将大众保险的市属国有股份通过市场化运作,转让给史带集团。随后,部分中小股东也参照退出,公司一年内完成了四批次股权转让、章程修改以及更名工作。2014年7月,大众保险公司更名为史带财产保险股份有限公司。当年底,史带集团控股公司97.42%的股权(目前控股99.02%)。

我从监管机构加入大众保险10年间,根据公司股东的要求,见证并主导了公司从国有控股到外资控股、从车险为主到非纯车险公司转化的全过程,真真切切地感受到公司从股权、企业文化、发展战略、经营理念、经营模式和营销产品等方面的巨大变化。虽然,从业务规模上来说,史带产险比最小的中资产险公司还要小很多,但是,公司在经营理念、产品开发、风险管理等方面确实有许多可圈可点之处,值得许多公司,特别是中资公司的重视和学习。例如,史带产险近年来在加强与国内中资保险公司错位竞争、优势互补方面树立了一系列成功合作的典范。史带产险积极响应中央号召,加快推进"一带一路"建设。中资保险公司尤其是一些国有保险公司,具有强大的人脉优势、品牌优势、与国内走出去的国企、央企或者大型民营或外资企业具有合作历史，最早发现企业的保险需求，但没有国外的机构网络，不熟悉当地的市场环境和法律法规。而史带产险借助史带集团的全球网络、专业经验，与中资保险公司形成了很好的前后搭配、优势互补、合作共赢，走出了一条国际化、专业化的成功转型之路，受到国内外业界、中外企业客户的热烈欢迎。鉴于格林伯格先生对中国改革开放的卓越贡献，2018年12月18日，在中国庆祝改革开放40周年大会上，他被授予"中国改革友谊奖章"，被认为是"少数几位真正了解中国的美国人之一"。

后记

张兴认为，是时代为他提供了发展空间，用上海财经大学所培养的独立思维、综合思维与时代同频共振，在金融改革里程碑的树立过程中贡献了自己的一份力量。2022年，在他即将光荣退休之前，因缘际会，他应邀加入了一家人工智能公司。从保险的监管者到保险的从业者，再到目前成为保险科技的弄潮儿，他的每一步都紧紧围绕保险行业的发展。张兴也因此对保险行业的发展有更全面、更深刻的认识和体会。快马加鞭未下鞍，征程漫漫再出发。祝福张兴带着新的使命勾勒中国保险市场更美好的图景。

（口述：张 兴　　撰稿：杨 刚 易 雯）

13 价值灯塔下的耕耘者
——访张训苏先生

张训苏

人物小传 》》》

张训苏，男，1996年博士毕业于上海财经大学统计学专业，复旦大学博士后，上海财经大学兼职教授，现任上海景领投资公司董事长。张训苏先生拥有20多年的从业经验，曾任兴业证券研发中心总经理、资产管理部总经理、副总裁兼首席风险官与代总裁、兴证全球基金公司董事等。曾兼任中国证券业协会专业委员、福建证券业协会合规委员会主任委员、上海证券同业公会副监事长，获得过中国证券业协会科研成果一等奖等多种奖项。他有着丰富的研究经历与成果，对宏观经济、证券市场机制、风险管理等有长期的研究与经验积累，近年来带领着景领投资获得"金牛奖"等多项荣誉。

369校区的博士生涯

上海财经大学中山北一路校区又称369校区。369校区在我一生中留下非常美好的回忆，也是我人生充电最实在的三年。读博士期间学的统计学，使我的研究范围和思考范围更宽泛了。印象最深刻的是学校劳逸结合的学习氛围，大家晚上学到10点多的时候就可以聊聊天、玩一玩，忙里偷闲。每天晚上10点以后是很享受的时间，不同年级、不同专业的博士生去切磋去交流，更多的是一种同学友情，比如聊"军旗四国大战"等，建立起了交流很开心很放松的方式。学习的时候大家都很勤奋，大家不仅仅是拼命地学，也会在业余的时间进行一些交际，培养自己的沟通能力，增进同学之间的友情。而这种氛围，对将来走上工作岗位很重要。当然，食堂里叉烧的诱惑与囊中羞涩的节俭间的权衡、晚起后的饥肠辘辘与广灵一路边冒着热气的鸡蛋煎饼、个别同学在筒子楼走道忘我唱着情歌等，都是美好的记忆。

我刚刚进学校的时候，很多同学买认购证参加新股申购赚钱，我那时候还是书呆子，只知道看书学习写论文，错失了那个时代很好的赚钱机遇，不过好像也不那么后悔。如果较早地介入资本市场，了解更多实务与现状，对研究深化和未来个人的发展大有好处。所以若干年后到学校参加各种座谈会时，我始终主张，学生，特别是硕士与博士研究生，首先要形成自己的专业优势和自己的核心竞争力，要使自己在某些领域有系统性的深入理解与研究成果；同时提升自己的独立分析能力与实践经验；适度参加实习与社会实践。在金融研究方面，博士阶段我在《中国工业经济》《会计研究》《统计研究》《财经研究》等刊物发表过一些小文章，并出版了类似专著的书籍。回想起来，多数论文与成果缺乏独创性，大多是结合当时社会经济趋势与他人成果基础上的探讨与分析。相应收获最大的是：博士训练偏理性思维的逻辑和对应的方法体系，对自己的逻辑思维方式有很大的帮助，以及发自内心的自信。偏于理性的坏处是很多大的机会抓不住，不敢冒很大的风险，但是相对于金融市场、证券市场来说，却能活得长久。从理性角度来说，我从业以后，会努力分享公司价值和价值成长带来的一些收益，不会太激进地去冒一些大风险。另一个大的收获是为人处世的风格，当时有一批像统计系主任郑菊生那样朴实厚道的老师，以及一批像我的博士导师施锡铨那样正直坦荡的教授，他们的风格与修养对我走向社会后的行为方式都产生了较大影响，并成为我人生价值取向的重要灯塔。

博士毕业以后我去复旦大学做博士后研究。我在复旦大学做了两年的博士后，作为课题负责人，我在导师高汝熹教授和宝钢集团战略发展研究室有关领导以及同事的指导与合作下完成了《宝钢资产重组与并购战略研究》报告。涉及的宝钢集团与上海钢铁厂并购等方案在国家有关部门与最高层有关领导批准后得到了实施。这是当时国内最大的并购案例之一，对我国钢铁行业的整合发展起到很大的积极推动作用。

我介入资本市场是从博士后工作站那时开始的，那时才真正了解到上市公司、实业和资本运作的相结合。在上海财经大学刚毕业时，我还是相对偏理论，具体细节怎么操作不知道。通过课题研究与实地调研，推动了资本和实业的结合，了解到资本运作切实可以促进实业发展和实业集中，避免恶性竞争或者是资源的低效使用。

这些对我来说也是非常有意义的，大大开阔了视野、格局、思路，为其后我个人在证券公司的发展奠定了很好的基础。

从懵懂书生到敬畏证券市场的老兵

当时在上海财经大学读博士的时候，我的博士论文是关于国有资产重组方面、价值化管理方面的。本着学以致用的理念，我选择自己最擅长的理论和核心竞争力的积淀，到企业实际运用这些背景知识以及对一些问题的看法，因此，1997年前后我就从证券研究方面开始工作了。

作为券商长期工作经历者之一,我对券商的业务模式以及券商的市场属性还是比较了解的。股票市场时时刻刻都充满风险,资产管理这项业务的经营本质是在挑战风险、管理风险中获得收益。大概在 2001 年前后,我做过资产管理业务的负责人,从秀才转变为战士,却经历了漫长熊市的煎熬。后面走向券商高管岗位又经历过多次市场的大起大落甚至是数次大牛市与股灾交替。在长期的研究和实践经验教训的背景下,逐渐对市场产生敬畏,特别是对大级别的趋势充满敬畏。

因为市场或重仓股大的波动对净值、对管理目标的实现影响是很大的,管理人在向上或向下的大趋势面前是非常弱小的。

张训苏和他的上海景领投资公司

大概在 2012 年的时候,我们参加了证券业协会组织的沃顿商学院 8 期的培训班。除了学习那些理论和教授讲的知识之外,课余时间我一直在琢磨一个基本的问题:为什么美国的股市牛长熊短,主要股指表现相对较好,但它的经济增长率往往是比较低?因为我是统计学博士出身,所以当时试图通过各种方法去判断、分析市场到底为什么涨?为什么跌?如果回避了涨跌,或者不在乎涨跌,行不行?这取决于我们对公司产品的定位,取决于公司的理念,以及所管理资产或服务客户的特点与要求。通过 10 多个变量因子的简单分析,发现影响市场涨跌的核心机制是价值规律与供求关系规律在起作用,其他宏观与货币政策等都是外部变量。

资本市场是一个理论和实践必须密切结合的市场。虽然我是在读了上海财经大学的博士、又在复旦大学做了博士后研究后进入资本市场的,我发现实践和理论还是有差别的。最初试图用所学知识在实践中应用,但效果并不太好。当时资本市场标的主题投资盛行,甚至有人总结说"股市有风险,入市要大胆",因为早期的市场很小,市场跌了几个季度后,往往有刺激政策或者市场立即就会涨起来。现在就完全不一样,股市的风险是非常大的,入市要特别谨慎。市场的赛道、市场容量、市场风格和市场的规范性都在发生重大变化,投资赛道已经由大河进入大海了。另外一个市场是规范性也在发生重大的变化,这也是非常重要的一个方面。规范性,指的是监管合规这种意识、理念,都在发生重大的变化。作为从业者不仅要始终向往着价值投资灯塔,更要谨言慎行,坚守依法合规灯塔。常在河边走难免会湿鞋,但务必不要被淹死——要有定力不触碰红线,要尽最大努力在系统性大风险发生时业务与个人不发生大的危机与损失。

我特别想分享的一个故事是 2015 年的股市。上半年大家比较狂热,都想调动资金甚至融资入市,但 2015 年年中前后,股市的估值已经很高,信用交易占比很大。我当时在兴业证券兼任首席风险官与信用委员会主任,面对客户要融资借钱来炒股票,我们内部意识到了大的市场风险已经形成,因此起草了风险揭示书,在行动中控制了信用规模、减少了客户风险。后来证明是对的——2015 年下半年到 2016 年初出现了股灾与多次熔断。在资本市场中,我们需要经常去判断市场是不是处于高风险区域,在亢奋、激情的同时,要有理性的估值分析、趋势分析与果断措施,这是我体会到的非常重要的一点。

金融体系与多层次资本市场建设中的突出问题

金融体系与多层次资本市场建设中的突出问题主要有以下几个方面。

第一,定位与认识问题。比如,直接融资比重的认识问题,衡量指标一个是用融资额来衡量占比——增量法,或者是证券市值(股票与债券)占 GDP 的比重——存量法。美国是用证券市值占比例比重来衡量直接融资的比例。第一个中国的直接融资特别是股票净融资(股票融资减去分红回购等)在全球主要市场当中的比重是相当高的,我不认为中国的这些融资比例低了,比如跟金砖国家的融资占市值比重相比,中国是最高的。用增量法计算的中国直接融资比例去与用存量法计算的美国直接融资比例相比,说中国直接融资比例远远低于美国等发达国家——这是认识上的重大偏差。这种偏差导致了很多后果与措施的错位。

资本市场在整个金融体系里发挥着非常重要的功能,当然首先让人想到的就是促进直接融资、发挥筹资的功能,也包括提供流动性,提供风险管理的产品和投资平台。同时资本市场还有很重要的激励创新功能,因为资本市场能够很好地分散创新的风险,并且激励创新。理论与实证研究表明,间接融资更加适合改良式创新,而直接融资更加匹配原创性、颠覆式创新,由于创新的不确定性,必须有足够多的能够承担风险的资本投入创新中,才有可能形成创新优势和创新发展路径。从全球经验看,一国股权融资越发达,创新资本形成的能力越强,越能促进技术变革和创新发展。而且在当前这种新旧增长动力转型的时期,特别是当前这种疫情冲击下的波动时期,往往是企业并购重组、行业洗牌活动非常活跃的时期,而支持并购重组也是资本市场很重要的一个功能。这些应该是扩大直接融资的着力点,不必过度关注融资规模。

我的看法是:所有的功能中,资本市场的资源配置功能是核心,必须归位。投资功能与融资功能等必须在遵循价值规律与供求规律的前提下实现动态平衡。

第二,发展模式问题。从大的方向来说,国家要走高质量发展道路,资本市场也要走高质量发展道路,从注重多层次资本市场建设,从关注融资规模转变,到做强上市公司,做好现有交易所。我们曾经研究证券市场的这种体制机制问题,上市公司包括一些国有的上市公司,早期走的是粗放型的规模扩张性的道路。对一些非国有民营企业而言,很多出发点也是为了打败对手去抢占市场,通过打价格战扩大规模,它也要融资,所以这个业务模式和机制决定了中国市场的发展模式。我觉得融资需要进行结构性重大的优化,才能够起到良性的循环。支持做优做强而不是促进重复建设与同质化竞争。

第三,优化结构问题。继续优化投资者结构,才能促进中国资本市场健康发展。我们还可以有更多的优化投资者结构的政策举措,包括扩大公募和私募基金的规模,重点发展差异化的交易策略的基金,促进市场投资策略的多元化。在当前的市场环境下,吸引更多的长期资金进入市场,这一点在美国市场上也经过了长期的探索积累,逐步形成了资本市场的一个非常重要的稳定资金来源。从投资者结构与资本市场生态等角度看,通过沪港通、深港通和债券通参与内地市场的海外投资者群体,通常与现有的内地市场的投资者群体是不一样的,在风险收益偏好、交易策略与行为模式等方面存在差异。

当然,资本市场的这些重要功能如果想发挥良好,就需要一个良好的生态环境来提供支持。资本市场的生态环境包括哪些元素?投资者、上市公司、市场中介和专业机构、支持市场运转的平台和基础设施以及监管的框架等共同构成了一个资本市场赖以运转、发挥各种功能的生态环境,所以从这个意义上来说,中国金融体系中的长期资金的体量实际是非常大的,资本市场的良好生态还包括交易机制、定价机制,辅助多层次资本市场充分发挥,配置资源、风险管理、价格发现功能正常发挥。

第四,机制的公平性和市场化问题。金融体系改革方面,一定要去想办法,从机制上来解决投资保护问题,法制现在这几年国家已经足够重视了,在投资保护方面做了很多卓有成效的工作,但是在机制方面要使得上市公司的股票真正成一个上市公司,而不是一个纯粹融资的载体。其中,上市公司特别是竞争性的上市公司的高管核心利益必须与投资者共担风险、共享收益。上市公司高管利益主要不是来自股权激励,或者用很低的价格、很低的激励目标要求实施股权激励,都会对投资者造成重大的机制与制度侵害。如果上市公司高管的利益主要来自工资奖金,任何一个公司都想融资千亿元用来扩大规模、提升行业地位、走重资产扩张模式,其结果必然是粗放式发展、股市供求关系容易失衡、股指波动加大。

从证券业老兵到私募新锐

我在国有证券公司做了近二十年,从研发、资产管理到合规、风控、管理,很多岗位都做过。我经历了多轮牛熊市场。在券商多个部门的历练,让我对投资有了更深的感悟。某一天停下来回顾这些年的经历,再想想自己后半生该如何规划,我反复思考了很久,决定换一种相对更自由的生活方式,结合自己的爱好,发挥专长优势,所以选择了从事私募基金管理行业,发挥专业优势,做自己热爱的事。2016年,我从证券公司副总裁兼首席风险官的岗位上辞职,转行证券私募基金管理业,担任景领投资董事长、投资总监。

2001年前后,券商资管的业务模式很简单,就是采用保本保收益的方式向客户借钱炒股票,一旦熊市来临很多公司就出现了业务风险。这个时候,公司派我去负责资管业务,那三四年的历练让我对投资有了更深的感悟。后来做合规风控,我看到了很多客户的生动案例,大多数人很难去抵抗市场的大趋势。而在求学阶段,我就经常研究股市涨跌背后的问题,写过不少相关文章,可以说这些思考和阅历共同促成了我对投资的特别情结。

2019年8月,张训苏参加第十届中国私募金牛奖颁奖典礼

对于投资的这份专注给了我们很好的业绩回报。早在2001到2004年,在兴证资管的管理资产规模近20亿元,熊市中取得了优良成绩。2016年起,景领投资的产品正式运作,我管理的景领健康中国、景领核心领先等系列产品,运作期间为客户创造了稳健的回报,景领投资成为私募业内一家实力派新锐,逐渐被各方所认可,多次获得诸如"金牛奖"等多种荣誉。

金融创新与金融科技反垄断

当然最近有一些事情,包括金融科技对金融业有广泛的渗透。第一,金融创新应该鼓励的,但所有的金融创新或新的业态应该接受监管,监管方式要优化,要与时俱进。对金融科技的感觉就是谨慎乐观,当然金融科技或者说金融改革或者推动改革的任何事情,其实都是有风险并存的。观察资本市场的这一系列改革中间,我们国家其实也出现过一些极端市场波动的事件,可能也尝试了一些创新的手段,但是也付出了很大的试错成本。

第二,我认为中国的创新需要一些基础。除了法律基础意识之外,还有很多的问题,创新是必须稳步、适度地去推动,因为金融市场它本身是一个高风险的市场,我们高风险的市场的基础就是现货市场,现货市场简单说就是交易所,有了股票,才有衍生品。在这种情况下,在现货市场不是很规范,或者说市场运行机制、投资结构不是很成熟的情况下,去创新一定会引发很多风险,包括股指期货的风险、各种各样的期权的风险,然后大家都是在这种情况下做出来的。总体感觉,我国资本市场创新要特别稳健,不宜太快。

第三,上市公司治理机制是不是健全。治理机制不健全的情况就是所有的衍生品都会是风险在扩大。所以基本市场的规范程度,特别是上市公司治理的基础还是非常薄弱的。比如,上市公司的董事长、总经理是在履行职业经理人的职责,还是在履行股东的职责。再比如治理机制问题,还有投资者没有实质性地发挥约束与干预功能,股东监管用脚投票的功能还需要监管和引导,等等。所以我们市场的治理结构也好,治理机制也罢,都需要慢慢地进化和规范之后,创新才能够稳步地发展,所以创新需要体制与机制的配套。

第四,金融科技这一块其实更多的是一些平台公司在将金融注入,介入一些传统金融行业,用一些新型的业务模式去做,互联网平台反垄断这个大方向是对的,但是我觉得这个和金融科技可能还是两件事情。任何一种市场行为,不管是金融方面的市场行为,还是其他方面的事,都必须接受监管,中国的监管特别是对传统的机构当中的监管总体上还是都比较到位的,比如说银行机构监管、保险监管和券商监管都是很到位。

努力做到大事不糊涂

说到人才,我觉得我原来不管是在券商做,还是现在在做私募,对人才还是蛮苛求的,特别是一些专业的人才,要学到这里面的基本的知识和技能,要有专业素养,要高人一层,或者在某些领域当中要有特色,要有深入的研究和独到的一些思考,我觉得这些都是非常重要的基础。

其次,在能够有合理的收入和我们的预期基础上,同时能管好自己的一些欲望。证券市场是高风险的市场,把控住一些大的诱惑,特别是一些关键问题的时候,我们人都有一些惰性或者一些投机取巧的这种思维方式,不要犯一些原则性的错误,这是很重要的一点。因为我经历过太多的事件,除了这些市场风险、信用风险与产品的业务风险,基本的一些红线的东西不能去碰。所以我工作了那么多年,尽管中间换过一些岗位,从来没跟领导提过薪酬的高低问题,没有提出个人需要的问题。当然我实际上遇到一些贵人,每个坎过来都是有一些人认可我,给平台,给技术,让我顺理成章地形成这样一种思维方式:收入是能力带来的副产品,所以我认为就是踏踏实实把事情做好,是非常重要的。

从几十年的工作经历来看,作为上海财经大学毕业的博士或硕士研究生,只要踏踏实实把本职工作做好,把大的机遇把握好,把大的风险管理好,在中国金融机构工作,逐步积累正常生活需要的财富不是一件很难的事情。

后记

见到张训苏先生是在他结束一天繁忙的交易后。他戴着无框眼镜,身穿简洁利落的正装,给人的印象很谦和。已在资本市场从业20多年的他,在业内人眼里是一名学者型高管。他作为研究人员或者高学历人员,除了学会对专业、估值的尊重和敬畏之外,实践中逐步对市场产生了敬畏。从券业高管投身私募创业,对于这样的转型,张训苏说是想换种生活方式,做点自己喜欢的事。张训苏说话时语速不快,风格和景领投资轻松的办公环境不谋而合,都让人感觉很实在。伴随中国资本市场的蓬勃发展,私募业可以说是当下金融圈里最具活力的一片沃土,祝福景领投资在中国大资管这片沃土上生根壮大。

(口述:张训苏　　撰稿:杨　刚)

14 国际一级并购基金的实践者
——访娄刚先生

娄 刚

人物小传 »»»

娄刚，毕业于上海财经大学金融学院国际金融专业，恒松资本创始人兼董事长，《第一财经》2016 年度财经人物，《经济》杂志 2020 年度经济人物，康奈尔大学中国酒店管理合作（与北京大学）和金融硕士合作（与清华大学）特邀导师，上海财经大学商学院与金融学院兼职教授及导师。上海财经大学学士、清华五道口金融学院金融 EMBA 首期硕士。有 20 余年中国及国际一级和二级资本市场的工作经验，前富兰克林邓普顿资产管理公司副总裁，前摩根士丹利亚洲董事总经理，中国第一批内地赴港金融专才，亲手打造和领导了摩根士丹利早期在华的诸多业务平台。曾是摩根士丹利历史上最年轻的华人董事总经理，也是亚洲区少有的华人媒体发言人之一。曾连续多年被评为 Greenwich 名列前茅的分析师和策略师，2010 年被 *Institutional Investor*（《机构投资者》）杂志评选为"最佳分析师"。娄刚对中国及国际宏观经济和行业趋势有深刻的认识，拥有第一手国际投资经验和中国产业运作经验，是知名财经演说家、商业模式设计专家、跨境并购交易专家及国际谈判专家。

"上财气质"是我的底气

回想起在上海财经大学读书的时光，娄刚显露了学霸的气质："我们读书的时候，上海财经大学的校风是非常好的，跟当时我们眼中的一线大学比如上海交通大学、同济大学、复旦大学一样。我们整个寝室当时的氛围很好，学风很正。我记得那时候我们晚上 5 点以后去自修室大多数是没有位置的，在校期间我对自己的要求比较高，除了国际金融专业之外，当时还辅修了计算机软件设计，然后又去了国会专业报了 ACCA（英国皇家注册会计师）课程的考试。大学期间我其实学过三个专业。我记得当时忙得最厉害的就是期末考试，因为我读了太多的专业，考场都会走错的，那几年特别忙，但很充实。"

学业之外，我们很会玩。当时社团活动特别多，大家都挺能折腾的，我当时是学校艺术团团长，记得我们当时还跟学校的电教馆合作，搞很多学英语的教影片去教学。

大学毕业的时候，因为我来自北方边疆省份，而且学习的是国际金融专业，我对自己的期望就是留在上海工作。当时能来学校招生的国际企业就这几家，不是说来上海财经大学招生的就这么多，而是全上海就这么几家国际企业。20 世纪 90 年代初期，毕业生都想进世界 500 强企业工作。我记得当时叫得上名字的，比如联合利华公司、上海开利空调、BAT 英美烟草、汇丰银行和施贵宝公司等，每家就招几个人，不像今天几乎主要的国际金融企业都在上海设立了办公机构。和现在的年轻人比起来，70 后这一代人因为小的时候多少吃过一些苦，所以我们并没有像现在的年轻人有这么多的现实焦虑，我们积极乐观、斗志昂扬。一代人有一代人的机会，一代人有一代人的焦虑，但无论何时我们都要保持乐观的态度，这是我们那个年代的人自带的一个气场，对此我还是比较骄傲的。

跟随大师，螺旋上升

在成长的道路上，一个人的兴趣和特长是慢慢发现和培养的。这的确是一个过程，从我个人的经历来看，大学毕业的时候我并没有觉得自己会是一个擅长投资的人，只是希望留在上海国际企业工作，在上海这个城市生存下去。后来在工作研究过程当中，我慢慢发现自己还算有一些这方面的天赋和潜力，逐渐受到公司的培养，有机会跟随大师学习。所以我觉得一开始的梦想有多大不重要，重要的是踏踏实实去实现自己的目标。无论多么宏伟的摩天大楼都是一寸一寸地用砖块垒起来的，没有捷径可以走。

我的人生比较幸运的事情是遇到了不少导师和贵人。当我在读大学本科的时候，戴国强教授对我的影响很大。大学实习期间曾师从前中国证监会首席会计师张卫国先生。在清华五道口金融学院硕士深造期间的导师为前央行副行长吴晓灵女士，我应该算是她的关门弟子，令我印象深刻的是她对学术的要求非常高，我们当时同学之中没有几个人敢选她，而且我们小组做的还是一个特别前沿的学科——数字货币。2010 年年初，我的硕士论文就选择了数字金融和数字货币的主题，吴行长说这个题目有点太宽泛，学术论文还是要有所观点突破和研究聚焦，后来我就把数字金融和数字货币结合起来。记得那时候比特币刚刚出现，当时为了写好论文，我还买了比特币，现在回想起来当时的研究还是很前沿的。

吴晓灵行长是非常务实、有很开阔的心胸和眼界的一个人，但同时她很注重任何事情的落实，对我的影响很大。她给我的一个重要警示就是做任何事情永远不要脱离实业，就是说做金融的做多大都可以，但是不能空转，包括后来我自己创业做投资公司，我做的事情应该算是践行她的谆谆教诲。

2019年5月28日，娄刚参加摩根士丹利在华25周年庆祝酒会，与摩根士丹利全球CEO詹姆斯·戈尔曼（James Gorman）合影

在工作岗位上，20世纪90年代初在富兰克林邓普顿工作期间，我师从新兴市场投资之王马克·墨比尔斯（Mark Mobius）先生，在他的指导下形成了价值投资与逆周期投资的思维体系。在摩根士丹利工作了15年多，期间在不同的负责岗位上有幸先后追随亨利·麦克维（Henry McVey）先生、斯蒂芬·罗奇（Stephen Roach）先生等大师级金融和投资名家学习和工作。

投资大师麦克维（Henry McVey）先生，历任摩根士丹利北美策略师与首席投资官，富通资产首席投资官，KKR首席投资官，对我影响很大的。罗奇先生是我在摩根士丹利公司的另一位导师，时任摩根士丹利全球首席经济学家。当时亚太区一共有两个市场的宏观研究室，一个是谢国忠从事的经济学研究室，一个是我负责的战略研究室，基本上我们两个都有共同的一位导师罗奇（Roach）先生。后来我们差不多的时间离开公司，我出来创业，罗奇先生去耶鲁大学担任教授。

和每一个大师级导师学习的经历，胜过读很多书，读书的过程固然不断产生问题，但是跟大师们相处的时候，他们是自带答案的，不用再问就很清楚这个问题应该是如何去思考，而不仅仅是如何去解决。跟大师们相处最大的收获是能够了解他们的底层逻辑，这对我的人生是非常幸运的，耳濡目染他们的风格给我留下非常深刻的印象，也塑造了我的世界观和人格。

1998年亚洲金融危机爆发了。通过当时在学校任职的一位外籍老师的介绍，我比较幸运地加盟到邓普顿资产管理公司,这家公司当时是美国最大的上市管理基金公司。在 1 500 个候选应聘者中,我是少数几个有勇气去敲老板的门并跟他聊天的人,最终顺利达成了第一份梦想。

进入邓普顿资产管理公司之后的第一份工作是做甲方,对一个年轻人来说做甲方应该是很爽的一件事情,因为有很多乙方来提供专业的服务。当时大型的国际投行都是盯着这些大基金公司来服务的。当时我只有 24 岁就管将近 10 亿美元的资金,现在看起来虽不算多,但对当时中国的股市来说,就是一个天文数字。最初那几年,有 16 个投资银行的专员为我服务,因此我迅速掌握了许多知识,但凡对任何行业有不清楚的地方,就可以给他们打电话说,请他们把研究资料包括交易数据材料和技术分析资料寄给我。一方面可以快速学习领域内知识,另一方面确实也接触到了更高层级的人,包括像当时在上海借调的高西庆,后来他当了证监会副主席;还有现在赛领基金的董事长,原来交易所副所长刘啸东,我年龄最小,但不妨碍后来都慢慢地成为长期的朋友,我去了大摩以后和他还有合作。赛领基金成立以后第一个投资项目——人工智能主动安全芯片,就是我推荐的,收益非常高。

香港职业生涯

选择去中国香港就职,首先是因为它在资本市场的高活跃度,其次是因为它是一座包容性很强的国际大都市。我于 2001 年作为香港特区政府特批的第一批从内地引进的金融专才,持特殊工作许可证赴港,并一直任职于摩根士丹利亚洲总部。7 月 1 日董建华特首签发了引入内地人才的政策,我 8 月 1 日就去了香港,是摩根士丹利历史上从内地直接招募的第一个员工。我原本是想见识外面的世界,学几年很快就回来,结果没想到在中国香港一做就是 10 年,直到 2010 年才回内地。在中国香港的时候,我担任摩根士丹利大中华区首席策略师,主攻中国二级市场的投资与全球资产的中国配置,应该说我整个职业的提升和起步跟与这个阶段的成长关系很大,没有它们,我后来就不可能进入国际投行的大门。那 10 年的过程,一路做到整个行政编制里面最高级别的行政高管,然后再回到内地作为董事总经理领导中国区全球资本市场部和跨国并购业务。

回顾我们这一代人经历的大周期,可谓壮观。邓小平南方谈话中,首先提出的是改革,然后是发展市场经济。2002 年,在中国长达多年的推动以后,中国正式加入世界贸易组织,这也是朱镕基总理亲自抓的事情,是改变中国经济格局的大事。这个过程当中有两次金融危机(1997 年和 2008 年),那个时间对于整个中国包括对于上海,都是金融中心慢慢崛起与提升的关键时期。

21 世纪初的十年是一个追赶期,中国完成了从计划经济向市场经济的转变和巨大变迁,是中国的金融开放改革的成功和崛起。在国际舞台上,中国加入世界贸易组织,我们亲眼见证了这个过程。当时大家还在怀疑说中国能不能承诺改革开放。后来发生了一

娄刚在中国香港马会演讲

件重要的事情，一家著名国有企业广州国投投资有限公事居然在海外债务违约了，这说明了必须遵循市场经济的规律，坚持改革开放，不能因为是国有企业就一味兜底。经过了最早最艰难的时期后，我们中国的经济全面超过对手。在整个大摩的内部，中国香港作为亚太总部，在总部的地位是越来越高，中国人从一开始做经理，后来变成执行董事、董事总经理，最后甚至我们的亚太区 CEO 里面中国人也开始出现了，这其实和背后我们国家的强大、经济的发展，还有整个我们国家的国际地位的上升是不可分割的。

我刚去大摩的时候，中国的汽车行业规模非常小，当时全中国汽车的保有量也就几百万辆，可能比日本和韩国都小很多，中国也没有几个大规模的汽车厂。但是当时我很看好这个行业，我们还没有这个行业的分析师，我对公司说我要认领汽车行业，当时一共就只有两家汽车上市公司，很少人会认真地看待中国的汽车行业，那个时候我还挺佩服自己的眼光。后来我一路在这个过程中，看着中国的汽车行业从几百万辆的保有量发展到每年过千万台车的销售量，几乎 10 年不到的时间，我见证了整个过程，包括像东风汽车的上市、华晨汽车的改组、中国和宝马、奥迪以及奔驰合资建厂。

在这个过程中，我也得到美国老板史蒂夫·戈尔斯基（Steve Girsky）的支持，他当时是大摩全球工业组的首席，连续十几年北美排名第一，是全球汽车界传奇人物，后来成了美国通用汽车集团的副主席。他从一开始就很支持我，看好中国。当时他的级别比我高 4 级，他不但是跟着我一起写报告，而且还给我的研究结果背书。他把印度、韩国和日本的分析师全都带到中国，说让他们跟着娄刚来看中国的汽车行业，让他们见证历史。在那个时候他已经亲眼预见了整个过程的崛起,我们离开大摩后,我选择了金融创业,他去了通用汽车,后来整个通用汽车的重组全是由他主要完成。2014年,我在上海创立恒松资本,并招募了一批来自通用电气、卡特彼勒、摩根大通和德太投资等顶级国际机构的核心华人高管作为合伙人。我先后去投资新能源汽车产业和无人驾驶,服务于中国的产业转型升级与国家的战略发展。其实跟我那个时候的经历很有关系,我们真正懂投资的人或者对投资有一些新认识的人,永远不会用线性的思维去考虑一个问题,真正的成功都是非线性的。

娄刚在挪威的发动机维修厂考察

现在的中国资本市场真的是太大了,20多年前没有所谓公募基金这个概念,所以我所在的美国公募基金机构来管理中国的H股和B股,还有中国台湾地区的股票,经常是要费很大的劲去跟别人解释说什么叫基金,什么叫公募基金,证券市场和资本市场就是互动发展的一个全过程。我当时管理的基金是上海实业的第二大股东,也是中国石油、中国海油的前十大股东之一,随着金融市场的发展,经历了从弱到强的全过程。

2010年我从中国香港回到内地工作,空降成为国内的投资银行业务这块的主管人,负责并购和发行。这些我原先也不太懂,一边学一边做,那个时候做并购其实还蛮早期的,而且很有意思。我们主导了很多重大的交易,在市场上赫赫有名,比如几乎包揽了潍柴动力所有业务,从收购火炬、融资、并购和走向国际,二十年间潍柴动力和大摩互相支持,携手并进。

过去20多年是中国改革开放、金融资本市场发展的黄金时期,我非常有幸在这个过程中参与了很多很有意义的事情。我觉得其实最大的收获不仅是精彩的经历和合作案例,而是通过十几年与顶级的优秀金融界精英们在一起工作的过程,培养了我成为一个标准很高的人,无论是对同事和客户,还是对案例的专业程度。

中国人自己的国际级并购基金

2014年我创立了恒松资本,其实一直到今天我们国家的股权投资行业也并不成熟。我们算是国内最早的一批的私募并购股权基金。在美国叫 Private Equity,主要是用大股权做并购的,美国的整个股权投资行业60%~70%的资金是在这个领域的,只有30%~40%的资金是做小股权投资的,是完全两个不同的物种。而中国大部分的PE都是投小股权。其实在我们成立并购股权基金之前,中国几乎是没有所谓的并购基金,我们是最早成立并决定要做产融结合,参考美国的黑石模式。美国后来整个经济有黄金的几十年发展,与德太跟黑石开创的这种PE模式和产融结构模式是不可分开的。在这个过程中创造了大量的财富,PE也成为当时很多重大的经济事件,甚至方向性的一个推手。这几年中国也有越来越多的人效仿开始做,开始去尝试这个领域,除了需要设立很高的标准,很强的执行力,还需要一点运气,否则不太容易成功。

产融结合的思考

目前中国整个金融业和产业脱节的问题很严重的,而且这个问题不是出现在某一个环节上,而是整个金融生态如此。面对股权直接融资的,尤其对私募市场的股权这些融资环境不是很友好,这和上一轮金融危机,包括地方政府部门债务杠杆过高,然后再一轮去杠杆有关。去杠杆一定是按照流动性排序的,不是说最优秀的资产被最后去掉,而是说流动性最差的资产被第一个去掉。直接融资私募股权的流动性肯定是比较差的,所以率先经历了资本寒冬,金融主管单位对这一块的心理预期是不足的。后来事实证明了产业资本的长期匮乏。这和私募股权行业所经历的冲击相关。

娄刚考察美国赛捷航空

所以我觉得当时在金融政策的选择上是有点欠考虑的,也导致了所谓的寒冬5年,对做私募的,小一点的品牌不行或者没有实力的,可能都没活过寒冬。我觉得特别是中国这样一个大国的金融,不能随便地掂大勺,粗暴地翻来翻去,这样会把产业基础和市场规则都弄坏的。掌握火候、循序渐进、不折腾,才是正道。

回馈母校

我是上海财经大学的受益者,我特别感谢国家的高考政策,让一个东北70后学子能够在上海财经大学这样的高等学校学习。我在母校获得老师们的赏识,一步一步地走向社会,在上海发展,打造自己的金融人生。

娄刚(中)参访路易威登俱乐部。左一是路易威登家族第七代传人伯纳德·威登

所以我觉得回馈学校学院是必须要做的,对我来说这不是一个选项。学院有什么事情找我,只要力所能及我都会做。我在大摩的时候还搞过跟金融学院合作训练营,就是一个培训加实习项目,一个硕士研究生在读书的时候就在大摩培训实习,基本上等他毕业的时候,他已经在大摩工作了一年,这个项目当年特别火。当然学校对我们也很好,推荐了很多非常好的人才。金融是一门人文科学,虽然我们对数学、统计、计算机和经济学的要求都很高,但是说到底它是个应用科学,一定要知行合一,不能脱离市场,不能脱离现实。

最后我给学弟学妹们一个建议:读书很重要,但是了解这个世界更重要,不能死读书。学校代表一个品牌,学习成绩可以代表对老师的尊重,但是成绩在金融业代表不了任何东西。想要在金融工作上有所建树,是一个多维度的努力。知行合一、举一反三才能圆融汇通。

后记

如果说投行是金融业的皇冠,那么并购业务是这个皇冠上的明珠。它的每一次律动,都与整个经济的脉搏,甚至每一个人的生活都息息相关。娄刚先生在并购私募股权投资领域深耕,建树颇丰,但依然对股权投资充满热爱和激情。从年近而立到已逾不惑,二十年的人生,娄刚数不清自己见证并参与了多少里程碑的拔地而起。

社团、讲座、校园活动……回想起大学的时光,娄刚的心底总会激荡起一股昂扬的情绪,觉得大学校园充满了爱与活力。当谈及资本市场印象最深的事情时,娄刚的眼睛一下子就亮起来了。在今天的中国市场,产业技术融合已经袭涌而来。娄刚跟着时代跳动的脉搏,成功转移了包括顶级航空制造技术和医疗手术机器人技术等在内的一大批产业资源,并服务于中国的产业转型升级与国家战略发展。

(口述:娄　刚　　撰稿:杨　刚　易　雯)

15 新能源领域的顶尖投资人

——访武飞先生

武 飞

人物小传 》》》

武飞,上海道得投资管理合伙企业(有限合伙)创始人兼董事长,上海财经大学校董。1994年毕业于上海财经大学金融学专业,2004年成为第一批保荐代表人、注册会计师、律师;其后曾任国泰君安收购兼并部常务副总经理,国海证券首席并购顾问、总裁助理、上海分公司总经理以及平安信托并购投资总监等。2014年创立道得投资,带领道得投资超前专注深耕新能源产业,成为国内新能源领域的顶尖投资人。

〜 投资并购理想萌芽 〜

1990年至1994年我就读于上海财经大学金融学院金融学专业。进大学前,我对经济和金融没有多少概念,在上海财经大学期间的勤奋学习,为我打下了扎实的知识基础。读书期间除理论学习之外,还感受到了当时经济界发生的许多前沿新事物,比如1990年12月上海证券交易所成立,1992年后中国经济开始了新一轮的发展。所以我们应该是比较幸运的,不仅拥有了专业的认知,还赶上了中国经济发展的一个好时代。1994年大学毕业后,我留校做了三年老师,这期间一直关注着证券市场的发展,与证券行业接触比较深。

现在回想起来,我最初的投资并购理想还是起源于大学求学期间。记得在大学四年级的时候,我阅读了《门口的野蛮人》这本书,它详细地介绍了美国历史上最为出名的股权战争,KKR对雷诺兹—纳贝斯克的收购战,激发了我对投资并购的兴趣。随后我又阅读了众多并购案例的书籍,坚定了从事并购行业的理想。1998年我进入国泰君安证券工作，开始参与中国证券市场的并购业务，设计并购方案。印象最深刻的是当时做并购项目面对重重困难时，第一次真正体验到了那种绞尽脑汁的感觉——之前任何考试都没有过这种感觉——就好像脑袋是毛巾，你拼命拧，却什么都拧不出来，然后突然拧出一滴水来，好了，打通了，这事成了。极度思考后，豁然开朗、拨云见日的喜悦和成就感向你涌来。

当时国内并购项目还比较少，并购业务的收入也比投行其他部门的收入少很多。相比较而言，投行的IPO固定收益业务的收入很可观，IPO和发债每单的收入往往可以达到当时并购业务的百倍。即便如此，我依然坚守并购，为自己的理想继续努力。

2004年中国金融市场开始实行保荐制，我有幸成为中国第一批保荐代表人。中国并购市场的大发展是在2014年到2015年之间，我在近十五年的等待与准备中迎来了事业发展的春天。

潜心研究发现机遇

我曾主导国内并购领域一些经典案例。信托公司整顿期间，刚开始中国有260家信托公司，最后只剩下60家。2002年，中国人民银行颁发《信托公司管理暂行条例》以后，经过研究分析，我判断信托是一个被严重低估的行业，一个金融不可缺的板块，将会迎来一次重生。于是我开始重点做信托公司的整合，比如某信托公司的并购重组业务，整个项目收入达到2 000万元，开创了券商并购重组业务的先河。基于对信托行业发展的准确判断，后来国泰君安并购部成为国内头部的信托并购整合机构，完成多个新并购，在第五次信托整顿期间，逆势捕捉机遇，超前实现信托牌照价值投资。

2022年9月24日，武飞在兴业证券家族财富办公室"新机遇·拥抱股权大时代"一级股权生态圈发布会上做主题演讲

并购重组一直是市场发展的重要力量,一个国家的市场能够成长、企业能够成长,与其所在的行业有密切的关系,但同时并购重组是外部成长的重要推手。所以,世界各国都非常重视并购重组对资本市场的推动作用。此外,并购还能够起到盘活存量的作用,企业上下游整合,从横向整合到纵向整合,达到进一步优化的效果。

尊道贵德使命投资

2014年我创立了上海道得投资。自成立以来,始终秉承"尊道贵德、顺道自得"的投资理念,恪守正道,尊崇厚德,笃信顺势顺道而为,收获水到渠成。遵循投资三原则:第一,每个项目利国利民利社会。第二,项目创造社会增量分享,不碰存量。第三是每个项目多方共赢。在这些理念、原则的基础上,发掘未被充分发现价值的好项目。基于这些理念和原则做投资,加上我们的专业眼光,退出就不会是难题。比如我们2014年决定踏入芯片行业,是分析到中国当时每年进口石油3 000亿美元,进口芯片3 000亿美元,中国必然需要加快发展芯片业。因此我们提前布局芯片赛道,投了10亿元人民币。到2018年以后,这个赛道越来越热,受到了很多人的关注和投资,彼时我们早已经领先了同行。

作为私募股权基金管理人,我们设定的自我要求是每个项目不亏损,为客户创造价值。沉下心、耐住寂寞扎进行业,厚积薄发,对"灰犀牛"以及"黑天鹅"事件的发生要提前预判,做出各种应对预案。还要通过"投资+运作",将资金投入与项目运作联动,赋能被投企业项目,实现所有合作方的共赢。

投资需要超前的判断,思考总结,要独到不随众、领先不跟风。做好投资,尤其需要敏锐且前瞻的投资眼光、独到的创新创造能力和复杂局面的运作能力。而形成这些能力,需要"专注+勤奋+悟性"。

道得投资擅长提前布局,自2015年起超前判断,专注深耕于新能源产业投资。当时就已看中太阳能是地球环境最好的一个改善能源,符合"利、增、多"的投资三原则。其实,我们调研过许多行业,经过反复论证,最终落定在光伏投资。就论证过程而言,2015年光伏发电主要是依赖政府补贴,我们分析过去的趋势,发电成本是快速下降的,所以我们判断行业成本只要能够继续保持稳步下降,发展趋势会远远超出大家当时的认知。当时我们保守推算出平价上网的时间是2025年,也判断平价上网的时间可能会提前。对我们而言,一项投资既能赚钱,又对社会有益,即使赚钱所需的时间可能需要十年,不是眼下所谓的热点,我们是愿意投资的,这是投资未来。

在这个基础上,2015年我们成立了国内首只20亿元的新能源产业基金,逆势布局,开启了行业先河。道得投资首批发行的十只基金40亿元也实现了五年内全退全盈的好成绩。2020年至2022年6月,两年疫情中,新增管理规模逾百亿元,全部投资于新能源领域,在帮助投资人获得收益的同时,赋能被投企业成长上市、助力地方政府和国有企业新能源转型升级。我们2015年起坚守新能源赛道,就是在勤勤恳恳、兢兢业业地为助力

2019年9月,武飞参加央企新华发电签约仪式

解决国家重大战略问题出力。习近平同志在2019年提出"2030年碳达峰,2060年碳中和"的承诺,加速了光伏等新能源发展,使新能源成为一个新的热门投资赛道,也让我们熬到了起飞的时点。

我们与国企、地方政府合作,助力地方新动能升级发展。由于在新能源新材料等战略性新兴产业的深厚积累和在资本市场的创新整合能力,通过引入新动能产能和投资带动当地企业发展等形式,助力地方经济转型,推动新旧动能转换。积极与地方政府、央国企合作,发力新能源领域投资、助力战略转型,也已有诸多成功合作的先例,如山西省属华阳新材料集团(原阳煤集团)产业转型、泰州地方国资新能源产投等。

因为我们有笃信践行的原则,所以能坚持到新能源爆发的今天。在这种转换中,一种是内心的坚持,一种是外在的约束。我们把眼前的每个项目认真做好,做正确的事,走政策支持的路,对社会作出贡献,最后的收获是自然而然的奖励,投资最后一定是顺应了这个时代,顺势顺道。很多时候我不去细算这个项目能赚多少钱,什么时间能赚钱,但是我知道这个项目不会亏钱,并且这个项目是利国利民的,我就会做。我们做的是社会责任投资,只有从心底认可,才能有这个信心和魄力去做出投资决策,为投资人实现回报,也为社会创造财富增量。

怀感恩心做公益事

道得投资致力于成为具有社会责任感、受人尊敬的基金管理人,将"感恩"纳入企业价值观，积极践行社会责任，怀抱感恩之心投身公益事业，在公司创业早期即开始了慈善公益之行。

在2017年上海财经大学100周年校庆之际，道得投资出资1 000万元设立"上财明德教育基金"，以表达对母校的感恩。这个名称源于中国传统文化"大学之道，在明明德，在亲民，在止于至善"，它与我创立"道得投资"的宗旨"尊道贵德"的立意是一致的。2021年10月，上财明德教育基金追加到总额3 000万元，其中增设优秀教职工激励奖项部分。

除上财明德教育基金外，还有100万元的"忻州—中校友明德基金"、200万元的山东大学"经纬班"领导力培养计划等。

就上财明德教育基金设立的5年多来，项目围绕青年领导力的培养，已有800余名同学参与了不同阶段的专项训练营：明德青年领导力专项训练营、海外学术领导力项目专项研修营以及领导力的训练实训营。项目旨在为上海财经大学的学子打开视野，提供更多的机会，注重学生在实践方面的成长，促进学生领导力的提升。上海财经大学有一流的生源和师资，学生毕业后也应当为社会做出更大的贡献。我们的传统教育方式在专业上，偏重知识，技能很强，但是在家国情怀等方面还值得加强。青年领导力这个项目就是要选拔有理想、有情怀和愿意付出的优秀学生骨干，在他们大学期间就培养这种意识和能力，中西合璧，古今衔接，发挥带头作用。当他走上社会的时候，在各自岗位上承担责任的时候，能更多地带动整体积极向上的文化和风气。

上财明德教育基金也奖励优秀的上海财经大学的教师和员工，我们认为只有好的老师才能培养好的学生，所以基金也将为师资队伍建设方面提供激励，勉励教职工潜心育人、踏实从教，为上海财经大学、为国家培育英才。

今天距离我进入第一天进入上海财经大学学习，已有三十余年，作为上海财经大学的老校友，我在这里有几段建议分享给后辈的"上财人"。

首先，持续勤奋、保持好奇。人生路很漫长，从学生时代到工作之后都需要持续勤奋、保持好奇，不同年龄段有不同的学习内容，要不断提升自我。

第二，选择善良、坚守诚信。我们的"财经"属性使得我们会成为和金钱打交道最频繁的一批人，将来我们手中可以动用的资金可能很巨大，甚至可能对社会各方面产生影响，但无论在多困难的情况下，都要牢记：选择善良、坚守底线。

第三，先付出、少计较。人生越算小账，越没有大发展。多付出、先付出，会在将来看到结果；少计较、少烦恼，把精力和专注力放到值得的事情上。

第四，有使命、有情怀。拥有使命和情怀，不但是成就事业的必须，并且会在潜移默化中提升人生高度。希望每个"上财人"都能找到自己的使命和情怀，为社会做出更大的贡献。

当今时代正处于"百年未有的大变局"，希望上财人能够不断拓展国际视野，走向更大的舞台，拥有宽广的未来，志存高远，怀着情怀和使命感，成为对社会有价值的人，展现经济匡时担当。

后记

中国的金融市场在过去的40年发生了翻天覆地的变化,作为第一批保荐代表人之一,武飞先生在投资并购行业已经坚持了20余年。无框眼镜后面是一双睿智而专注的眼睛,面容沉静,这是武飞先生给人的第一印象。得益于丰富的资本市场的并购及投资经验,武飞拥有"老中医"般的独到投资本领。武飞将心中的大格局、家国情怀和对母校的情义充分融入行动,无论是在百忙中坚持参加校庆献礼活动的排练,还是经济资助学院的学科建设、科学研究及人才培养,他都身体力行,落到了实处。

(口述:武　飞　　撰稿:杨　刚　易　雯)

16 挚诚商远，成人达己
——访高洪庆先生

高洪庆

人物小传 »»»

高洪庆，男，上海财经大学1991级保险学专业。于2020年创立百联挚高资本，拥有逾20年创业和风险投资经验，曾担任达晨创投董事总经理以及联创资本管理合伙人兼首席执行官，被誉为最懂创业者的投资人，在2016年全球创业周被评为"最受创客青睐投资人"，2018年被新华网评选为"2018中国双创年度创投人物"。投资代表案例包括：杭州缇苏、娱加娱乐、洛可可、网鱼网咖、艾佳生活、新榜、爱回收、香满路和巴比特等。高洪庆拥有上海财经大学金融学学士学位与美国威斯康星康考迪亚大学工商管理硕士学位，目前是上海财经大学金融学院和商学院兼职导师。

在清晨出发

2021年盛夏，步入中年的高洪庆先生保持着挺拔的身姿，站在簇新的办公楼前，笑盈盈地迎接着我们的到来。时光飞逝，回忆起30年前的上海财经大学求学往事，高洪庆依然神采飞扬，充满着自豪感："我是1991年考入上海财经大学金融系保险专业的。那一年上海财经大学在江苏省的录取分数线非常高，据说跟北京大学的分数线差不多。当时还没有金融学院，只有金融系，并且只有货币银行学和保险学两个专业。"在校期间，高洪庆展现了出色的社会活动能力，无论是学生会、校报还是系刊《银鹰》杂志，处处都留下了他活跃的身影。"我在学生会的时候，其实最自豪的是担任上海财经大学校园杂志《银鹰》的主编。我记得当时的创刊词是在黑格尔的名句'雅典娜的猫头鹰只有在黄昏的时候才起飞'后面增加了一句'而我们在清晨就已经出发'。后来《银鹰》月刊非常受同学们的欢迎,成为我在上海财经大学校园度过的最有价值的瞬间之一。"

这段校报记者的简短经历,机缘巧合之中使高洪庆获得了去《文汇报》《青年报》报社实习的难得机会。"做记者必须有强烈的新闻嗅觉,通过细心观察和不断学习,建立敏锐和前沿的个人视角。上海财经大学不仅培养了我很多好奇心,而且提供了更宽广的视野平台,锻炼了我快速学习的能力。"高洪庆感慨道。大学期间保持的好奇心和不断学习经济常识的特质,给高洪庆打下了坚实的基础,引导着他渐渐踏上创业与投资人之路。

2018年11月18日,在上海财经大学校友会第二届会员代表大会暨校友会二届一次理事会上,高洪庆(右)与上海财经大学副校长方华(左)合影

做中国人自己的高端快消产品

大学毕业后,高洪庆没有选择传统金融机构,而是加入了消费巨头上海家化集团。上海家化1999年完成股份制改革以后,于2001年在上海证券交易所上市。在20世纪90年代,上海家化陆续推出六神、高夫、佰草集等品牌,这些品牌家喻户晓、蜚声海外。在上海家化短短六年时间的摸爬滚打之中,高洪庆快速实现了品牌、营销、渠道和电子商务等方面的积累,成为独当一面的全能型管理人才。"六年多的时间,我全面掌握了国内业务的运营方法,觉得已经到达自己的职业天花板。然而当时的中国正在经历着高速发展,机遇和挑战并存,所以我应该换个赛道去创业一番。"彼时的高洪庆风华正茂、意气风发,对未来的事业前途充满着美好的憧憬,信心十足。

创业初期,高洪庆依然选择深耕潜力无限的化妆品消费市场。那时除了本土品牌以外,各个国际品牌巨头如欧莱雅、宝洁、雅诗兰黛和资生堂等纷纷进入或者扩大对中国市场的投资。一时间群雄逐鹿,品牌兼并纷起,竞争日益加剧。

高洪庆独具慧眼,决定推出面膜产品。"现在面膜产品有几千亿元的市场,但是当年国内第一张女生用的面膜应该是我创立的。那时候中国消费者只认识SKⅡ等品牌,这些品牌请明星做广告,走的是高端路线,价格很贵。"高洪庆自豪地回忆起当年创业的细节,往事历历在目,"其实这里面材料成本是很低的,利润很高,所以当时就自己做素儿美白嫩肤面膜,当时一盒面膜卖149元,每盒有16张。因为目标市场定位准确,性价比高,品牌发展迅速,我们很快就创造了许多销售的神话,公司发展势头很好。"

高洪庆说:"当时我是创业公司的第二大股东,作为团队带头人,有幸创造了很多历史上新的消费品类和细分品牌化妆品。我愿意接受新鲜事物的挑战,比较喜欢折腾。当时我的一些老同学就职于保险监管部门,聚会聊天的时候,老同学就建议我可以把管理经验应用到保险行业。"

2021年10月,高洪庆参加《创业中国人》节目录制

车险切入,整合汽车服务市场

改革开放以来,中国汽车行业有了跨越式大踏步地发展。2001年底,中国正式加入世界贸易组织,以此为契机,中国汽车产业迎来了一个新的高速发展时期。随着人民生

活水平的提高和汽车产业的大发展，使得汽车从"奢侈品"逐渐成为"日用品"，汽车保险走进了千家万户，从一种"小众产品"发展成与老百姓们紧密相关的"大众产品"。"车险业务在 2005 年底开始发力。那时候不像现在互联网保险这么方便，主要依靠线下的销售渠道，有时候采用电话营销。老百姓买汽车保险不知道去哪里买的时候，要通过熟人或者朋友才能买到保单，"高洪庆回顾了当初对车险项目的判断，"那时候我觉得保险业务的流程是非常初级的。首先，购买一个标准化的车险产品都需要通过层层渠道实现。其次，保险的条款描述复杂不易读懂。再加上那个时候保险代理人不多，渠道和价格高度透明。"

针对市场的痛点，高洪庆想到借助信息技术的方式，帮助需求用户迅速挑选合适的标准化产品，以及帮助保险公司不断优化车险产品。"我搭建了电话营销车险的中介平台——从众汽车服务联盟平台，上海地区第一年达到 5 万客户，每张保单平均价格 3 000 元左右，第一年就完成 1.5 亿元的销售额。销售模式完全是采用电话营销，或者电话＋互联网的方式。"从众汽车服务联盟成立于 2006 年，在上海车险市场快速崛起，拥有服务车主的资深经验，用户规模一直处于沪上领先地位，战绩优异。在 2008 年最辉煌时，从众汽车服务联盟和另外两家车险中介公司一度占据上海车险市场 6%～8% 的份额。

"回过头去看，我觉得最重要的是用户思维。现在所谓的互联网思维，归根到底还是需要了解用户的痛点。我觉得当时制定下来的策略，一直影响当下的保险销售模式。客户打电话买了保险才仅仅是开始。从汽车市场生态整合来看，后续还可以提供许多延展服务。举个例子：客户的汽车抛锚了，轮胎爆掉了，怎么办？我们可以及时响应客户的这些需求。我们当时觉得这是探索性的副业开发，放到今天来看，却演变成每家保险公司必需的标准化服务。"

坚守"用户思维"的初心，高洪庆着手整合车险及救援维修后的汽车市场服务，包括汽车金融、汽车 IT、汽车美容、救援、保险理赔和二手车交易在内的行业全产业链等。"那时我很自然注意到了同在上海的在线旅行创业公司携程网。携程网成立于 1999 年，四年后即在美国纳斯达克上市。携程做的就是平台，利用互联网手段整合商旅产业链的上下游资源。当时我们想做汽车后市场的'携程'。"高洪庆踌躇满志地表示。

随着车险费改革政策的推行，传统车辆保险市场的营销模式逐步在互联网＋时代被淘汰。整个行业高度内卷，产品同质化严重，渐渐进入无利润状态。国家宏观政策支持风险投资机构在保险行业的投资发展。为了实现心中的梦想，高洪庆几乎拜见了所有的主流风险投资机构，为下一步的宏大发展寻找融资机会。"从创业到资本市场，在上海财经大学学习到的金融知识对我都非常重要。"屋漏偏逢连阴雨，2008 年的亚洲金融危机对金融业来说是一场重创，许多投资项目的谈判无限期延期，甚至取消。"连续创业的经历，使我经历了人生的高峰和低谷，体验不同角色下的心路历程。我写下了很多思考性的文章，尤其是创业者和资本界的沟通关系，不断总结经验。"

2021年4月，高洪庆（左一）主持无想山财经峰会

风险投资：成为"狙击手"

高洪庆事业发展的第三次启航——从容转身成为一名活跃的投资人。

"从2001年开始，我已经连续创业十几个年头。2014年年初，我加入了达晨创投，踏足投资领域。"达晨创投成立于2000年，总部位于深圳，是我国第一批按市场化运作设立的本土创投机构。作为一名创业老将，高洪庆深谙创业之道，用很短的时间做到了上海办公室的负责人，全面负责整个消费行业的投资。"在达晨的4年时间对我来说是一个非常重要的时段，它给了我对投资行业的最系统的认识和敬畏心，对风控的理解，投资纪律的坚守，投资的底层逻辑的建立，我觉得都是达晨给我的。"高洪庆回忆起与投资行业结缘的最初印象。

随着互联网巨头的不懈发展，大消费行业不断刷新纪录。在这个抗周期的行业中，不仅涌现夺人眼球的新消费品牌，许多老字号也焕发新彩，历久弥新。电商平台、网红效应、直播经济及元宇宙等新概念更是层出不穷。无论是达晨创投董事总经理，还是作为联创资本管理合伙人及CEO，高洪庆的目光始终聚焦在大消费行业的发展上，敏锐地寻找着商业投资机会。

"整个中国从2021年的时候，IPO的上市公司里面的VC和PE的渗透率为70%～80%左右，在一级市场中，上市公司获得资本的加持可以高速发展，很多独角兽企业都有VC和PE参与。"对于私募行业近年来的快速发展，高洪庆感到无比欣慰，赶上了投资的好时机。无论是在国内还是在海外上市的公司，在金融资本渗透率上，早期都是通过银行进行的。但是今天环境完全不一样了,中国有 12 000 家 VC/PE 机构,创投行业影响力越来越大。在一个企业很小、刚刚有萌芽阶段的时候,就有 VC/PE 开始投资它,而且一路配合,努力为企业创造价值。"国家对价值创造者和创新创业的这种支持,创投行业今天在金融行业里面终于有一席之地了。"

2020 年初秋,高洪庆带着对消费行业的重新思考,创立百联挚高资本,迅速完成首期基金超募后,致力于打造一支聚焦新消费、新零售的产业基金。百联挚高资本寻求"挚诚高远、成人达己"。作为长期关注消费行业赛道的投资老将,高洪庆坦言,投资的本质是认知的变现和人脉的折现。作为一个一级市场资深投资人,必须保持对新鲜事物的好奇心,通过快速学习,独立思考,坚持常识性的思维,才能透过现象看清本质。而这些学习能力,正是他在上海财经大学学习过程中潜移默化逐步养成的。

2021 年 10 月,高洪庆在华东师范大学演讲

尊重常识,尊重本质

穿越多个周期,历经荣辱成败,高洪庆 20 多年的企业管理和创业经历让他更能理智地对待投资。"太阳底下没有新鲜事儿,创业者和投资人都应该不随风起舞,不汹涌澎湃,不人云亦云,任何时候都要有独立思考精神,尊重常识,冷静沉稳,温和理性,逆向而行。"高洪庆娓娓道来投资心得,"以消费行业为例,消费行业的投资从无人问津变得炙手可热,背后的逻辑是什么? 第一个原因是中国有全世界最完整的产业供应链,有最完整的产业基础设施,创业门槛相对于以前低好多。比如个性化定制化妆品,从下单到出厂大概只需要两周。消费领域门槛较低,所以创业的确要吃很多苦,需要非常努力,十年树

木,百年树人,要做更长久的企业,需要做得相对'重'一点,一是供应链,二是销售渠道,这两点才是其他竞争者无法复制的企业护城河。"

在采访过程中,高洪庆反复强调"尊重常识,尊重本质","一个好的投资人是能将理性和感性两者的平衡控制得很好的人"。投资机构和投资人的目的是赚钱,PE可以构建数据模型,分析各种繁杂的数据,但其实也需要商业直觉和商业判断;而VC虽然需要更多地去判断创业公司和创始人的各种行为,但也要很强的理性分析。高洪庆笑谈道:"很多不尊重常识的创业者和投资人会一地鸡毛,原来炙手可热的'小甜甜'变成了怨声载道的'牛夫人'。"

2021年7月,百联挚高乔迁愚园路办公楼

几年来,高洪庆管理的百联挚高新消费产业基金陆续投出了帅克宠物、Notty、多普文化和TAGX等新消费品牌,高洪庆谦逊地表示:"作为一只新基金和CVC产业资本,服务赋能是我们投资的起点和优势。我们的投资相对比较谨慎,所以对项目的投资还是优中选优,而不是广撒网。我们锁定了大消费赛道,通过哑铃型投资策略,即投资两端的方式抓优质项目。一端是围绕成熟的Pre-IPO(首次公开募股前)、Pre-Pre-IPO项目。如嘉驰国际和宠物食品供应链头部企业帅克宠物已经拥有稳定的发展和趋好的前景。另一端投资孵化型的创新项目。挖掘早期公司,通过产业基金孵化功能,关注大公司的第二第三曲线,发现一些优质项目,例如'TAGX'和'Notty'项目。"

在访谈的最后,高洪庆无比自信地展望未来的发展。他说:"我们是CVC(产业投资)资本,也是一家市场化基金。我们不仅追求财务收益,同时兼顾产业协同,高度重视赋能效应。CVC有着诸多优势,资金募集会更加从容,可以直投孵化项目,围绕百联集团产业策略中的创新模式和新兴业态,孵化具有较强科技创新力和超前商业模式的创业项目,可达到投资整合体内外优质资产的目的,从而协助集团产业升级,实现第二曲线增长。"

后记

  百联挚高资本的办公地位于上海愚园路上的一幢幽静的小楼里,这里是近代最有影响力的人物之一余日章的故居。小洋房古朴又不失优雅,路边的梧桐树泛出的颜色,在阳光的照耀下金光灿灿。在高科技、新消费服务、TMT和产业互联网等领域有着独到见解和创投经历的高洪庆回忆起自己在上海财经大学求学的岁月,充满了感恩之情。回忆自己在上海财经大学金融学院学习的经历,高洪庆表示,师长的教诲、同窗的惜别犹如昨日,数年的韶光已成怀念。他也非常喜欢现在的工作状态,回顾那些激情和动荡兼而有之的过去,此刻他的心态已变得云淡风轻。近期我们欣喜获知百联挚高资本获评《母基金周刊》2022"投资机构软实力服务赋能 TOP 20"。祝愿高洪庆在不断追求更高目标的同时,引领新消费行业,做时间的朋友,为国家续写金融与实业创新的精彩篇章。

(讲述:高洪庆   撰稿:易 雯   杨 刚)

17 风物长宜越周期
——访陈锦泉先生

陈锦泉

人物小传 》》》

陈锦泉，上海财经大学1995级金融学本科生。中共党员，工商管理硕士。现任兴证全球基金管理有限公司副总经理兼专户投资部总监、固定收益部总监、投资经理。证券从业经历23年，国内最早一批证券金融专业科班出身的投资人，拥有证券、保险、基金多种资金的管理经验。2010年8月加入兴证全球基金后，先后从事公募基金、专户和固收的资产管理工作，目前担任兴证全球基金公司副总经理，分管专户和固收业务，他所管理的明星基金，数次荣获"金牛奖"，为投资者创造了良好的投资回报，也受到业内机构及第三方评价机构的高度赞誉。

我是1995年考入上海财经大学的，当时选的专业是证券期货专门化。高考选学校和专业的时候，我是这么想的，上海曾经是远东最大的金融中心，要学证券学金融就应该到上海，到上海财经大学去。当时金融学院龚浩成老师为了给中国证券行业培养专业人才，特地在学院设立了证券期货专业。

毕业后，我顺理成章地在一家证券公司从事证券分析的工作，我工作的一个侧重点就是研究当时公募基金的组合、策略，还有公募基金行业的发展。正因为这些研究，使我在2001年加入了中国平安集团的投资管理中心。平安集团当时投资权益资产主要是通过FOF（基金投资）来实现的。在此期间，我有大量的机会去各个基金公司交流拜访，对基金行业的一些经理，包括离开公募基金转到私募基金的以及仍在现岗位上的人，我都有过很多的接触。

公募基金行业的变迁

2010年,我加入了兴证全球基金管理有限公司,开始从事共同基金的管理,一直到现在。短短20年,整个公募基金行业的变化还是蛮大的。这个行业从最初的改制基金转制成封闭式基金,然后又向开放式基金发展。这个过程刚开始是很粗放的。20年前,中国证券市场非常需要专业的机构来带动整个资产管理行业的发展。所以公募基金的使命感就很高,代表着整个资产管理行业发展的寄托。前一个10年,它是在摸索中发展,包括制度的完善和机构的成长,当中也经历过基金黑幕,经历了很多投资理念的沉淀。到了现在,共同基金的行业发展已经非常成熟了,包括法律、监管、信息披露这些方面,也包括人才的积累。现在来看,我认为共同基金在资产管理行业里面是最规范的,真正实现了最初发展的初衷。

基金黑幕出现的时候,股东对于基金公司的投资有很大的干预,有基金经理利用资金优势对股价进行操纵。现在的基金公司在治理结构上都保持极高的独立性,专业管理能力不断精进,很多公司或者一些优秀的基金管理人都做出了显著的品牌和风格。中国共同基金二十几年的发展,如果看股票基金指数,它的年化收益率水平大概在15%水平左右,真正实现了专业资产管理机构帮助大众投资理财的重要使命。

回过头来看,其实在还挺短的时间里,公募基金行业便有了20万亿元的规模,成为中国百姓和机构财富管理的最重要工具。

2021年9月,陈锦泉(中)接受上海财经大学金融学院校友会师生采访

基金公司是靠投研驱动的

我们公司的产品发行和规模扩张是以投研为驱动,而不是以产品销售为导向。我们的管理能力到哪里,规模才会延伸过去。规模是果,管理能力是因。我们重视长久的规

模,能够留得住的规模,可能某些时候发展速度会慢一些,但会走得比较坚实。

基金公司的业务模式很简单,就是要打造核心投研能力,投研人员的培养和成长永远是最重要的。我们在研究上下了很多功夫,近几年研究队伍做了很大的扩展。我们希望用最强的力量,打造投研后备力量,打造一个强大的平台,提供强大的挖掘基础资产的能力。

我们的人才培养周期很长,基金经理平均投研从业年限在十年以上,研究员要先做好研究才可以做基金经理助理,然后做双基金经理,先在一只大基金中切一小块给他做。经过一段时间的检验,确定他确实做好了,才能让他成为一只独立产品的基金经理。我们每个基金经理都是精挑细选,培养出来很不容易的,都比较成熟。公司对投研人员的培养非常重视,对人员梯队的培养一直很严格,注重新老衔接和交替,也准备了较为充裕的人才储备。

公司支持基金经理全力做好投资管理,采取基金经理负责制。公司总经理和分管投资的高管都是投资出身,很理解投资。我们深知,如果"一言堂"控制投资,很容易做出错误的交集。公司的投资文化十分包容,我们鼓励每个基金经理独立决策,保持自己的风格,努力成长为这类风格中最优秀的选手,并且不断扩大自己的管理半径,所以兴证全球基金的投资风格非常多元化。

当然,宽松的投研文化并不意味着我们的考核也轻松,公司对投研人员的工作产出也有近乎严苛的评价标准,对绩效未达标的人员不断强化跟踪、定向辅导,也有淘汰机制。在销售端也尊重基金经理的投资能力边界。我们的销售部门要去持营一只基金产品,都需要先与基金经理进行深入的沟通,在基金经理的管理规模半径内进行营销。所以公司旗下的基金常常会限制大额申购。

整体上来说,公司投研人才选聘采用"双轨制",投研文化是很多元包容的,团队氛围非常好,我们70%左右的投研人员是自己培养,30%左右的科研人员是在市场上找的优秀的人才。我们基本上是按行业前5%的标准来找人。外面引进的员工进入公司后与大家融合得非常好,也很认可公司的投研氛围。

养老目标基金的发展对金融业态的影响

养老金业务是兴证全球基金的战略重点。一方面,公司一直希望以专业的能力为中国的养老投资贡献力量。另一方面,我们也看到了养老目标基金的发展会对金融业态产生重大的、深远的影响,现阶段各家金融机构在养老投资方面的布局,会在未来几年乃至几十年,大幅度地改变金融资管行业的客户结构和竞争格局。

我们2016年就搭建了一只经验丰富的养老金和FOF投研团队,我们公募FOF产品的业绩很好,截至2021年6月末,两只成立满1年的FOF产品的收益率均位居同期同类前列。我们每选一个业务增长点都非常审慎,最关键的条件就是要有一个优秀的带头

2020年,陈锦泉在复旦大学管理学院开设价值投资实践课程

人,否则,无论这个业务多重要,都不会成为我们重要的产品线。比如FOF投资与金融工程部的部门总经理林国怀以前在泰康资管负责委外业务,有12年基金研究评价经验和10年类FOF投资管理经验,相当资深。养老金管理团队成员拥有保险投资、海外投资、量化和FOF研究等多元化的背景,从业经历丰富。公司的FOF投资与金融工程部和研究部已经成为公司投研体系的两大基柱。

具体到养老FOF产品线上,我们的FOF产品不是目标日期基金,因为中国投资者的风险偏好跟年龄关系并不大,客户也不容易搞清楚目标日期是怎么回事。我们采取了最简单的方式,直接发行低风险、中风险和高风险的产品,银行客户经理比较容易懂,跟客户也比较容易讲清楚。目前我们已经发行了4只养老目标FOF产品,截至2021年9月17日,这4只基金总规模占到整个养老目标基金市场的16%。

多层次资本市场推动合作共赢

这些年来,监管部门不断出台一些资管改革的举措,建立高效且有活力的资本市场,最近的重大举措就是通过资管新规推动银行理财子公司的发展。银行理财子公司的成立会进一步推动良性健康的市场化竞争,加速境内资本市场的成熟化,倒逼行业生态和竞争格局的重塑。随着更多不同优势的金融机构进入这个市场,大家互相取长补短,也会使资管行业具有更强的整体竞争力,进而获得更为长远健康的发展,催生出真正优质的资产管理机构,这对于市场和投资者来说都是好事。

目前资管行业面临的仍然是一个增量市场而非存量市场,还远没有达到存量博弈竞争的阶段,并不需要刻意去区分资管机构的类型。现在最重要的还是各类资管机构要不断提高核心管理能力,打造优质理财产品,真正为资金持有人赚到钱,这是资管行业的责任和使命，也是投资者最关心的方面。

另外一方面，理财子公司对于行业生态而言也都是一种合作共赢的关系。随着银行理财产品打破刚兑并实现净值化管理，投资者重新理解收益和风险的关系，对于公募基金来说，也打开了更大的市场空间。中国的资产管理行业方兴未艾，虽然公募行业有20余年的发展历史，但也只是一个起步，未来前景仍然非常广阔。从这个角度来看，公募基金未来真正的挑战不是来自其他金融机构的竞争，而在于如何为数量巨大的投资者提供更优质的资产管理服务。因此，无论行业风潮如何变化，公募基金公司还是应该聚焦于为客户管理好资产，坚持以客户价值为导向，打造投资管理能力的核心竞争力与护城河。任何时候，优质的资产管理能力都是稀缺的。

公募基金行业的发展机遇

2021年6月1日，《关于加快推进上海全球资产管理中心建设的若干意见》（以下简称《意见》）正式实施，从该《意见》的若干重点任务来看，上海的资产管理机构将获得更市场化、更高效、更完善的经营环境，公募基金公司作为资产管理机构的重要组成部分，将极大地受益于这些改革创新措施。具体我想有如下几点影响。

第一，基础建设方面。《意见》中指出，要提升专业机构服务能力，包括重点发展基金登记、估值核算等服务机构，引进会计审计、法律服务、信用评级和资产评估等中介机构，研究设立专业托管机构，推动金融科技企业为资产管理机构提供各领域的专业服务。通过推动专业机构提升专业能力，进而更好地服务于资产管理机构。《意见》还指出，要开展资产管理行业法治信用建设，加强资产管理领域的知识产权保护，构建调解、仲裁、诉讼有机衔接的多元纠纷解决机制等。这些都为资产管理机构合法合规地开展业务创造了完备的法律环境。

第二，业务创新方面。《意见》指出，要丰富固定收益产品的种类，加大权益类产品的发行力度；打造全国基础设施REITs产品发行交易首选地；丰富商品类基金产品；加强管理人中管理人（MOM）、基金中基金（FOF）等产品的研发；支持基金公司申请投顾资格；推动资产管理机构参与基本养老保险基金、企业年金、职业年金的管理；鼓励基金公司加大绿色领域投资的力度，鼓励开展ESG信息披露，加强ESG产品的研发；推动资产管理机构研究气候投融资产品；支持资产管理机构加大对本市新型基础设施建设等的投资力度等。这些鼓励政策为公募基金公司的业务创新提供了更大空间。

第三，营商政策支持方面。《意见》指出，要加强对资产管理行业在机构开办、人才引进、租购办公用房、税收优惠等方面的支持，同时，优化资产管理机构登记注册、变更等流程，将进一步提升基金公司的开办运营便利。

第四，对外开放方面。《意见》指出，要支持符合条件的资产管理机构申请合格QDII业务资质；深化QFLP和QDLP试点；支持资产管理机构开展离岸证券投资、离岸基金管理等业务创新等。这些都有利于基金公司拓展国际化的业务。

第五，人才培育方面。《意见》指出，要大力引进一流资产管理人才。包括积极争取上海在国际资产管理人才从业准入、跨境履职等方面率先试点；面向境外知名资产管理机构招募高端人才；对紧缺人才在落户、人才公寓等方面提供便利。从而积极培育各类资产管理人才，为基金公司储备并输送优质人才。

2021年，陈锦泉在四川德格考察藏医班公益

践行社会责任与 ESG 投资

兴证全球基金最早开始责任投资和绿色投资领域的研究是在 2007 年，当时国内的责任投资几乎还是一片空白。2008 年起，我们陆续发行了国内首只责任投资基金，首只绿色投资基金及兴全社会责任专户等责任投资产品，并加入联合国负责任投资原则组织（UNPRI），通过资本市场引导资金流入社会责任感强的企业。

对于我们来说，绿色投资就像是一个成长中的孩子，最初的十年，绿色行业的投资标的还很稀缺，产业的发展还有很多不确定性，我们也很感谢率先关注并认可绿色投资的持有人们。截至 2021 年 6 月末，兴证全球基金旗下的责任及绿色投资基金规模近 190 亿元，有超过 116 万的持有人与我们一起进行 ESG 绿色投资。截至 2021 年 6 月末，兴全社会责任基金成立以来年化回报达到 16%，兴全绿色投资基金年化回报达到 17%。我们会在这个领域持续地投入和深耕，争取为持有人创造更好的投资回报。

随着投资者对社会责任投资与 ESG 理念的认同，越来越多的资产管理机构明确要求投资组合体现 ESG 要求，包括在固定收益领域，也有望成为气候投融资的最佳实践，给投资者带来了良好的财务回报。

ESG 投资的优势主要有两点。一是可以增加投资回报。目前研究显示，ESG 可以为投资者的投资回报带来正面影响，普遍 ESG 分数高的公司资产收益率大于分数较低的公司。尤其是在相关政策制度、公司治理水平有待完善的新兴市场国家，ESG 对财务绩效的影响更为显著。二是规避投资风险。高 ESG 评分的公司通常风险控制能力更强，合规制度更加完善，发生违法违规、法律诉讼等负面事件的概率更低，投资者遭股价暴跌的风险也就更低。采用 ESG 负面排除后，能够帮助投资者更精准、高效地筛除潜高风险的公司。

2022 年 11 月，陈锦泉（右二）参加上海财经大学"新财经战略与中国式现代化"高峰论坛。右四为上海财经大学党委书记许涛，右六为上海财经大学校长刘元春

我国债券市场的开放步伐不断加快，国际吸引力持续增强，随着境外资金成为我国债券市场的重要配置力量，债券市场的 ESG 投资也逐渐开始引起各市场参与主体的高度关注。具体 ESG 投资在固定收益领域的应用，在债券投资领域，可以考虑将 ESG 及绿色打分应用到现有债券库，并定期构建及调整负面清单，逐步通过量化方法挖掘绿色因子的有效性以及构造新因子，构建 ESG 正面筛选及主题投资等策略。但是 ESG 投资仍然面临一些挑战，ESG 投资策略很强地依赖于 ESG 打分结果，但目前市场上的 ESG 打分数据库相对有限，提供该服务的第三方服务机构也不是很多，未来需要进一步完善基础数据层面的架构。

金融业务的开展就是在收益和风险之间走平衡木

金融业务的开展就是在收益和风险之间走平衡木，我们所有的决策无一不需要权衡其收益和风险,完全规避风险往往也意味着错过收益。所以我们不应该回避风险,而应该控制和管理风险,资产管理的本质其实是风险管理。

2021年,陈锦泉在上海嘉里城出席巴菲特股东大会中国投资人峰会

以兴证全球基金为例,公司始终将完善的风险管理体系视为构筑公司核心竞争力的根本,风险意识贯穿于公司业务的各个环节。

第一,在新业务拓展方面,公司坚持循序渐进的原则,宁可慢一点,也不仓促去做,避免因缺乏对业务的熟悉和经验带来的风险。在具体产品的布局中,公司主动放弃了短期理财基金、打新基金等市场短期风靡一时的产品,子公司业务中战略决策不做非标产品。避免风险的同时,也让旗下的基金产品线精简集约,突出核心竞争力。

第二,在投资理念方面,我们把风险控制放在首位,作为投资管理的基础,并贯穿于基金投资的每个流程和环节。因为我们知道下跌50%后需要100%的涨幅才可以弥补回来,所以公司非常注重控制产品的回撤,追求让客户获得更好的盈利体验,这也是我们产品中长期业绩表现突出的一个秘诀。

公司建立了多层次的风险管理和内部控制体系,风控管理前置,与业务有效捆绑。风险控制其实就是投资能力的重要构成。举例来说,早在2013年6月,公司撰文《A股正在"上杠杆"》,敏锐地捕捉到了A股杠杆率上升的趋势,而到了2014年10月,公司在《A股杠杆化还有多大空间》里已经明确提到"杠杆永远是一个双刃剑,在不断享受加杠杆带来的股市上涨后,我们也要对未来'去杠杆'可能引起的惨烈下跌尽早做好足够的心理准备"。在这样的专业研判下,公司大部分公募基金和专户均在2015年上半年就主动控制了股票仓位,一定程度上锁定了牛市的业绩成果,同时带杠杆的定增专户也很好地控制了杠杆水平,从而大大提升了公司在市场震荡时期的防御能力。即使在股市波动最剧烈、最严重的时候,公司旗下的公募基金产品也无一发生流动性危机,旗下专户至今也无一例产品平仓的情形。

第三,公司在风控人员的选聘上从严从专,注重风控队伍建设。不仅需要风控人员能够依据特定指标和模型来监控业务,还要求他们对市场有专业独到的见解,在对投资风险的识别力上要领先于投资人员,能够与投研平等对话,从而进一步提升风控的有效性。

后记

陈锦泉先生在资产管理领域摸爬滚打二十几载,始终专注于事业,这份数十年如一日的坚持与激情源于热爱,亲自经历,并仍旧见证着金融的力量。去浮躁,守敬畏,超越周期,这是他秉持的投资哲学。采访团队有幸领略到了一位资深投资人的市场智慧和一位上海财经大学杰出校友的人格魅力。他逻辑分析严密,深邃而不乏幽默,言谈温和,举止儒雅。2010 年 8 月加入兴证全球基金后,他打造了一批明星产品。他伴随着许多优秀企业共同成长,为投资者创造了良好的投资回报,也是绚丽舞台上的"获奖专业户"。

2022 年复杂严峻的疫情形势打乱了平静的校园,陈锦泉主动关切学校抗疫情况,积极多方筹措捐赠抗疫物资及生活用品,"以疫为令,守护生命",第一时间将其送到校园,温暖了广大师生。一路走来,陈锦泉及其领导的兴证全球基金,一直将"责任"二字铭记在心,以优秀的业绩回报对持有人负责,以稳健的成长对股东负责,以持续不断的回馈来承担社会责任。

(口述:陈锦泉　　撰稿:杨　刚　易　雯)

18 从国际资管巨头到本土头部券商
——访林晓东先生

林晓东

人物小传 》》》

林晓东，上海财经大学银行与国际金融专业（中外合作）2005届校友，曾就读于美国西北大学凯洛格商学院和哈佛大学商学院。后相继就职于德意志资产管理公司、巴西亿达富亚洲证券公司，2011年加入先锋领航集团，2014年担任大中华区总裁，2018年起担任亚洲区（含日本）总裁，后加入中信集团里昂证券任副董事长，他于2022年10月加入广发控股（香港）任CEO兼任上海国际金融中心研究院理事，香港选举委员会委员，贵州省政协委员。

中美教育的差异

我在上海财经大学读了四年本科，2005年毕业以后，即使在工作的时候也一直保持学习，包括在美国的西北大学凯洛格商学院跟澳门大学商学院高管培训项目和哈佛大学商学高管培训项目（advance management program，AMP）进行期间。目前我在工作的同时还在读清华大学五道口金融学院的EMBA项目。我读本科的时候，大家比较注重的是绩点成绩（GPA），到大三大四时大家就要考一些资格证书，中美教育差异我想可能有以下几点。

第一，我们注重结果，西方更注重学习的过程。我没有读过美国本科，当然我以前有很多同事或者说我当时在哈佛大学上课的同学，他们读本科的时候不太注重笔试分数，或者说他们的考核成绩来自很多方面，比如写课程论文，不是像我们用一套试卷答题，只有一个标准答案。

第二,可以说我们国内学校在本科阶段,我们的理论教学是非常有深度的。我在大一下学期的时候,当时上一门课叫《金融衍生品》,那门课其实我们用的课本是海外商学院金融硕士使用的教材,我们本科大一课程使用的是人家金融学硕士研究生的教材,还是全英文的。所以我们的理论深度当然是非常深厚,但是国外教育在培养人才的时候,更注重的是学生的实际处理问题的能力,对理论也有要求,但是更注重的是在理论这个基础上,怎么样培养学生实际的学习能力,以及具体处理实际问题的能力,实际上更多的时候他们会进行更多的案例讨论,把信息打通,建立连接。然后跟做写论文,而不是说给你一个统计学公式,然后算出一个结果。

我觉得去国外念书,我自己亲身经历过的难处主要有三个:第一是语言。在国内我们英语考试分数很高,可到了国外要听说读写全方位都行。第二是文化。我妈妈是大学老师,我们从小受的教育就是做好学生,在课堂上遵纪,不要讲话,埋头记笔记,好好听老师讲课,老师叫你发言,你才举手发言,这都是我们中国好学生的标准。在国外大家主动举手发言,课堂上的气氛特别活跃。第三是在国外念书,它对知识面的要求高。案例讨论涉及很多方面的知识,不仅仅是课本里面的。我记得当年在哈佛大学的时候,他们给的一个巴西食品公司的案例,它涉及的知识很广,跟冷链管理或者说食品这些相关的农产品都需要了解。如果没有很广博的社会经济的知识,便很难看懂案例。如果没有完整的知识结构,这个案例是很难接着往下扩展做的。

2019年,林晓东在杭州参加APEC工商业峰会

从西方到了东方,从买方到了卖方

我是2005年本科毕业,第一份工作在上海。2008年来到中国香港德意志银行,2011年加入Vanguard。Vanguard以最快的速度跻身于上海,请咨询公司制定方案、如何进入中国市场、制定战略及如何制定产品,以让中国投资者更容易接纳。根据各种判断,Vanguard最终决定,单独设立中国区,成立法人独资公司,其地位与亚太区平行。同时,员工实行本地化,其中国区总裁由中国人担任。2017年5月25日,总部设于美国费城的全球最大公募基金Vanguard正式入驻上海环球金融中心,并宣布正式建立中国区总部,取中文名"先锋领航"。这是陆家嘴迎来的最大的国际性金融机构。Vanguard似乎不太为中国人熟悉,可是,在美国几乎尽人皆知。因为,其拥有全球投资者2 000多万人,管理的全球资金规模达4.4万亿美元。2017年5月时,中国共有基金公司106家,4.4万亿美元约等于中国106家基金公司管理的资产总和的3倍,是全球资产管理界的巨无霸。

我在先锋领航(Vanguard)一直做到2019年的12月31日,2020年年初,我加入中信集团里昂证券。中信集团里昂证券就是中信证券的海外平台,因为它收购了里昂证券,所以相当于从世界最大的公募基金公司到中国最大的投资银行。如果说见证资本市场,我好比从西方到了东方,从买方到了卖方。

工作中我最大的几个体会是下面几点。第一,不管是美国公司还是现在的中资企业,对职业生涯的发展首先要有一个长期规划。很多人一份工作是为了薪水不错,下一份工作时候薪水比现在还高30%,就跳槽了,没想过10年以后他要做什么。我很大的价值观念,包括我来中信集团一样也是觉得,我在美国买方公司已经做到亚洲CEO了,我再往上就要去美国总部了,可我不想在美国生活,我还是希望待在中国香港。第二,觉得我们中国的经济体未来会非常大,一直走进以后,自己能跟整个机构或者说跟整个团队更好地融合,能够更好地融入组织和机构。我的同行是中国人,在中国香港的外资机构工作时,他们的想法很简单:老外是很公平的,我低头干活,把自己手里的事做了,把中国的业务做好了,就会有下一步的晋升,就会有很好的收入。而我恰恰相反,我觉得中国人不能只做中国的业务,中国是亚洲最重要的经济体,所以一个中国人完全可以胜任管理整个亚洲地区的一个岗位,而不是仅仅做中国的业务。我认为人与人之间的相处需要很多时间去磨合的,特别是外资公司,总部往往在美国或者在欧洲,我们需要花很多时间去跟总部的同事们交流,和大家建立信任关系。此外,还要提升学习能力,不可能每一份工作都是我们之前掌握的,很多知识都是一边工作一边学习后才得到的,不断掌握新的、吸收新的知识,要有吸收新知识的愿望。

在可预见的未来,我觉得我们国内本土的资管机构还是占有很大的优势,我们有品牌熟悉程度、客户优势和人才储备优势。当然,这三个优势是相对于外资机构而言的。中国政府在不断地开放我们的资本市场,展现了我们大国的风范,我们觉得这个是非常

2018年10月,林晓东参加北京国际投资基金协会(IIFA)年会

鼓舞人心的。但从另外一方面来讲,外资金融机构有很多水土不服的情况,其实我们可以看到外资银行的开放就是一个非常典型的例子。外资银行应该是2007年开始开放本地注册,到2017年的时候,外资银行本地法人注册10周年。经过10周年的奋战,外资银行市场份额"成功"地由2.3%下降到1.4%。所以外资银行当时在中国发展是很艰辛的。有个印象深刻的事。前两年汇丰银行负责中国业务的CEO在上海国金中心他们办公室向我介绍他们在中国的网点和员工时,我问他们当时的资产规模相当于什么水平,他回答说,全国七十几个网点全部加起来,汇丰中国资产规模只相当于招商银行上海市分行。我觉得外资资管机构也会面临这种问题。我们金融圈的人可能都很熟悉客户优势,老百姓是银行最主要的零售客户,也是最主要的机构客户,比如说安徽省的企业年金、新疆的职业年金等。因为外资行没有客户基础,它的产品跟投资理念,也不太适应中国本地市场的需求和中国投资者的风格,这也是他们需要调整的。再有就是人才储备优势。我们国内的资管机构的人才都是本地培养,对中国市场有很深的了解和熟悉度。外资金融机构往往会从国外或者从中国香港地区派人员过来。他们不管是从文化、语言还是对市场的熟悉程度,与我们的本土员工相比都是有很大的差距。他们在中国想把业务做起来,困难还是很大的。所以我觉得短期之内外资金融机构,不会对我们国内的资产管理机构有一个强有力的挑战。

中国的机构怎样才能走出中国,在全球的资本市场里面可以有更强的竞争力和更大的规模?我觉得需要解决三个方面的问题。第一个是全球化问题。目前我们的资产管理机构基本上还是以中国本土为主。全球化包括两个方面:一是客户全球化。就是除了我们本地的客户,还要有世界其他地区的客户;二是投资组合的全球化。我们现在的公募基金产品或者说公募的产品里面,基本上要么是中国的债券,要么是中国的股票,或者二者兼有。在美国大的资管机构里面,虽然每一家机构的水平不一样,但每一家机构它管理的资产里面大概有30%~40%是非美国的资产,包括欧洲的资产、亚洲的资产和其他新市场的资产等。第二个是专业化问题。但是中国的公募基金市场有70%的货币市场基金,说白了就是大家通过银行大额存单团购,即基本老百姓去银行储蓄,资产管理机构到货币市场、基金和大额存单市场拼个团。当然这是资本市场发展的特定时期特定场合的比喻,意思是资管机构的专业水平距离一个完全成熟的资本市场的发展是有一定距离的。在任何一个成熟的资本市场,货币市场基金的比例应该是10%~15%之间。所以我觉得专业化就是真正发展机构的投资能力,而不是各种通道业务,用一些不对称的市场议价优势去发展各种产品。第三就是细分化问题。国内资产管理公司、公募基金基本上喊的口号是全市场、全业务、全牌照,成为全球领先的资产管理公司。基本上中国所有公募基金公司的产品都是货币市场基金,固定收益基金,然后是股票基金和混合型基金。在美国,如有公司做债券基金,那公司里的人就是债券类的投资专家。所以我觉得我们国内资管机构应该去做细分化、专业化、特色化的资产管理。

上海作为国际金融中心有不同的金融机构要素,有商业银行、证券公司,也有买方机构,等等。所以资产管理公司是上海要建立成为全球金融中心一个很重要的组成部分。大部分资产管理公司在中国设立的总部基本上都是落地在上海,现在应该有八九十家,从数量方面来说,这是一个非常可喜的发展。另外上海的金融从业人员过去几年在不断地增加,现在不同的统计口径,陆家嘴工作的金融从业人员大概是10万人左右,也有人说上海现在所有金融从业人员大概有30万。不管用什么统计口径,它的人才库或者说上海人才的储备也已经非常丰富了,也足够可以应对建立中国的国际资产管理中心。

上海跟其他地方相比还有哪些差距呢?我们未来应该着重关注以下几个方面的问题。第一是资本账户的开放问题。怎样让资本能更好地流进流出,形成一个比较好的生态系统,而不要成为一个闭环,即上海怎样去跟全球的资本市场连接,建立全球资产管理中心是其中一个最重要的因素。第二是法治环境。怎样让法治建设更加透明,让大家更了解国内相关的法律法规,这也会是吸引外资其中一个很重要的因素。第三是我们讲的国际金融中心还有一些软条件,比如国际学校、私立医院,以及外籍人士的生活环境,这也是让外籍人员愿意来上海,更好地建设国际资产管理中心的一个很重要的标准条件。

后记

在2011年之前,Vanguard这家基金公司的美国高层还从来没有来过中国,对中国特别是内地知之甚少。2011年,上海财经大学毕业生林晓东加盟Vanguard,这个"80后"用自己的开朗、热情、勤奋和智慧打动了Vanguard高层,让他们终于踏上了中国上海的土地,并有机会在上海陆家嘴开会。2014年的一天,开完会,他们有三个小时的空闲时间,董事长麦纳普说,带我们去看看上海好吗？林晓东当时不知如何安排,上海可看的地方太多了。董事长说,看看陆家嘴吧。浦江两岸,大厦林立,楼宇流光溢彩,与缓缓流淌的黄浦江交相辉映。

  有人夸赞林晓东:"你太厉害了,这么年轻就被如此大的基金公司看中,成为年轻的中国区霸道总裁！"林晓东笑着说:"我个人真的不算什么,好比《战狼2》里说的,我背后有一个强大的中国！如果我是其他国家的人,我会得到重用吗？还是中国的巨大变化,使美国人对本土的中国人有了期待！"

（口述:林晓东　　撰稿:杨　刚）

学术界

19 白首穷经研货银，诲人不倦育英才

——访戴国强教授

戴国强

人物小传 »»»

戴国强，男，1952年6月生于上海。1983年1月毕业于上海财经学院（上海财经大学的前身），获经济学学士学位；1987年毕业于上海财经大学，获经济学硕士学位；1994年毕业于复旦大学，获经济学博士学位。享受政府特殊津贴专家。

1998~2006年任上海财经大学金融学院院长，2006~2007年任金融学院党委书记，2007~2011年任MBA学院院长兼书记、2011~2016年任商学院书记兼副院长、教授、博士生导师，中国金融学会常务理事暨学术委员会委员，中国国际金融学会理事，上海城市金融学会副会长，上海农村金融学会副会长。曾任上海财经大学金融学院教授委员会主任，教育部全国高校经济学类教学指导委员会委员，全国金融专业学位研究生教育指导委员会委员，上海市信息委专家委员会委员，上海金融学会副会长。

先后在新加坡国立大学、纽约大学、美国国民经济研究局（NBER）做访问学者。主要研究方向为货币理论和银行管理理论。主要学术成果论刊登在《经济研究》《金融研究》《经济学动态》《世界经济》《财贸经济》《国际金融研究》《学术月刊》《财经研究》等权威学术期刊上。主编《货币银行学》《商业银行经营学》《货币金融学》《基金管理学》等教材。主持国家自然科学基金课题《我国银行利率风险管理方法研究》《人民币外汇衍生品交易发展策略及风险管理研究》等3项和省部级课题《金融市场风险控制方法研究》等8项。曾获得国家级教学成果一等奖和二等奖、上海市优秀教学成果一等奖和三等奖、全国高校人文社会科学优秀成果三等奖、上海市哲学社会科学优秀成果一等奖，二等奖和三等奖、中国人民银行总行优秀成果二等奖、教育部优秀教材

二等奖、上海市优秀教材一等奖等。获得首届"国家万人计划教学名师""全国高校教学名师奖""上海市高校教学名师奖""宝钢优秀教师奖""花旗集团优秀教师奖""上海市教书育人楷模提名奖"等荣誉。

在上海财经大学求学的日子

20世纪70年代后半期,我在工厂里工作,那时厂里已经把我从工人岗位提到了科室里面的干部岗位,搞计划和统计。我参加高考之后,厂里不肯放人,觉得好不容易培养了我。

我当时跟他们说,我读完书之后还会回来的,因为在厂里工作了十年,对厂子有感情,大家对我都很不错。我高考填志愿时,第一志愿是中国人民大学的计划与统计专业和厦门大学的统计专业,因为我原来做这个工作。我报了上海财经学院(现上海财经大学)三个志愿,第一个是工业经济专业,第二个是统计专业,第三个是财政金融专业。填财政金融专业的时候,我对财政和金融并不是很了解,只在学习当时指定的几本书——马克思和恩格斯的《共产党宣言》、马克思的《法兰西内战》《哥达纲领批判》、恩格斯的《反杜林论》、列宁的《帝国主义是资本主义的最高阶段》,还有《国家与革命》等。列宁的书里讲到了金融、银行、金融寡头,我稍微知道一点金融概念,所以当时就填了财政金融系的金融专业,结果被录取到金融专业。

刚进校的时候,以为金融就是银行,实际上金融比银行的概念要大得多。我们1978级金融班学生的年龄相比财政班学生的要小一些,但班级里同学之间的年龄差距也蛮大的,按年龄大小排,我大概排名第12位。我们班同学有八个应届毕业生,是当年高中毕业考进来的,所以全班年龄最大的与年龄最小的相差13岁。当时女生很少,我们班59位同学只有8位女同学。原来的上海财经学院校园在现在上海财经大学中山北一路369校区,进学校之后,发现校园一片荒芜。那会儿上海外国语学院的两个系也在这个校区内,一个是日本语、阿拉伯语系,一个是德语、法语系,这几个专业在校区占了三分之二的教学楼,宿舍楼当时有好几栋,但是基本上都是外语学院的同学住了。那时候学校条件比较艰苦,教学楼少,图书馆就是两间教室。操场上杂草丛生,有半人高,等于就没有操场。进校后,学校团委号召大家一起整理校园。上海财经学院1978级一共有8个班,其中会计学专业有3个班,财政和金融2个班,还有统计班、工业经济班和贸易经济班,大家一起出来劳动,花了几个半天,终于把操场整理干净了。当时操场上堆放着好多原来的工厂扔出来的废弃马达、机器架子等废旧零部件,我们捡起来卖给回收站,卖了几百块钱作为班里的团费,用于搞团部和班级活动。

我们进校的时候,分给上海财经学院的宿舍很少,那时女生没有宿舍,男生宿舍只给了一栋楼的一层,就是现在的留学生宿舍楼,在校园最里面那栋,一共有四层,给我们的是第四层，1~3层是外语学院的学生。我们这层楼一个房间要住十个学生，郊区学生是9个人住一个房间，因为要留出放行李的地方。因为宿舍少，学校规定申请住宿舍楼必须符合一定的条件，首先满足家在郊区的同学住宿要求，2个月后规定市区的学生必须是家离学校多少公里以外的才能够入住。学校在上海的东北角，我家在上海的西南角，符合住宿条件。我们宿舍房间号是407，室友来自7个班级。后来有不少没能住宿的同学觉得来回跑时间都花在路上，影响学习，于是申请住校。学校想尽办法，安排他们住在学校印刷厂后面的工房里。那些工房原是外来务工人员住的，很简陋，柏油纸顶棚，土墙，地上就是泥地，他们就住在里面学习，一直到外语学院两个系搬出这个校区后，他们才住进我们那栋宿舍楼。

1980年4月，上海财经大学1978级金融班部分同学在佘山的合影。前排左起：沈明昌、戴国强、贝多广、杜公仆、刘晓春、吴小萌、李海文。后排左起：陈良、夏建中、马根发、何瑞丰、王谷元、陈志国、潘忠衍、陆志新、胡工、卢金豪

尽管那时候学习条件艰苦，但是我们学习的劲头都是现在的许多学生比不了的。那时候大家都非常珍惜时间，好多同学一边走路一边背英语单词，有个同学因太专心了，没有注意，一头撞在单杠柱子上，眼睛周围被撞得一片乌青，好长时间才褪去。图书馆面积小，很难占到座位。大多数同学就在教室里面学习，晚自修时大家经常会开展一些讨论，这种讨论给我的收获很大。

学校给我们安排的老师课讲得都很好。教我们政治经济学的葛寿昌老师，上课不看

讲义，侃侃而谈，深入浅出。教高等数学的老师是从上海师范学院请来的，讲课条理清晰，让我们很好地领悟了高等数学的妙趣，上课时她不用圆规，抡起胳膊用粉笔在黑板上就能画出一个标准大圆，引起大家一片惊叹。为帮助我们学习英语，学校从外校聘请了一些老教师来给我们上英语课。开始学专业课程后，王学青、龚浩成、张宝生、沈锦昶、郑菊生、孙以焕老师和郭豫娟等一批老教授分别给我们讲不同的课，他们的课各有特色，共同之处是讲课思路清晰，善于理论联系实际。现在翻看当年这些课程的笔记，仍令人感叹不已：理论阐述完整、概念讲解清楚、讲课逻辑严密、案例数据丰富。

由于上海财经学院1978年开学晚了一个学期，我们进校之前党的十一届三中全会已经召开，全会是1978年11月到12月开的，我们是1979年的1月份进校的，正赶上改革开放。因为我们大部分人都是具有一定的社会实践经历，所以同学们的思维也比较活跃。晚自修到7点大家会准时收看新闻联播，经常会结合所学的专业知识就某个新闻进行热烈的讨论和辩论，这对于我们学好财经类课程很有帮助。

1999年10月，上海财经大学1978级金融班同学在工商银行上海培训中心进行入校20周年聚会。第一排左起：陈永泉、李海文、盛嘉庭、高嘉、俞建麟、李遥、戴海庆、丁晓扬、赵晓菊、潘忠衍。第二排左起：刘晓春、胡工、沈斌、冯国荣、贝多广、周路、张翱、戴国强、何瑞丰、陈良、夏建中。第三排左起：陆志新、叶克全、李士恒、王海东、缪惠芬、卢金豪、沈明昌、林祖光、刘珠辉、吴小萌、祁群、朱植宇、殷建邦、张强、汪爱莉、马根发、尚华娟

上海金融改革第一阶段：银行业发展

中国金融改革是从银行开始的，第一阶段侧重于扩大银行体系并使其多样化。1978年中国人民银行与财政部分离后，中国人民银行既是发行银行又是商业银行，同时还恢复了中国人民建设银行（后改为中国建设银行）和中国农业银行，加上原来一直存在的中国银行，共有四家国有银行，又称"四大行"。"四大行"经营的业务类型明确且不重叠：农业银行负责农村和农业部门的业务，中国银行负责对外贸易的银行业务，建设银行负责基本建设和固定资产投资方面的业务，中国人民银行从事和一般企业及居民相关的业务。

2019年7月20日，"未来的超级风口——诺贝尔奖得主中国行"论坛圆桌会议，左边是戴国强教授，右边是诺贝尔奖得主萨金特

1983年1月毕业分配的时候，我们金融班的同学主要是被分到银行系统工作，其中大多数被分配到中国人民银行，家在郊区的同学大多被分配到农业银行，少数同学被分配到中国银行，没有同学被分配到建设银行。1979年学校招收基建专业，他们毕业后很多被分配到建设银行。

我们班有8位同学留校从教，当时的系总支书记曹宏炯老师找我谈话，询问我的毕业志愿，我表示要回厂里去。她听了很惊讶，问为什么？我说，因为我在大学学习的四年是带薪的，厂里对我很好，每年暑假我都会回厂里参加劳动1~2个星期。当时白天电力紧张，夜里电力有保证，厂里生产任务重，早、中、夜三班开足马力生产，每周早班6天，从6点到14点；中班5天，从14点到22点；夜班7天，从22点到次日早上6点。盛夏期间夜班缺勤较多，厂里希望我能帮忙顶夜班，虽然人很辛苦，但我觉得这么做能帮厂里做些事，而且也让我能更多了解社会变化。曹老师笑着说，你是对的，但是带薪上学是国家政策规定的，作为一个大学生，要以国家的需要作为自己选择的标准，现在我国财经教育发展需要更多年轻人，组织上希望你留校。我觉得曹老师讲得在理，表示愿意服从分配，但又觉得对不起厂里，食言了。曹老师说厂里的工作由学校去做。后来我才知道厂里的副书记专门到学校来要人，被学校说服了。我留校后先从事《中国近代金融史》这门课程的教学，为此我和银行联系，想去了解上海金融发展的历史。上海作为近代金融业最发达的地方，有很多的素材可以挖掘。我找了当时被分配到中国人民银行上海市分行金融研究所的朱镇华同学，他毫无保留地把他所了解的情况全部告诉我，让我受益匪浅。后来他担任金融研究所所长，可惜英年早逝。

当时我临摹了1949年以前的上海金融机构分布地点图，作为上课用的一份材料，上课时跟同学们讲其中的故事。20世纪80年代中期，国家的金融改革步伐开始加快了，1982年我国引进了南洋商业银行。毕业前，我做了一个外资银行在沪情况的调查，原来在沪的外资银行大多撤走了，只有汇丰银行、渣打银行、东方银行和华侨银行这四家外资银行，虽然停业了但没有撤走，在上海仍保留了办事处。我去汇丰银行驻上海办事处，找了好长时间才找到——就在原来的九江路外滩20路无轨电车的终点站那儿。汇丰银行办事处在一个半地下室的大房间里，我进去看到大概有十几个员工在处理事务。当时我很惊讶这家全球知名的银行竟在这样一个地方办公。不久以后我国就宣布了外资银行政策，这四家外资银行先后复业。这样，上海银行界既有中资银行，也有外资银行，中国金融改革迈出了重要的一步。

1983年9月，国务院宣布决定中国人民银行为中央银行，专门行使中央银行的职能。人民银行的商业银行业务和人员分离出来，专门组建中国工商银行，这是我国金融改革的又一重大举措。我国建立了中央银行领导的四大专业银行为支柱的银行体系，其中也包括外资银行。1986年上海开始重新组建交通银行，作为我国第一家全国性的国有股份制银行，这也是我国金融改革深化的一个标志。当时负责筹建的是原人民银行上海市分行行长李祥瑞，我们的老院长龚浩成也参与了筹建。交通银行重新组建起来之后，李祥瑞任交通银行的第一任董事长，龚浩成老师担任中国人民银行上海市分行行长，上海的金融改革步伐加快了。后来交通银行和其他"四大行"一起，称为国有"五大行"，于2005年正式上市。现在我国的工商银行、建设银行、农业银行、中国银行等在国际银行业中排名居前，成为全球系统重要性的银行。

上海建立股票交易市场

上海建立股票交易所是我国金融改革中具有标志性意义的重大举措。在这之前的1984年，上海有两家公司发行了股票，当时我们就听说工商银行在静安区有个营业部专门做证券交易，证券柜台交易在那个时候就有了。

那时我已经读研究生了，同寝室的同学刘波对股份制改革非常感兴趣，他的硕士论

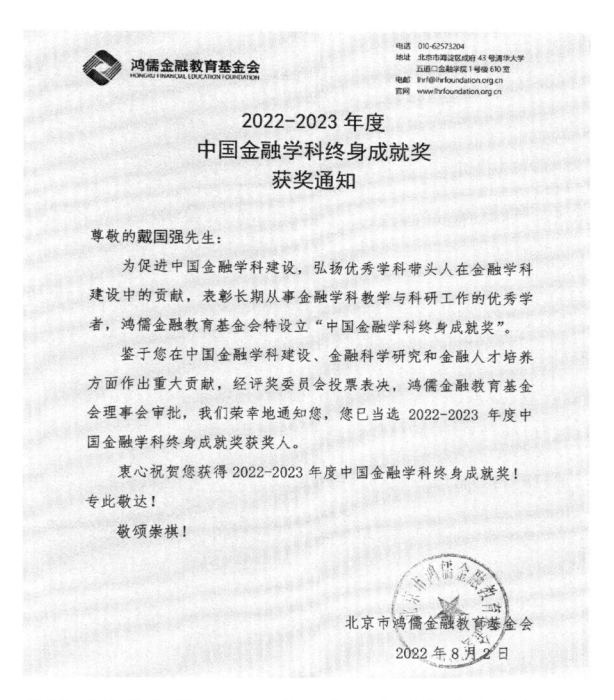

戴国强荣获2022~2023年度中国金融学科终身成就奖

文就是写股份制和股票问题的。他后来担任过上海证券交易所副总经理，还担任过南方证券总经理。当时我任班主任的1983级金融本科生中有一些年龄比较大的学生，他们经常来我们宿舍一起谈上海一些企业发行股票的问题，还买了股票，当时买股票的人很少，股票是记名的。

戴国强入选上海财经大学金融学院"2020年度人物"并荣获"杰出教学奖"

1990年上海证券交易所建立之后,买股票的人一下子就多了。当时上海的股票市场非常火爆,上市股票只有8只,股票价格涨得非常厉害,老百姓就越发对股票感兴趣了。为了发展股票市场,1991年上海发行股票认购证,30元1张,市场预测认购证的中签率只有1%到2%。所以那个时候很多人持观望态度,也不知道买了股票什么时候可以上市。当时我太太说,我们也去买10张,我说好的,但是到了天目路闸北工商银行买认购证的时候我犹豫了,总觉得这个事情不靠谱,结果只买了5张认购证。回来后我太太还笑话我,刘波知道后说应该买100张。没想到1992年开始摇号买股票,实际上是买一张中一张,中签率是100%。学校有一个锅炉房的师傅,他就买了100张,当时大家说他胆子大,他买100张就要3 000元,在当时来讲是一笔蛮大的数目了,等到抽签开始,人们发现所有的股票认购证都是能中签的,当时买到一只股票,按股票平均市价来算,股民可以赚1万元。这位师傅就成了我们学校的第一个百万富翁。我们这些学金融的人因为知道股市有风险,瞻前顾后,反而在股市上经常出现该买不买,该抛不抛的情形,所以当时市场上有一种说法,叫"专家炒股,越炒越苦。"

进入股市的人越来越多,就把中国的股票市场给抬起来了,过了半年深圳也建立了股票交易市场,股市更加火爆。中国股票市场的建立实际上标志着中国金融改革开放真正进入了一个新的发展阶段。

股票市场没起来的时候,我国以银行间接金融为主。股票市场起来之后,直接金融在中国也发展起来了。直接融资壮大了,反过来就对银行业提出了要求。银行不能老守着百姓的钱袋子做一些传统业务,一方面要求银行做好传统业务,为直接融资提供更多的服务;另一方面也要求银行在业务上大力开拓、做好财富管理和风险防范。这有力地促进了我国银行业的发展。这么多年来银行在服务社会、服务市场方面有很大的进步。

1992年邓小平南方谈话之前,股票市场的发展还是受到一定的限制,人们对新事物的看法,还有很多的框框。邓小平南方谈话之后,进一步解放了人们思想,我国金融市场开始全面发展。除了股票市场发展起来之外,债券市场、基金市场等都出现了快速发展的局面。

直接融资市场快速发展,使从事直接融资业务的人员收入水平也迅速提高,相比之下,间接融资行业人员的收入水平就低很多。随着银行业务的快速发展,银行员工的收入也在1992年之后开始明显上升。

20世纪90年代中期我国开始了金融整顿,我觉得主要原因是金融改革初期人们对金融的本质理解不深,在思想和认识上跟不上金融发展的需要,导致我国金融市场出现一些乱象。我举两个例子。

第一,20世纪80年代中后期我国信托业开始快速发展,这本是一件好事,丰富了中国的金融业,除了银行、保险和证券公司外,还有信托等其他的金融形式。但是由于对信托本身的认识存在误区,以为信托什么都能干,甚至把信托仅当做融资和贷款的机构,进行高息揽存高息放贷,结果1993年以后信托出了很多问题。1996年金融整顿就从信托开始,当时信托有700多家机构,经过整顿后,留下59家,监管机构对信托提出了不少限制性的规定。直到2006年以后,我国信托才开始有了新的发展,现在信托机构有70家左右。

信托英文叫Trust,也就是信任的意思。信托主要有接受客户委托、代理理财这样一个功能。进入21世纪以后,信托发展比以前规范了,让信托回归到"受人之托,代人理财"的本源。当然问题还是存在,现在正在进一步整顿,这需要在后续发展过程中逐渐深化对信托的理解。

第二,改革当中还有一个问题就是债务经济。改革开放刚开始没多久,我还在上大学,那时发展经济缺少资金,要搞国债发行,但又不叫国债或公债,叫国库券。其实这是对国库券的误解,国库券一般是短期的,当时发行的国债是长期的,应该叫公债。

当时买国库券的人少,怎么办?就号召凡是带工资的职工,用半个月的工资来购买国债。我那时候带工资上学,每月43元,半个月的工资是21.5元,因国库券没有零头的,就买了25元的国库券。至今我还留着这张国库券没去兑现,作为一个纪念。现在人们看到国债成了最安全的资产,都争着买。

所以我们说改革开放首先是要解放人们的思想,邓小平最大的功劳,就是把人们原来一些禁锢思想的框框给打破了,他提出贫穷不是社会主义,这为改革开放、解放思想提供了非常好的帮助。大家搞创业创新,不能说立即就能摆脱贫困,但是这样一来,大家就有了奔头,有了希望,广大的人民改变贫穷落后的现状就有了干劲,经济也就活起来了。

金融改革与金融人才培养

我从复旦大学博士毕业以后回到上海财经大学,走上了学院的领导工作岗位,对人才培养工作慢慢有了自己一些新的认识。我们从事金融人才培养,学生既要掌握现代金融知识,也要有一定的工具性知识,包括数学、外语、计算机等方面的知识,以及金融的基本理论、基本技能。更重要的是,要有对金融本质的认识,要拥有未来从事金融工作的一些基本素质。

2019年10月26日上海财经大学校庆返校日活动,戴国强为校友们"再上一堂课"

我觉得从事金融的人才有这样几条基本素质很重要。第一，要有责任意识和诚信的理念。古人推崇说话算数的诚信意识，称这样的人为君子，从事金融业的人，首先应该具有契约精神和责任意识，没有这个不行。第二，我觉得金融业人才，除了要有契约精神之外，还要有敢于探索创新的精神。金融业最需要创新，金融是资金的跨期配置，风险是金融的孪生物，另外金融业所经营的产品和服务很多是同质化的，同质的产品最需要竞争。金融管理既要控制风险又要能够占得先机，那就要有新的思路，才能够把金融服务做得更好。金融不是搞平均主义，金融是一种商业行为，要具有商业意识，才能够做好风险把控并取得收益，这离不开创新，所以金融人才要有创新精神。第三，我觉得金融人才要具备持之以恒的精神，即要有工匠精神。什么叫工匠精神？工匠精神就是在产品设计、服务设计的过程中，精益求精，不断地把弱项和缺陷克服掉，奉献出真正具有竞争力的产品和服务。只有这样，才能够获得客户的信任，才能更好地服务于实体经济，服务于社会，把金融做好做强。

我觉得这三种精神对于一个从事金融业的人来讲是必不可少的。如何在教育中培养学生的这种理念和这三种精神呢？一方面要通过我们的课程体系设置，不断对学生进行专业知识的传授。另一方面是要让学生参加实践，提高动手能力。

1994年，戴国强博士学位答辩会，前排为答辩委员会委员，左起依次为陈观烈、龚浩成、陈彪如（主席）、王鸿儒、王学青、姜波克，后排站立者为戴国强

上海财经大学很重视实验室模拟实践的教育，时任金融系主任王学青教授以教学严谨著称，他特别关心对学生的"三基"即基本理论、基本技能、基本素质的培养。在他坚持不懈的努力下，20世纪80年代末学校就开始进行实验室建设，办了一个银行实验室，用世界银行的资金买了一批电脑终端，大概有五十多台286计算机，由计算机专业毕业的吴以雯老师负责实验室教学。1994年，386计算机问世，差不多隔两三个月又出了486计算机，再后来计算机功能越来越强，需要引进更多的人才。1998年学校成立了金融学

院之后，有货币银行、国际金融、保险、证券期货、投资学和公司金融六个专业方向，成为当时国内金融专业方向最齐全的金融学院，也因此需要招聘更多的专业人才。2000年，一位在美国的投资银行美国银行工作的耶鲁大学博士寄了一份简历给我，表示愿意到上海财经大学来做老师。我觉得这是好事，马上向校长汇报。校长让我跟他谈谈，看看他需要我们提供什么条件。我和他联系，他说没有什么特别的要求，只要我们接受他。所以就把他聘用过来，根据他的特长安排他到证券期货学院工作，给他的工资比给我们校内教师的工资稍高一点，他觉得很满意。他有资本市场实践经验，给金融学院老师带来许多新的专业知识和理念，在提高人才培养质量方面发挥了积极的作用。后来，丁剑平老师从日本一桥大学毕业之后进入金融学院，在人民币汇率研究方面出了很多重要成果，成为这一领域有重要影响的学者。

上海金融市场发展快，对获得金融专业博士学位的毕业生具有很强的吸引力，连续几年，我们金融学院招聘师资，录取的多，来报到的少。有一年我要了10个，结果只来了3个。2003年有二十多个博士来应聘，我们感到其中13个都不错，就发了录用通知，没想到情况变了，这13个博士全都来了。这批人包括刘莉亚、金洪飞、王明涛、郭丽红、曹啸、韩其恒、王安兴、陈利平、谈儒勇、曹志广、何韧、赵桂芹等，征得学校同意，他们都进了金融学院。后来我们又聘用了邹平、徐龙炳、陆蓉、马文杰、李曜、徐晓萍等老师。令我感到欣慰的是，这些人表现优秀，后来都成为学院的骨干教师，成为学校金融学科的学术骨干，有些已成长为学科带头人，在教学科研以及社会服务等方面都取得了出色的成就，在我国金融学科领域也形成很好的影响，为上海财经大学金融学科建设做出了重要贡献。

戴国强近照

我去MBA学院后，金融学院在黄明、王能、赵晓菊、刘莉亚、柳永明等的领导下，又吸引了一批更年轻的海内外优秀博士的加入，杨金强、陈选娟、朱小能、冯玲、刘冲等，他们专业基础扎实,研究能力很强,在国内外著名刊物上连连发表论文,进一步提高了上海财经大学金融学科的水平,使上海财经大学金融学科的发展后继有人。

2007年下半年我到MBA学院工作,至今已有15年。这期间我切身体会到了管理的重要性:管理出效率,有效的管理才能让目标落地生根、开花结果。这期间我也见证了我校MBA教育的不断发展壮大,先后通过了AMBA、国内高质量MBA和AACSB认证。2018年学校重新组建商学院后,又通过了EQUIS国际认证,这标志着上海财经大学商学教育进入新的发展阶段。自1979年1月至今,我的专业一直是金融,我衷心希望上海财经大学的金融学和商学教育百尺竿头,更进一步,再接再厉,续写辉煌。

后记

三十九年来,戴国强教授一直坚持留在讲台。戴国强老师不仅是严谨的学者和睿智的师长,在家还是体贴的丈夫和宽容的父亲。戴国强的妻子是著名作家秦文君女士,两人通过大学同学介绍相识,相恋相知相伴。他的第一篇见诸报端的文字还是请秦老师出马改过的,秦老师曾动情写道:"家庭里夫妻之间相互支撑最重要。我俩从事的领域不同,不同阶段谁的工作更重要,另一个就多承担点家务。"

"理论是灰色的,生命之树常青。"过去的40年,金融业改革开放的伟大实践为金融理论的探索和研究提供了丰富的案例和素材,戴老师虽年已古稀,却依然笔耕不辍,领衔主编国家级经济学教材《中国金融学》,根植于中国金融实际发展,写下金融学科的中国风格与中国气派。

(口述:戴国强　　撰稿:杨　刚)

20 绿色、可持续金融的推动者
——访赵晓菊教授

赵晓菊

人物小传 »»»

赵晓菊，女，1983年上海财经大学财政金融系金融专业毕业，2009年获上海社科院世界经济研究所经济学博士学位。上海财经大学金融学院教授，博士生导师。

现任上海财经大学上海国际金融中心研究院荣誉院长兼学术委员会常务副主任，全球金融科技学院(GFI)董事会董事，上海浦东国际金融学会副会长，上海仁达普惠金融发展研究基金会理事长，上海军民融合发展研究会金融专家，上海金融信息技术研究重点实验室副主任。

赵晓菊曾任上海财经大学上海国际金融中心研究院院长，上海市人民政府决策咨询特聘专家，陆家嘴绿色金融发展中心学术委员会执行主任，上海金融学会跨境金融服务专委会常务理事，湖州市、南京市绿色金融专家，中研绿色金融研究院全球智库专家，中国金融学会理事，中国市场学会信用学术委员会委员等职。并曾任世界银行集团国际金融公司、亚洲开发银行、德国复兴开发银行等国际组织的中方专家，参与国际组织关于风险管理、环保与社会保障及绿色金融、PPP项目运营等项目的咨询与培训。

在《国际金融研究》《学术月刊》《财经研究》和 *The European Journal of Finance* (EJF)等国内国际权威、核心期刊公开发表论文三十余篇，主持并完成省部级以及横向课题三十多项，多项决策咨询成果和决策咨询建议被财政部和上海市相关部门采纳、获中央和上海市领导批示。荣获2019上海市"四有"好教师(教书育人楷模)提名奖、中国社会科学评价研究院中国智库创新人才"先锋人物奖"(2018)、上海财经大学第二十一届中振奖课题奖(2015)、上海市教育成果一等奖(2013)、中国首届"信用建设突出贡献奖"个人奖(2005)及"上海市育才奖"(2001)等多项学术成果和教学研究成果奖项。

中国恢复高考是 1977 年，我们上海财经大学是 1978 年恢复招生的，也就是在全国恢复高考的第二年。这一年我考入上海财经学院（上海财经大学前身）财政金融系金融专业，学习 4 年。1983 年 2 月毕业留校当老师，2020 年 12 月退休，在上海财经大学任教 38 年。在 38 年的教学生涯中，我有一些与其他老师不同的经历，正是这些经历，让我在中国金融改革开放的 40 年中，有机会参与了中国金融业改革开放创新的一些非常重要的环节和工作，回忆亲身经历的一些往事，仍记忆犹新，历历在目。其中有些经历，甚至影响了我一生。

可持续金融研究从"冷门"到"爆款"

我在上海财经大学任教的 38 年中，有近 6 年的时间受学校委派，经历了一段与国际专家共同工作的特殊时期。2003 年 6 月，当时有一位英文名叫罗尼的美籍华裔专家找到复旦大学经济学院的老师，说想要在上海办一家中外合作的金融教育培训咨询机构。复旦大学的教授对罗尼说：我们复旦经济学院主要研究宏观经济，至于金融咨询与培训，你们可以找上海财经大学的老师……罗尼的一位朋友的姐姐是上海财经大学公共管理学院的老师，这位老师对他们说，你们要找熟悉金融领域的老师，可以去找金融学院的赵晓菊老师。罗尼与我交谈后，引荐了世界银行集团成员国际金融公司（IFC）的一位官员与我交流。这位 IFC 的官员当时负责 IFC 在中国几家股份制银行（兴业银行、上海银行、南京银行、成都商业银行的股权投资），他告诉我：IFC 在寻求投资中国的金融机构时，发现中国的商业银行、投资银行、保险公司等金融机构在人才培训方面相对较弱，希望能够支持在中国设立对中国金融机构的中高层提供金融咨询与培训的中外合作机构。这位 IFC 官员知道我当时正在与美国的高校和金融培训机构联系洽谈合作事宜后，就说 IFC 会向我们推荐合适的金融咨询和培训合作机构。不久，IFC 专家引荐了德国的一所私立大学。当时该校名称为 Bankacademie e. V（德国银行家协会研究院），后改名为法兰克福金融与管理学院，它是欧洲领先的私立大学商学院，其四大股东德意志银行、德累斯顿银行、安联集团和德国商业银行是当时德国最大的四家金融机构。

在中外合作金融培训咨询机构申报期间，我陪同 IFC 官员和德国银行家协会研究院的校长拜访了外管局上海分局、工商银行、中国银行、建设银行、农业银行、交通银行、兴业银行及上海银行等设在上海的多家商业银行，在拜访过程中，遇到很多在金融监管部门和金融机构工作的领导、高管，他们有的是我们上海财经大学的校友，有的是曾经听过我的讲座的学员，这些领导、高管见到我后都亲切地与我打招呼，问我是否还记得他们。与我同行的外方专家都对金融监管部门和各商业银行有那么多的中高层领导认识我、说是我的学生感到很惊诧。实际上，这是因为在 1978 年改革开放后，全国（包括上海）开设金融专业的高校并不多，所以我们上海财经大学金融学院的毕业生在上海的金融机构中很抢手，金融机构委托我们金融学院举办的各种金融培训也比较多，而且我们上海财经

2014年5月,赵晓菊教授(右二)担任"上海自贸区分账核算业务(FT账户)风险审核评估"评审会组长,右一为央行上海总部跨境部周处长

大学的校友都很优秀,因此在金融监管部门和金融机构担负重任的校友很多。

世界银行集团下属的国际金融公司、德国复兴开发银行集团下属的德国投资发展公司DEG(德国复兴开发银行集团下属成员之一),他们认为中国在金融改革开放方面做得很好,但在金融职业教育培训方面做得还不够,所以这几家国际机构想在中国内地找一家在金融领域特别有影响力的高校合作开展金融领域的中高端培训和咨询。当时IFC负责中国大陆金融投资的官员与我交谈之后,觉得我们上海财经大学金融学院在金融教育培训方面是很专业、有影响力的。上海财经大学授权我代表学校与IFC、Bacademie、DEG共同筹建上海国际银行金融学院(Shanghai International Banking & Finance Institute,SIBFI)。筹建工作是在2003年8月启动的。8个月后,上海国际银行金融学院于2004年4月获得上海市教委和上海市民政局的办学许可,成为一所具有独立法人资格的中外合作的国际性银行培训和咨询机构,这也是世界银行集团成员IFC在中国内地以股权形式投资的第一家金融教育培训咨询机构(2008年IFC和DEG完成战略投资目标后退出SIBFI)。

我担任了SIBFI首任院长,与IFC、Bankacademie合作做了很多金融方面的教育咨询培训,其中包括普惠金融、小微金融(SME)、金融风险管理、财富管理和PPP,还有一个非常重要的项目,当时称为Sustainable Finance/Financial sustainable development,就是可持续金融,与现在大家非常重视的绿色金融、气候投融资的内容高度契合。2007年,亚

2006年10月,赵晓菊教授(前排右三)作为中方专家参加世界银行集团成员机构IFC与中国银行业协会共同主办的"竞争经营优势与可持续金融发展"研讨会

2008年11月,赵晓菊教授(站立者)在亚洲开发银行(ADB)与SIBFI对中国银行联合举办的"金融领域环保与社会保障及风险管理"研讨班上对学员进行培训

洲开发银行在亚洲招标,要为中国银行做一个关于金融领域环境与社会风险管理的培训。当时有6家机构参与投标,我带领SIBFI团队参加了投标,最后我们中标了。这个项目是由亚洲开发银行出面牵头,中国银保监会领导在项目开班仪式上做了重要讲话,亚洲开发银行派出官员参加,并安排新加坡专家和中国台湾专家参加了该培训项目,介绍了亚洲开发银行关于金融领域社会与环境风险管理的相关政策。我在该项目中给中国银行总行风险管理部及中国银行全国省分行公司业务部、风险管理部高管做了"金融领域社会与环境风险管理"的培训。在中国高校层面以及在中国的金融领域里,我都是最早与国际机构一起做可持续金融培训与咨询的专家学者之一,这是因为我在2004年4月至2009年3月担任SIBFI首任院长期间,有机会以中方专家的身份参与世界银行集团成员IFC的可持续金融项目和小微金融等项目,与IFC专家共同推动可持续金融等项目在中国大陆的开展,有机会为中国金融业的人才培养做出应有的贡献。

参与筹建中国绿色技术银行

2009年3月底我回到上海财经大学金融学院,并于2009年6月担任上海财经大学金融学院常务副院长,我的工作重心也随之转移到教学科研和学院行政工作上。英国一直在积极推动可持续金融、气候投融资方面的工作,英国大使馆和英国上海领事馆知道我曾经参与过国际机构在中国举办的可持续金融方面的项目,所以英国在上海举办与可持续金融相关的活动或论坛时,都会邀请我去参加。

2016年11月中旬,我和上海财经大学自贸区研究院的智库专家们一起,参加了由方副校长带领的上海财经大学代表团,应泰国政府的邀请赴泰国访问。泰国当时要搞自贸区和国际金融中心,邀请我们介绍一下中国搞自贸区和上海国际金融中心建设的情况。访问期间,我接到了学校科研处领导发给我的短信,通知我第二天到学校行政楼三楼会议室开会,还要与同济大学几位老师讨论交流一下。我回复说我正在泰国出访。科研处领导让我回上海后尽快与同济大学的张亚雷教授联系。一周后我从泰国回到上海,与张亚雷教授负责的绿色技术银行团队的老师们在我们研究院会议室开会。据他们介绍,绿色技术银行项目2016年3月启动,但到11月时,科技部对同济大学项目组提出的绿色技术银行的定义及绿色技术银行的组建框架设计仍不太满意……听了同济大学老师的介绍,我略微思考,提出了关于绿色技术银行定义的思考和建议。会后,张亚雷教授将我提出的绿色技术银行的定义提交给科技部,后获得认可。目前绿色技术银行的定义就是在我提出的定义基础上略加修改确定的。同济大学绿色技术银行项目组和上海市科委邀请我加入绿色技术银行的项目团队,跟他们一起,共同参与组建中国绿色技术银行的相关研究。

设立绿色技术银行的背景,与中国倡导并在全球推动"一带一路"的倡议实施和中国签署的"巴黎协议"这两大事件密切相关。科技部经过研究论证,考虑组建绿色技术银行来落实党中央国务院交给的这一重大任务。

2016年9月,科技部和上海市政府举行部市会商会议,专题讨论绿色技术银行的建设,徐南平副部长、周波副市长在会上分别做重要讲话,科技部支持上海市开展先行先试。从2016年11月开始,我正式参加绿色技术银行实质性筹备的研究工作,绿色技术银行项目的牵头高校是同济大学,由同济大学老师负责向科技部领导提交阶段性研究报告,相关负责老师通常会在正式提交报告给科技部领导的前一天傍晚才将报告发给我,请我帮忙审看修改。因同济大学绿色技术银行项目组的老师的研究领域主要是物理和环境工程专业,对金融及金融机构不太熟悉。我不仅对中国的金融机构,尤其是政策性银行和商业银行非常熟悉,而且由于我参加过世界银行成员机构国际金融公司(IFC)和亚洲开发银行(ADB)的项目,与IFC和ADB的官员及专家有过合作经历,对银行架构设置、公司治理、业务流程及风险管理等相关内容比较熟悉,因此,当同济大学老师提出请我帮忙审看、修改和完善课题阶段性研究报告时,我同意并为按时完成修改任务熬夜加班,为了绿色技术银行筹建项目阶段性报告的修改,我先后熬过三个通宵。

当时为组建绿色技术银行成立的研究团队,分为高校、虹口区、技术公司三大部分,高校项目有六个,其中我们上海国际金融中心研究院承接的是唯一的金融项目,主要探索金融如何支持绿色技术领域科技成果转移转化机制、路径及风险管理。我记得很清楚,当时这个项目是我作为第一负责人申报的,最后获得了这个项目,项目经费有100多万元。项目获批以后,科技部社科司领导跟我说:"赵老师,很遗憾,科技部的项目跟教育部的项目不一样,科技部项目的负责人不能超过60周岁,您超过60周岁了,不能担任项目负责人了,很遗憾,但与绿色技术银行相关的重要的国际国内会议,还是希望您参加。"我说没关系,我牵头拿到的这个项目可以改由我们研究院副院长马文杰老师来做项目负责人,我作为项目团队成员一起来推动。马文杰老师成为这个项目的负责人后,还以该项目为基础,申报获得了一个国家社科重点项目。

绿色金融改革试验区建设

2017年11月的一天,中国金融信息中心和银河证券李总邀请我参加湖州市政府在上海蓝宝石大厦的中国金融信息中心举行的"湖州基金小镇成立揭牌仪式",并请我在湖州基金小镇揭牌仪式前做一个20分钟的绿色金融的讲座。当天的揭牌仪式结束后,湖州市钱三雄市长走过来与我握手。他说:"赵院长,我担任湖州市市长6个月了,这6个月里听了六七场绿色金融的讲座,很多讲座的内容理论一大堆,但绿色金融究竟是什么,国际上绿色金融的发展经历了哪些阶段,每一阶段发展的背景是什么,都没讲清楚。赵院长,您今天只讲了20分钟,就把国际绿色金融发展的进程、中国绿色金融的发展进程、金融机构该怎样做、各地政府和企业该怎样做,都讲得很清楚。"钱市长还跟我说:"赵院长,你要到湖州来,给我们湖州四套班子做个讲座。希望你对我们湖州的绿色金融多多支持。"

2018年1月,赵晓菊教授应邀为湖州市委、市府、市人大、市政协及湖州市各委办局领导做"绿色金融促进绿色发展"讲座

浙江省湖州市是习近平同志"绿水青山就是金山银山"重要理念的发源地,也是首批绿色金融改革创新试验区之一。2018年1月,我应湖州市长的邀请,到湖州为湖州市委、市政府、市人大、市政协以及湖州市各委办局领导大约200人左右做了一场名为《绿色金融推动绿色发展》的讲座。同年4月,湖州绿色金融专家委员会宣告成立,时任中国人民银行货币政策委员会成员的马骏受聘担任湖州绿色金融专家委员会首席专家,我也被聘为湖州绿色金融专家委员会专家。钱三雄市长向我们十二位专家颁发了聘书,希望我们为湖州绿色金融支持湖州绿色发展提供智力支持。后来我又成为南京绿色金融专家委

员会专家。如今,绿色金融已成为全球、全国金融领域的热点研究领域,也是我们上海国际金融中心研究院的7大研究细分领域之一。我和我们研究院马文杰教授共同领衔该细分领域的研究。

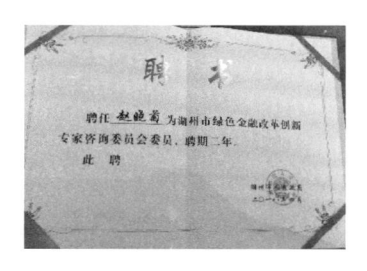

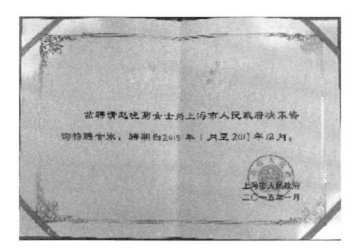

赵晓菊教授受聘担任上海市人民政府决策咨询特聘专家和湖州市绿色金融改革创新专家咨询委员会专家

组建上海国际金融中心研究院

上海财经大学上海国际金融中心研究院(SIIFC,简称研究院)是2012年7月成立的。根据上海市教委的统一布置,校领导让我们金融学院提交一份设立研究院的申请。金融学院领导班子专门开会讨论,班子成员都表示从未接触过决策咨询研究,不知道设立决策咨询研究院的申请该怎样撰写。当时我担任金融学院的常务副院长,义不容辞地承担下这项艰巨任务。之所以说这是一项艰巨任务,一是因为没有任何可以参照的申请设立智库的模板;二是因为时间特别紧,从3月30日接到学校的工作布置,到4月6日上午提交学校校长办公会议讨论,只有短短7天时间,并且这中间的3月31日学院还举办了一个国际会议,4月3日和4日又是清明节。记得那天我去给我父亲扫墓回家后,就开始伏案撰写申请,持续写了36个小时,终于在4月6日清晨5点多完成初稿。我在写字台上趴着睡了一个多小时,然后梳洗、用早餐,打车到学校参加校长办公会议。在校长办公会议上,我代表金融学院撰写提交的设立上海国际金融中心研究院的申报书获得通过,由学校上报上海市教委,并获得通过。

研究院接受上海市教育委员会的指导与支持,是由上海财经大学为主承担建设的高校智库。研究院以国家转型发展和上海经济社会发展中与金融相关的重大战略、重要政策的制定与实施中亟须解决的关键问题为导向开展决策咨询研究。研究院成立后,从2013年5月开始,每年5月下旬,都会牵头举办国际研讨会,自2015年起,除了每年5月末继续举办国际会议外,每年10月下旬,我们研究院会牵头举办金融科技国际会议(2015年为互联网金融国际会议)。自2017年起,研究院开始与爱丁堡大学商学院一起联合举办每年5月末的绿色金融与气候投融资国际会议和每年10月末的金融科技国际会议,每年的这两次国际会议已成为我们研究院的年度品牌国际会议,在国际国内的影响越来越大,中国金融信息中心、上海金融业联合会、上海财大金融学院、上海市金融信息技术重点实验室和全球金融科技学院等多家知名机构以及《财经研究》、《财贸经济》、JFI、JBE、BAR 等国内国际权威和知名学术期刊先后成为我们年度品牌国际会议的联合主办单位或指导支持单位。

2004 年 10 月 22 日，赵晓菊教授担任上海国际银行金融学院（SIBFI）院长期间与世界银行集团下属机构国际金融公司（IFC）代表团成员举行会议并合影。前排左三为 IFC 东亚太平洋局局长 J. Hammid 先生，前排左二为 IFC 东亚太平洋局副局长兼中国、蒙古首代 K. Finkelston 女士，前排右一为 SIBFI 院长赵晓菊教授

2021 年 5 月末举办的气候投融资国际会议上，我们研究院发布了一个具有里程碑意义的气候投融资 ESG 指数。2019 年由我牵头，我们研究院承接了生态环境部的"社会信用体系下的气候投融资体系建设"的研究课题，在该课题的研究基础上，我与我们研究院马文杰教授共同带领我们研究院团队与华证指数公司团队共同编制了"华证－SIIFC 气候投融资 ESG（环境、社会和公司治理）指数"。2021 年 5 月 30 日，"华证－SIIFC 气候投融资 ESG 指数"在"第九届（2021）SIIFC 研讨会"正式发布。据了解，全球各类绿色金融指数和 ESG 指数已经很多，但气候投融资 ESG 指数以前没有。因此，"华证－SIIFC 气候投融资 ESG 指数"是全球首个气候投融资 ESG 指数，它对于促进双碳目标的实现，具有里程碑式的意义。

构建气候投融资指数离不开地方政府、金融监管部门、金融机构和企业四方面共同在气候投融资领域的齐心协力。我们研发编制首个气候投融资 ESG 指数，是希望通过该指数的应用能客观评价上市公司在应对及适应气候变化方面的行为和表现，促进金融机构把资金投向绿色低碳领域，比如公募基金和私募基金等资产管理机构把资金投向节能减排（除了减少碳排放之外还有减少二氧化硫等温室气体排放）、低碳低排放甚至零排放企业，同时促进企业主动从高碳、高排放向低碳、低排放甚至向零排放转型发展，引导投资者关注及参与气候投融资，更好地推动中国和全球经济低碳可持续发展。

2019年上海市发改委面向全上海各研究机构、高校、科研院所公开招标上海市各领域"十四五"规划编制的前期研究项目，我参与了上海金融领域"十四五"规划前期研究项目的投标。上海财经大学共有我和公管学院的范子英教授分别中标，范教授中标撰写上海财税"十四五"规划编制前期研究报告，我中标撰写《"十四五"期间上海增强国际金融中心资源配置功能的目标和战略举措研究》，简称"'十四五'上海国际金融中心研究"。

我在研究报告中提出建议，上海要把建设国际资产/财富管理中心、国际金融科技中心和国际绿色金融中心以及气候投融资试点纳入上海金融业"十四五"规划。近20年来持续在全球排名中名列前茅的国际金融中心伦敦、纽约、新加坡、中国香港和东京，除了纽约没有在绿色金融方面提出具体目标措施外，伦敦、东京、中国香港和新加坡都已经明确提出了打造国际绿色金融中心的具体目标和措施。在全球绝大部分国家、经济体和国际机构越来越关注生态环境和可持续发展的背景下，伦敦、新加坡、东京和中国香港等全球排名靠前的国际金融中心城市大多都将推进国际金融中心、国际资管中心/财富管理中心、国际金融科技中心和国际绿色金融中心四位一体的融合发展作为发展目标。2020年，上海已初步建成国际金融中心。近几年上海在国际金融中心的综合排名曾经进入过全球前三名。尽管官方尚没有明确提出要打造上海国际绿色金融中心，但上海的金融要素市场和金融机构对绿色金融的探索早已展开。上海作为国际金融中心，拥有完备的金融基础设施以及门类齐全的金融机构，这些资源都可以参与进来，共同推动国际绿色金融中心的建设以及气候投融资试点的建设。同时，上海又在创建金融科技中心，很多减缓和适应气候变化的相关技术可以应用于"碳减排""高碳向低碳乃至零碳转换"等方面。

目前，上海市在"十四五"规划中对绿色金融的目标定位是提出构建"上海国际绿色金融枢纽"的目标。我个人认为，上海国际绿色金融枢纽可以作为短期目标，中长期还是应当构建上海国际绿色金融中心，因为"国际绿色金融枢纽"的职能作用与功能定位，严格来说要低于"国际绿色金融中心"。上海市政府在环境保护和可持续发展方面已颁布了很多相关法规和实施方案，规则制定的完整度较高、可执行度较好，而且上海市制定的地方污染物排放标准细致、全面，走在全国最前列，碳交易市场也落地上海。上海在短期内将继续发挥国际绿色金融枢纽的功能作用。在此基础上，上海应更多地参与绿色金融标准的制定、绿色金融产品的创新研发应用，更多地支持绿色技术的研发、孵化和转移转化，更积极地推动绿色金融和气候投融资应用中的风险监测和监管的国内国际交流，在绿色金融、气候投融资和可持续金融发展方面发挥更大的引领和推动作用。届时，上海作为国际绿色金融中心的地位将水到渠成。

参与推动上海自贸区金融开放便利化

在上海设立自贸区是我国在金融、贸易、投资和行政管理领域改革开放便利化的一项重要试验。2013年9月29日,中国(上海)自由贸易试验区(简称"上海自贸区")挂牌,这是中国改革开放后设立的第一个自贸区。上海自贸区在金融领域先行先试改革的重头戏之一,就是2014年5月探索在上海自贸区创新设立自由贸易账户(以下简称FT账户),这是上海自贸区金融改革一盘棋中的"活眼"。金融监管部门对于开立了FT账户的中外金融机构、中外企业,在市场准入、跨境业务经营等很多方面给予很大的开放空间,FT账户实现了本外币一体化管理,为金融开放创新和服务实体经济提供了有效载体。邀请高校智库专家直接参与并担任金融机构申报设立FT账户的评审组长,这是由负责这一金融创新的中国人民银行上海总部领导决定的。中国人民银行上海总部跨境部领导说这在中国金融改革开放四十年进程中还是第一次,具有里程碑式的重要意义。2014年5月,首批申请开设FT账户的金融机构是工商银行、中国银行、建设银行、交通银行和招商银行5家商业银行的上海自贸区分行,申请开设FT账户的审批会在人民银行上海总部召开。根据人民银行上海总部领导的建议,金融机构申请开设FT账户的评审会,邀请第三方研究机构(高校智库或研究机构)的专家参加并担任评审会组长。我应邀参加了首批5家商业银行的上海自贸区分行申请开设FT账户的评审会,并担任评审会组长,除我以外,其他8位评审专家分别是中国人民银行上海总部多个处室的领导或专家,以及外管局上海分局分管银行外汇监管的部门领导。正式评审前,中国人民银行上海总部跨境部的领导先对我们评审专家做了培训,当时桌子上有两摞半米多高的文件,包括有关申报FT账户的政策文件,以及5家银行提交的申报材料,评审工作由中国人民银行总部跨境部牵头负责。与FT账户相关的多项重要的活动我都参加了,除了2014年5月首次审批5家商业银行申报开设FT账户的评审会以外,第一家申报开设FT账户的保险公司和第一家申报开设FT账户的租赁公司的评审会,我也应邀参加并担任评审会组长。

2016年由上海市发改委牵头组织对中国(上海)自贸试验区改革创新进行三年评估,我代表上海财经大学上海国际金融中心研究院参与其中,并对上海自贸区的金融改革创新三年评估投标。经上海市发改委和包括上海金融局在内的相关委办局领导对投标单位筛选后,我们研究院中标,我担任上海自贸区金融改革创新三年评估项目的负责人。当年上海自贸区三年评估除了金融评估外,还包括上海自贸区在口岸领域(由上海社科院负责)、投资领域和行政领域的改革创新这四大方面都同时有一家研究机构和相关政府部门同时平行评估,上海自贸区金融改革创新三年评估,就由我牵头我们研究院评估团队和上海金融局李军副局长牵头平行评估。普华永道咨询公司中标对上海自贸区三年改革创新做总评估。

2018年1月,经国务院同意,人民银行会同八家相关部委发布了《上海国际金融中心建设行动计划(2018~2020)》,明确了上海国际金融中心建设的重点任务与路线图。我在2017年向上海市政府提交的智库专报中提出:上海国际金融中心下阶段的建设目标应构建国际资产管理中心、全球金融科技中心和国际绿色金融中心三大中心的政策建

2017年1月6日，科技部领导与上海市科委领导在上海召开"绿色技术银行调研会"，赵晓菊教授（右一）应邀出席并发言，右二为绿色技术银行筹建研究项目负责人、同济大学张亚雷教授

议，我的这份专报获得了上海市领导的批示，我在建议中提出的前两个中心国际资产管理中心和全球金融科技中心被采纳写入《上海国际金融中心建设行动计划（2018~2020）》中，我的"构建上海国际绿色金融中心"的建议被市领导修改为建设"上海国际绿色金融枢纽"并写入上海市金融领域"十四五"规划中。

上海国际金融中心到2020年已初步建成，而上海科创中心的建设则还需要5至10年或更长的时间。"十四五"期间，上海应充分发挥上海自贸区先行先试和上海国际金融中心要素市场联动发展的有利条件，着力推进与科创中心、全球资管中心、全球金融科技中心和国际绿色金融中心的联动建设。

坚持金融改革开放创新，支持实体经济发展并在全球产业链中发挥更大的作用和影响力，这是上海不懈追求和持续践行的，在党中央、国务院、金融监管部门及各部委的大力支持下，这样的追求和践行的努力正逐步将目标变成现实。中国金融领域的改革开放已经走过了40多年的历程，并将继续在开放中谋发展，以自身的发展推动更高水平的开放。我国的金融改革会不断创新开放，不断提升市场化、法制化和国际化程度，推动中国经济可持续、高质量的发展，在国际金融领域发挥更大的作用和影响力，中国将用自己的行动来实现中国对世界的双碳目标的承诺，稳步推进人民币国际化、包括数字人民币在内的数字金融的发展。在这持续发展的金融改革创新潮流中，上海，将永立潮头，先行先试，不断提升上海国际金融中心在世界金融领域的作用和影响力，并推动中国经济和世界经济更好地可持续发展。

回顾多年工作生涯，我深感自身幸运，能够与上海财经大学金融学院、上海国际金融中心研究院、以及此前中外合作上海国际银行金融学院的优秀的团队成员们、中外专家们一起工作。

当我是一名普通教师时,我恪尽职守,努力做一名与学生教学相长、亦师亦友的良师;当我承担一定教学和智库管理责任时,我主动承担责任,带领大家共同制定机制和措施,引导和激励团队成员共同努力,并为同事和下属的职业生涯的发展和能力的提升提供建议、创造条件。

我们每个人,尤其是团队带头人,应该努力成为一束光,照亮自己前行的路,也给同行人带来温暖,鼓励更多同事主动展现自己的亮点与光芒;努力提升团队的凝聚力和驱动力,自己累着但快乐着前行;努力为团队成员减少"卷"的压力,激发同行者快乐前行的力量。

如今,世界步入数字经济时代,社会可持续发展需要提高包容性,需要减排降耗、提高能效,这就需要开展普惠金融,需要更多地利用可再生能源,更多地应用大数据、云计算、人工智能和区块链等数字技术。

我有幸自己的学习、研究、工作与绿色发展、普惠金融和数字经济的诸多热点有很多交集。我将在力所能及的范围内,继续关注和支持这些领域的发展。我期待并相信,中国在这些领域将为世界的可持续发展做出更多的贡献。

后记

赵晓菊教授将自己融入她所热爱的绿色金融事业中,访谈开宗明义。谈及过往,她神采飞扬,让采访者感受到燃烧着如火的激情。严谨的学术训练培养了赵晓菊教授时刻对社会、经济、环境等保持洞察的敏锐度,爱研究、爱写作的习惯从未间断。目前上海着力建设绿色金融中心,作为土生土长的上海人,赵晓菊教授亲身经历上海改革开放的浪潮,她独立自信、忘我投入智库项目研究中,带着她"与绿色并肩的金融教授"的眼光,坦然接受气候变化带来的挑战,并永远保持好奇心与求知欲。

(口述:赵晓菊　　编撰:杨　刚)

21 桃李不言，下自成蹊
——访奚君羊教授

奚君羊

人物小传 »»»

奚君羊，男，1955年生于上海，1982年和1985年在上海财经大学金融专业和国际金融专业分别获得经济学学士和硕士学位，后考入华东师范大学，师从我国国际金融学科创始人——陈彪如教授，并于1988年获得经济学博士学位。1985年至今在上海财经大学任教，曾任上海财经大学金融学院教授、博士生导师、国际金融系主任、现代金融研究中心副主任等职，以及英国伦敦经济院客座研究员、上海银行常务专家委员、上海市政协常委（兼经济委员会副主任）、民盟上海市委常委（兼上海财经大学委员会主任委员）、国家留学基金评审专家、中国国际金融学会理事、上海金融学会理事以及上海农村金融学会常务理事等职。奚君羊是上海财经大学目前在校教工中最早获得博士学位的教师，也是上海财经大学首位"富布赖特学者"。

理论与实际相结合的学习生涯

1977年国家恢复高考制度后，我的好几个中学同学都在当年考上了大学，他们的成功带给我极大的信心，并激励我投入高考的备战中。高考前，我曾在副食品公司从事过会计工作，深知改革开放初期的经济发展不太理想，人们的收入还比较低，普遍贫穷，所以政府特别重视发展经济，这意味着经济学能为推动国家经济发展提供很多指导，因此考大学时我选择了经济学学科。进入学校以后要学专业的知识课程，在许多知识方面感到有点脱节，我原来的基础就比较薄弱，所以最大的难点是怎么样使自己原来比较薄弱的知识基础和不完整的知识结构尽快适应高等教学的要求。同班同学学习的主动性很强,因为大家都曾失去读大学的机会,所以对考取大学以后获得的读书机会很珍惜,因而在读书方面很勤奋。

举个例子吧。有一次我们班里有一位同学在教室里夜自修,到很晚时才回宿舍。从教学楼到宿舍楼,中间要经过操场。他为了节约时间,没有走操场周围的人行道,而是直接穿过操场。他一边走一边还在聚精会神地思考课程内容,结果一不小心就撞到单杠上面。第二天到班级里来上课时,同学们发现他的眼睛上有一个大包,大家一问才了解到前一天晚上他的眼睛被单杠撞了。我再举一个例子。我们当时住校的时候,晚上睡觉前有一位同学就先洗脚,他洗脚的时候脑子里也在想课程的事情,一脚踩到脚盆里以后才发现袜子还没有脱。

这两个例子说明,我们当初作为第一批上海财经大学复校以后考取的学生,读书的刻苦状况可见一斑。所以当初教我们课的老师,对我们读书的毅力也是印象很深的。有些老师不但教我们1978级金融班,也教1979级金融班的学弟学妹,但是有好几位老师就很公开地表示,我们1978级金融班的学生是最努力的。成绩最差的学生到1979级都是佼佼者。

2017年10月,奚君羊教授在上海《女神变身》电影分享会上致辞

我们入学的时候,绝大部分同学已经在社会上工作过,做过工、务过农、当过兵,甚至有些已经走上了领导岗位,这样一批学生,有很深刻的社会阅历和经验,他们会带着自己对社会的认识来读书,善于把书本知识和实际相结合,因此就容易融会贯通,学习的效果也很好,解决问题的能力也很强,而不单单是从书本到书本。在这种情况下学习的成效也就很好,我感到这是我们这一届学生最重要的一个特点。

经济学界崭露头角

我读本科的时候对国际金融特别偏爱，对外汇、汇率的兴趣浓厚，大四时看到研究生招生时刚好有这个专业，与自己兴趣吻合，而且我在考研相关学科的学习成绩名列前茅，考取研究生把握非常大。1982年我顺利考取了国际金融方向硕士研究生。1983年在导师的指导下，开始在专业学术期刊上发表学术论文；1984年，我刚刚29岁，开始准备毕业论文，并将《建立有中国特色的外汇体制》一文提交给当时非常有名的全国性学术会议——"全国中青年经济改革讨论会"，后来成功入围并荣获"优秀论文奖"。这件事在当时的校园里引起了轰动，甚至当时上海的《解放日报》和《文汇报》都报道了这一新闻。在参加过这次全国性的会议后，中国人民银行、国家外汇管理局、国际金融学会和上海金融学会等机构的学术组织也都纷纷发函邀请我参加相关的学术会议，当时在全国金融领域开始有一定的影响。

改革开放以后，企业的奖励与个人的业绩挂钩，在社会物资短缺的经济背景下，企业生产的东西都可以卖掉，员工就有很多奖金。所以当时就流传着一种说法："做导弹的不如卖茶叶蛋的！"而学术工作者只拿国家规定的工资，没有额外收入。那个年代师资非常短缺，但是我想继续在学校这个环境里深入研究，1985年去华东师范大学读博士学位前，上海财经大学非常希望我深造后能回到母校从事教学工作，母校的坚持打动了我，还为我提供了在职读博的机会。我博士研究生毕业回校任教后很快就被破格提拔为副教授。

1985年5月，奚君羊（第二排右一）与上海财经大学1982级全体硕士研究生毕业合影

我的研究不仅涉及国际金融、宏观金融,还包括银行管理和证券投资,我们那时候甚至没有周末,鲜有丰富的娱乐生活。对于我个人来讲,正是由于改革开放,外汇方面的交易开始逐步放宽,有很多商业性、市场化交易供我实践理论,而学以致用是让人非常愉悦的一件事情。在这个阶段,我萌生了很多独到想法,并在刊物上发表了多篇学术论文,努力用自己的专业知识,在经济改革、外汇改革方面提出我自己的看法,这都让我很有成就感,鼓励我在这条路上不断前进。

金融改革的重头戏

银行改革是我们国家金融改革的重头戏,甚至在某种程度上可以说是我们金融改革的先导,因为我们的非银行的金融机构业态都是在后面才逐步发展起来的。

我们金融业的改革开放的起点就是商业银行。改革开放以后,经济活动都要市场化,这就要求我们的银行也要市场化。而我们早些的时候,银行只有一家,就是中国人民银行,它既是政府的管理机构,又办理一些金融的基本业务,这样一来就使其双重身份存在着内部的冲突,银行要承担管理金融事务的事,结果自己又在做金融业,既是裁判员又是运动员。

于是银行的改革开始了。中国人民银行里面分出了工商银行,后来又设立了农业银行、建设银行,还有就是中国银行,称为四大国有银行。四大国有银行一开始的业务还有一定的限制,我们把它称为专业银行,也就是说这四家银行各自做一些专业性的银行业务。例如,中国银行主要做外汇,工商银行主要在城镇从事银行的业务活动,农业银行主要在农村,建设银行主要是为企业的大型基建设备的投资提供贷款。后来大家发现这样不利于银行之间的竞争,容易形成垄断。这就需要打破专业界限,促进银行业竞争,业务要有交叉。在这种情况下,这些银行逐步开始实现真正意义的商业银行转变。

在这个过程当中,我们又通过了一些制度性的改革,逐步引进境外的战略投资者,吸引境外的一些金融机构,吸收其比较有优势的业务技术,作为辅助和协助。这样,我们的银行在风险控制、产品开发、业务的拓展和市场营销等方面都开始发展起来,最终形成一个我们国家很强大的商业银行系统,我们现在的商业银行已经在国际上都具有一定的领先地位了,如果我们去看国际上的银行的排名,我们会发现前十大银行里面主要都是我们国家的一些商业银行。所以从这个角度来说,我们商业银行的改革已经取得了很大的成功。

上海国际金融中心与全球资产管理中心的建设

2021年6月1日,上海市开始正式实施《关于加快推进上海全球资产管理中心的建设的若干意见》,明确把打造"全球资产管理中心"作为"十四五"的重要目标之一,持续提高全球资源配置能力。

随着中国经济持续增长，广大居民越来越多地从国家经济发展中直接受益。上海全球资产管理中心的发展面对许多机遇，在金融市场繁荣、监管改革深化、社会财富聚集、人口结构变迁、科技金融兴起和全球化浪潮等金融创新的强大驱动下，资产管理业务已成为中国金融市场的新亮点。中国资产管理规模之庞大，在全球屈指可数，未来众多的机遇都将在上海全球资产管理中心聚集。

当前中国的金融市场化、利率市场化的改革持续推进，多层次资本市场日臻成熟，资产管理热潮方兴未艾。我们国家最近几年一直在审慎推进人民币的国际化，主要就是为了使国家的金融和国际上的金融能够进一步地融合，同时可以利用人民币国际化对我们国家的金融经济的发展，特别是我们外向型的经济发展能够带来更大的推动作用。通过人民币国际化，一些不利出口的状况都可以得到有效减缓，这对我们促进对外经济活动能够起到很重要的作用。但是人民币国际化有一个前提，就是我们人民币的对外支付，一定要境外的机构或者个人愿意接受，这就需要我们一定要有大量的对外经济活动来匹配。

人民币的国际化进程得到不断推进，这跟我们建立全球资产管理中心是相辅相成的关系、互为因果的关系、互为前提的关系，也就是说人民币国际化以后，可以促进推动我们上海成为全球的资产管理中心。我们国家要建立一个全球的资产管理中心，必须要有境外机构的大量参与，有大量的资金到我们上海来，由我们上海的机构，既可以是中资机构，也可以是外资机构来帮它们打理资产，也就是提供资产管理的服务。

2017 年 6 月 11 日，奚君羊参加上海财经大学金融学院校友会首届理事会第一次会议

人民币国际化以后,境外的人民币数量就会越来越多,这部分资金大量进入上海,就能够为上海成为全球资管中心提供途径和渠道。中国资产管理的发展过程,伴随着综合化、全球化、跨市场的发展历程,利率、汇率、信用、市场和国别等各类风险逐步增多,加之刚兑的时代已经过去,无风险收益率在持续下降,人们的风险偏好产生了差异,行为发生了分化,人们会更加理性地关注资产组合的安全性、收益性与流动性之间的平衡。我们的利率比境外的利率高,境外机构就愿意持有人民币,愿意把人民币放到上海来,以便获取更高的收益。另外,如果我们的股市发展得很好,境外机构持有人民币的意愿也会得到提升,因为境外投资者获得人民币以后就会到上海证券交易所购买股票以及其他金融产品,满足不同投资者风险偏好、收益偏好的要求。所以上海全球资管中心发展了以后,对于促进人民币的国际化也有好处,这两者会互相促进,互相推动,形成良性循环。

经济学是研究社会现象的学科

经济学理论在分析和解决经济实践问题的时候,一些理论模型和普通大众之间还是有一道屏障的。经济学作为一门比较复杂的学科,确实很难被普通人在短时间里就能够把握,因为经济学研究的现象比较复杂,它研究的是经济现象,而经济现象是一种社会现象,社会现象的稳定性不如自然现象,它会随着人的行为思维和整个社会制度环境,包括文化等其他方面的变化而相应变化。

2015年11月,奚君羊教授(第一排左四)担任"福布斯·富国2015中国优选理财师评选"评委,与其他评委和选手合影

举一个例子，2006年年初，我参加"美国经济学会年会"，并受会议主持人邀请对哈佛大学杰弗瑞·弗兰克教授宣读的论文进行点评。我在对弗兰克教授的研究方法做出正面评价之后也中肯地提出了不同意见，认为弗兰克运用购买力平价得出人民币汇率对美元高估的结论值得商榷，因为所用的样本主要是日常用品，属于劳动密集型产品，如果用汽车、机械、飞机等技术密集型产品作为样本，结论可能是人民币汇率低估。由于不同的统计样本可能得出不同的结论，我进而提出，人民币汇率达到均衡水平的主要路径应该是中国政府逐步放宽对贸易和资本的管制，使人民币汇率在更大程度上由市场因素决定，这个观点得到了许多与会专家的认同。

经济现象的不稳定性导致了经济现象之间的相互关系的复杂性。在这种情况下，经济学要解释各种各样的经济现象，它也要用到一些很复杂的方法，这就造成了经济学本身的复杂性。我感到我们从经济学界来说，要做好两方面的事情。

第一，对于经济学基础理论研究，由于其比较复杂，学术性很强，需要有很坚实很扎实的经济学的功底，而且还需要其他一些学科基础，比如大量应用数学、统计学，甚至心理学等一些学科知识，使得经济学和其他学科的交叉现象愈益长足发展。这部分事情完全是理论学术的研究，这当然是我们经济学界的学者去推进、去发展的一项重要任务，促进经济学理论学说能够不断提高。

第二，我认为最重要的是要提高自己运用专业知识的能力，所以我总是将大量的时间花在看书、了解专业知识的性质以及这些专业知识的原理，并思考理论学说和我们的经济现象之间有什么关联。经济学的另外一个层面是其中一部分内容有比较充分的应用性，它和我们日常的经济活动有紧密的关联。我们作为经济学家，在这方面也要进一步努力和发展，尽可能使经济学的理论学说能够得到实际运用。换言之，作为经济学家，一方面要注重基础理论的发展，在这方面要有很好的很深入的研究，但在应用性的研究方面也要进一步地强调。对于经济现象可以和实际状况紧密结合的部分，经济学家要能够做一些普及性的应用型研究和教学，使得整个社会对经济学和经济现象的关联更加容易认识，容易理解。这样一来，经济学的学以致用的成效就可以得到提升。

我感到我们经济学的研究要双管齐下，在上述两方面都要兼收并蓄，同步发展，就使得我们的经济学的科学性能够得到不断的提升，同时解释实际现象的有效性也能够越来越得到提升，这样经济学的价值就会得到更大的提高，也就更容易被社会认可。现在社会上有一部分对经济学还不太了解的一些人士，他们对经济学用来解释许多经济现象感到说服力还不强，由此就产生了对经济学本身的科学性的怀疑。在这方面，如果我们能够进一步地提升经济学对实际现象的解释能力，就可以转变大家对经济学的误解，使得我们经济学越来越得到社会的认同。

2017年4月8日,上海财经大学1978级金融班部分同学返校庆祝建校100周年,并与部分老师和校领导合影。前排右四为龚浩成,第三排左五为奚君羊

平衡改革成本和收益的关系

从经济学上分析改革的角度,需要考虑成本和收益关系。我感到首先改革的方向大家都认同的,没有分歧。推进市场化与进一步的开放,使中国的经济进一步融入世界经济,这个目标没有问题,但是在具体采取各种推进的手段、措施、方法和决策的时候需要平衡成本和收益的关系。推进时我觉得要注意以下几点。

第一,我们要把市场化和开放这两个长远目标和先易后难的推进过程有一个排序。我们现在最容易做的,放在前面做,稍微难一点的,要放在后面。所以我们要有一个时间上的妥善安排,有一个时间表。按照这样的时间先要把它确定下来。然后就要看近期目标通过哪些方式是最容易实现。这时我们可能会有各种各样的手段和方法。我感到手段和方法要进行成本和收益的比较,但是另外还要考虑时间的要求,因为我们的改革开放实现的目标如果过于迟缓,对于我们整个国家经济的发展会带来一些不利的影响。

第二,考虑成本收益的时候,要把时间的紧迫性作为一个重要的考虑因素,也就是说不能完全考虑成本很低收效很高,还要考虑为了尽快地实现改革目标,特别是近期目标,哪怕是一些成本可能比较高,收益不一定这么高的;哪怕成本收益相抵以后,对我们来说不一定能带来特别利益的。市场化的改革和开放这个过程一旦实现完成,对于我们后面的改革开放会产生一种突破性的引领作用,这也是我们需要考虑的,即使有时候成本略高于收益,我们也要以它作为一个代价。

第三,考虑实现长远目标的时候,不能只考虑收益只强调成本,还要考虑我们承受成

2017年11月19日，上海财经大学庆祝百年华诞，世经系国金国贸专业教师合影

本的能力。也就是说，我们在一定程度上要有承受成本的勇气和担当，尽快地实现近期的改革目标，尽快过渡到一些中间的目标，最后实现长远的目标。我感到这要处理好时间的紧迫性和成本收益的取舍，这两者之间的关系对我们来说很关键。

后记

读大学前整整十年都没有读书的机会，奚君羊老师对知识都饱含渴求，明白未来有了知识武装就能有很好的发展。谈到求学经历，奚君羊老师的治学严谨、博文广识都给了他自己极大的帮助。在冰冷处发热，心系民生和社会，奚君羊老师早在学生时期就已在学术界小有名气，在诸多荣誉和光环下，30多年来他一直站在科研和教学领域的前沿，修身、治学、育人，默默耕耘在金融学学术研究和教书育人的伟大事业中，他是改革开放的机遇和孜孜不倦的追求塑造出的学术名家。

（口述：奚君羊　撰稿：杨　刚）

22 半生耕耘化春蚕　传道授业更塑心

——访金德环教授

金德环

人物小传 »»»

金德环，男，1953年4月出生，汉族，上海人，中共党员，现任上海财经大学金融学院教授、博士生导师。1983年毕业于上海财经学院财政金融系本科，1988年研究生毕业，获经济学硕士学位。1988年任投资经济管理教研室主任，1989年任财政系副系主任，1996年8月至1997年8月赴美国西弗吉尼亚大学和罗德岛大学做访问学者。长期以来，金德环教授主要从事投资学、投资银行学和中国证券市场专题三门课程的教学工作，其中证券投资管理课程被教育部推荐为全国公开视频课，上海证券期货学院与上海证券交易所的合作办学项目被评为"上海市优秀教学成果一等奖"，《投资学》教材获得"上海市优秀教材一等奖"，"投资学"课程建设成为"上海市精品课程"，教学论文《中外并蓄，培养中国特色金融投资人才》被评为"上海财经大学教学成果一等奖"。他积极参加科研工作，曾主持完成国家级、省部级课题近10项，先后独立或主编专业教材7本，独立或合作出版专著、译著10多部，发表高质量学术论文20多篇。金教授还兼任中国投资协会理事，投资协会投资咨询委员会常务理事。也曾是东吴证券股份有限公司、光大保德信基金管理有限公司和海证期货股份有限公司等多家公司的独立董事。为了支持上海财经大学教育事业的发展，金德环教授牵头设立"上海财经大学金德环奖励基金"。

∽ 艰苦的青年时期 ∽

30多年的教学生涯，对于进入"随心所欲之年"的金德环来说是半生；对于育人塑心的园丁金德环来说，却是全部。这三十多年来，金德环倾尽全部精力，成为打造金融家圣殿的巨匠之一。

1970年，当时的中国经济凋敝，百废待兴，17岁的金德环到江西省奉新县赤岸公社浣溪大队插队。在城里长大的孩子离开校园，来到完全陌生的艰苦环境里，磨炼也好，成长也罢，艰辛只有亲身经历过的人才有体会。回忆往事，金德环说——初春的时候，田里的水还是冰冷的，但是我们必须赤裸双腿站在水田里育苗、插秧，我的膝关节到现在还时常会出现不明的酸痛症状。

夏季的"双枪"季节，天不亮就要出工，睡眼惺忪地赤脚走在漆黑的田埂上，还要不时挑着收下的稻谷行走在布满竹桩的田间小道上。那时我也曾被派到深山里的工地，冒着盛夏的高温抬一两百斤的石头修建水电站大坝，那个水电站的建成有我的汗水，现在每次去江西知青点探望，都会特意去水电站看看……

"有一次，我差点病死！"金德环说，在这4年里，他生了一场大病。由于知青生活环境艰苦，每天都要做重体力活，加上营养不良，病情进一步加重。是知青户的同伴，深夜拉着板车把他送到县城医院，继而又转入省城医院抢救，终于挽回了他的生命，他也因此而回了上海——这是他人生的一大转折。

金德环教授说，4年艰苦的知青生活，让他从中学会了坚持和团队合作的精神，认识到正直为人、从容不争、坚强面对挫折和困境的重要性，学会了在艰苦的环境里与人合作，"现在的环境是'天堂'，我没有理由不好好珍惜！"金德环尽力付出，"工作再辛苦再累，和过去的岁月相比，我现在已经够幸福了！"这也成为随后金德环工作、教书的一笔宝贵的财富。

1974年，金德环返沪后进入一家街道工厂工作，从一名普通管理员做起，由于勤奋好学，几年后成为副厂长。在工作的同时，金德环并没有忘记"充电"，他到夜校学习电子、数学和物理等知识，不断补充"能量"——这是金老师所谓的"为技术革新而学习"。随着工作担子的进一步加重，他深深感到自己缺乏管理类知识，此时全国的高考也已经恢复，于是选择了高考。他说服了领导，经过短暂复习，于1979年考入上海财经学院（上海财经大学的前身）财政金融系。谁知，这趟"半路出家"之旅，再一次改变了他的人生。

留校任教

考入上海财经大学以后，金德环回忆道：学校当时还没有专门的金融学院，当时是一个财政金融系，系里设有财政、基建财务与信用、货币银行等专业。我进入的专业是基建财务与信用，学的主要是基建投资、财务和信用。刚复校缺乏现成的教材，很多教材都是老师自编的，内容较多体现的是苏联体制下的理论和方法以及十一届三中全会以后关于经济体制改革的讨论。虽然内容比较陈旧，改革没有答案，但整个改革开放的氛围开始深入人心。大家都觉得当年全国大学录取率只有6%，是改革开放给了我们进入大学深造的机会，每个人都必须加倍努力。但由于十年的荒废所导致的文化基础薄弱，使我更加铆足了劲争分夺秒地学习。

在校期间，金德环担任班长，在学校表现出色。毕业之际，学校教授建议他留校。1983年开始，他成为财政系投资经济管理专业的一名年轻的助教，并且坚持一边工作一边读书，就这样在上海财经大学扎下了根。

20世纪80年代中期，在改革开放浪潮中股份制经济兴起。1990年末，上海证券交易所的开市之锣敲响，推开了中国资本市场的启动之门。当时的证券交易所设在浦西。与此同时浦东也开始了开发开放，上海的基建投资规模快速增长。南浦大桥、杨浦大桥和东方明珠塔相继拔地而起，振奋了上海，促进了浦东的迅速崛起。一座传统的工业城市开始了脱胎换骨的改变，金融作为经济的血液，在资本市场的助推下在上海快速发展。此时，金德环在投资经济管理专业的教学与研究中敏锐地发现资本市场在中国发展的广阔前景及其人才的极大需求，便很快把精力转移到金融投资与资本市场的研究与教学方向上来。

我国20世纪90年代初中期的大学金融教学以货币与银行为核心，基本没有金融投资的内容。金教授所在的投资经济管理专业也以基本建设与项目管理为核心内容，他开始把金融投资的内容移植到自己的专业中来。但传统的专业壁垒使他的教学改革创新遇到了很多困难，是当时的校党政领导给了他巨大支持，坚定了他进行金融投资教学创新的决心。于是他一方面注意观察社会上最新的金融改革动向，一方面思考如何把金融改革的最新实践融合到教学中来。随着上海证券交易所的成立和邓小平同志南方谈话的发表，上海资本市场获得了空前的发展。这种崭新的直接融资方式弥补了1949年以来单一的间接融资方式，形成了间接融资与直接融资完整的金融体系，必将强有力地推动我国经济的改革与发展。因此必须尽快把债券股票的发行交易等直接融资内容纳入到财经高等院校的教学体系中来。可当时的现状是根本没有教材，也没有师资，唯一的办法只能是自己更新知识，查阅国外资料，现学现授。

几十年以后，金教授再回过头来看，那个时候讲授的内容从今天来看是非常肤浅的，但在当时都是属于大胆的创新。在那个时候他要绞尽脑汁去思考，去佐证，去考察。有一些项目，还要亲身去体验。比如1986年的时候，工商银行上海信托投资公司在胶州路那里开了第一家营业部，他专门抽时间骑了自行车去看胶州证券营业部的营业状况、交易的场景、买卖的人群及议论的热点。后来上海电真空股份有限公司发行股票，为了观察体验这家公司的未来发展，他克服收入拮据的困难想尽办法去购买了两股股票（当时是每股100元面值）。又为了考察股票认购证的发行方式，他又去购买了几十份认购证。这些都为他日后课堂上的讲课提供了鲜活的案例。

由于改革开放所带来的经济快速发展，也进一步促进了思想解放，整体的社会思潮都比较活跃，学校教学改革与创新的整体氛围也十分积极。对于股票，对于资本市场这些当时在中国非常新鲜的东西,有许多人甚至持怀疑态度,不敢去碰甚至否定。而在金教授看来,这是中国经济改革与发展的必由之路。他深情地回忆道:"我曾经还以一个年轻财经教师的身份给当时的朱镕基市长写过一封信,认为股份制是中国经济改革的新事物,也是未来的发展方向。我们应该支持这种改革,希望领导能够大力支持股份经济的发展……"

成立证券期货学院

1992年邓小平南方谈话以后,中国重拾改革开放的信心,此时正值中国转向社会主义市场经济体制的共识逐步达成的阶段,在金德环面前,这是一个崭新的时代。上海财经大学开始与上海证券交易所合作。这时已经成为上海财经大学财政系副系主任、副教授的金德环,受学校委托最早参与了同上海证券交易所合作筹建一所与金融投资相关学院的工作。金德环在承担原有教学科研任务的同时,耗费大量时间就合作学院的性质、层次、师资和教学科研与培训计划的安排,反复与上海证券交易所联系沟通,洽谈合作。经过多次深入交换意见和协商以后,双方领导一致决定成立上海财经大学证券期货学院。此间,他付出太多。1994年6月4日,证券期货学院正式成立。

1999年4月,金德环(前排)致辞主持上海财经大学证券期货大楼落成典礼。后排左一为朱沪生(原校党委副书记,证券期货学院副董事长)、左二为洪葭管(原上海金融学会副会长)、左三为龚浩成(原证券交易所常务理事,原证券期货学院董事长)、右五为谈敏(时任上海财经大学副校长)、右四为周正庆(原证监会主席)、右三为屠光绍(时任上海证券交易所总经理)、右二为杨晓武(原中国证券业协会副秘书长)

证券期货学院成立以后,为当时中国刚刚起步的证券市场培养了2万多名(包括全日制和在职人员培训)金融投资人才。在本科生的培养上,从初期的证券期货一个班40

名学生，到 2008 年秋季起，金融投资类课程被覆盖到商学院体系下多专业 20 多个班的专业基础课程。在研究生的培养上，金融投资类课程已是金融学院每年 300 多名硕士生（包括全日制和在职生）和 MBA 项目数百名学生的平台课程，其重要性在商科类的研究生中充分体现。学生毕业后，大量进入金融投资行业工作。据不完全统计，在目前的证券和基金业中，仅担任研究分析师和基金经理及部门经理以上的职位中，有 200 多名高管、部门经理、基金经理和研究分析师都来自金融学院（1998 年证券期货学院并入金融学院）培养的学生。

金融投资的摇篮

证券期货学院的成立正处于中国资本市场发展初期，急需培养大量金融投资人才。然而，国内几乎没有相关的金融投资教学课程体系和教材。

"我们是中国最早在本科和研究生阶段引入金融投资系列课程的教学团队之一。"金德环回忆说，当时，证券期货学院一成立便做了两件事。一是参照成熟国家的同类课程结构，为学生制订了一整套金融投资教学计划。二是推出系列专业教材。学院除了动员自己的教师，还邀请全校的相关专业名师编写金融投资方面的教材，少量的直接采用国外的专业教材。此举很快满足了学院的本科生和研究生专业教材的需求。该套教材同时被用于证券从业人员的专业培训，在全国产生了巨大的社会影响。

20 世纪 90 年代中期，证券期货学院为了尽快与国际同类教学水准接轨，利用自有资金安排教师到美国等有成熟资本市场的国家的大学做访问学者。金德环于 1996 年在美国西弗吉尼亚大学工商经济学院、罗得岛大学工商管理学院做访问学者。那时美国的资本市场的业态和高校关于资本市场与金融投资的研究对金德环产生了巨大的影响。当时中国金融学的学术研究基本都是以货币与银行为主的纯文字理论研究，而他在美国第一次看到了金融的研究不仅有货币银行的间接融资，更包括了大量金融投资与资本市场交易的直接融资的研究。除了理论研究，更多的是实证研究，还要搞很多模型与数量分析。为此他感到非常震撼，他当即动员罗德岛大学的很多教授为财经大学证券期货学院捐献金融投资专业书籍，通过海运运回学院。回国以后他就赶紧把这些研究方法介绍到国内。

很快地，他把国外先进的教学特点、教学方式和研究模型移植到国内，指导当时很多硕士和博士生写论文，做研究。在 20 世纪八九十年代，很多数据都是缺失的，需要他们自己在资料堆里翻找，再进行倒推。金德环老师在学术方面非常严谨负责，不允许学生在学术研究上有丝毫怠慢。对于不下功夫学习的学生，他会毫不保留地提出批评。这种严谨细致、一丝不苟的作风也成为学生学习和工作的榜样。

"在这个过程中，我深深感受到了国内金融教育的局限性，作为教师，我不仅需要学习前沿的金融理论和实证研究方法，更要关注发达国家的学府如何培养金融人才，以完善我们的教育架构。"金德环说，通过学习国外大学金融投资方面的课程和相关专业知识与技能,他回国后与团队教师合作新开设了国内大学尚未开设的投资学、投资银行学、国债学、证券公司经营管理和证券市场管理等课程,进一步完善了证券投资方面的课程体系和专业内容,为培养社会急需的金融投资人才提供了当时国内最为完善的课程体系和配套教材。此举在国内相关高校产生了巨大的影响。

1999年4月,上海财经大学举办"加入WTO与中国金融市场"高级研讨会,金德环(左一)、朱沪生(左二)、屠光绍(左三)、龚浩成(右五)、周正庆(右四)、洪葭管(右三)、谈敏(右二)、杨晓武(右一)出席会议

1998年8月,证券期货学院并入金融学院成为证券期货系,金德环老师成为金融学院副院长兼证券期货系主任,他与团队教师一起,为不断提升金融投资的专业教学质量而努力。先后推出了新世纪高校"证券期货专业系列教材",包括《证券投资学》《国债学》《投资银行学》《证券投资分析》《证券投资基金》《证券公司经营管理》《结构化金融产品》《金融工程》《金融计量学教程》等。此后,还翻译了《国际证券市场百科全书》《对冲基金》《积极股票管理》《期货期权》和《期权交易策略完全指南》等近十本国际著名学者的金融投资理论与实务方面的著作。20年中先后撰写与更新金融投资类教材26种,专业参考书67种。

有了丰富的"典籍",对于想要打造金融专业"圣殿"的园丁们来说还不够。从2011年开始,金德环所在的教研团队将实验平台、投资模拟软件和实验案例操作融入金融投资的主干课程中,使学生在模拟环境中提高了实际操作技能和分析技能。

上海财经大学金融学科的发展吸引了大量海外留学生的加入,金德环对此强调说:"我们金融学院现在引进了大量的海归博士,他们有非常好的基础。其特点是他们在国外学习了数理知识,掌握了很多模型设计方法,这些都有利于他们运用严格的逻辑推断来分析解释金融问题。这是他们的一大优点。当然他们也存在一定的弱点,那就是对国内资本市场运行的了解不充分。这个市场到底是怎样发展而来的?应该怎么去看待它?它与国外同类市场到底有哪些区别?社会的基础体制和基础管理模式的差异,都会导致资本市场形成各自不同的特征与运行模式。我们怎么去看待国内市场上的一些变化,怎么去抓住这些变动,去探究里面的特质和运行规律,从而找出与境外资本市场的区别并提出有针对性的解决方案。"

树人更塑心 春蚕亦养蚕

纸上得来终觉浅,绝知此事要躬行。金德环将他学到并积累的知识和经验运用到了他自己的学院管理和学术质量的提升当中。他有组织地开展了许多科研工作,邀请学界知名学者来校做学术演讲,举办多场讲座和学术论坛,平时也会要求学生阅读大量的专业书籍和文献,定期考查学生对学术著作的理解。多年来,金德环总是认真备课,讲课结合市场实际,注意与学生互动交流,充分利用网络指导和启发学生,引导学生规划好自己的职业生涯。2006年金教授获得"校教书育人标兵"称号,2012年荣获"上海市名师奖"。除了本科生以外,他迄今指导了100多名全日制硕士生和博士生,耗费了大量精力,也获得了学生们的尊敬。

1996年,上海财经大学证券期货学院霍文文(左一)、金德环(左二)、张宁(左三)、龚浩成(左四)、阚治东(右三)、张庆胃(右一)等参加李峰和苏耀良硕士论文答辩会

从2005年起,金德环在每次课程教学计划中都增加一个团队研讨环节,将学生按数

量分为若干个团队，每个团队布置一个研讨题目，让他们去调研和收集资料，组成调研报告，做好课件，每个团队安排相应的时间在课堂演讲讨论。这一方式加深了学生对课堂内容的理解，拓展了课本以外的知识面，强化了与社会实践的联系，激励学生开动脑筋，发挥学习的主观能动性，明显提高了教学效果，受到学生们的普遍欢迎。

金德环是传道解惑的师者，也是一名理论研究者。他始终本着对科学对学术的敬畏，虚怀若谷，探索真理，开拓创新。在育人上树人塑心，使其严谨的治学精神不断获得升华。在从教10年的时候，金德环的感悟是，教师就是把已有的书本知识传授给学生，学生只要读好书就可以；从教20年的时候，他的感悟是，教师要把书本知识结合社会实践去进行传授，学生在读好书本知识的同时要了解社会实践；从教30年的时候，他的感悟是，认识学生的需求，引导学生的求知欲望，启发学生的创造力，是一个大学教师真正的责任，学生要学好书本知识，了解社会实践，更要把握做人之道。"上财人"的水准一流，在上海财经大学不仅是学书本上的知识，更是磨炼人的思维能力；不仅是钻研自己的专业，更是完备自己的知识结构。这是金德环对自己每个阶段教书育人的不同感悟。30多年来，他已经从单纯的传道授业解惑，变为更关注学生品德的"塑心师"。

做了30多年的"春蚕"，金德环更希望金融学院的"春蚕"源源不断，他也成为年轻教师的"养蚕人"。长期以来，他积极提携青年教师，乐意参与比自己年轻的教师申报的课题中当配角，花费大量时间为青年教师审阅课题研究报告，中肯地提出修改意见，积极地鼓励和支持青年教师挑起教学科研的重担，对青年教师的成长起到了良好的推动作用。

"我们的大多数大学基本上都是在教专业书而不教社会书，因为社会是个非常复杂的系统，难以用几本书来描述清楚。"在他看来，教学与科研的任务可以用数量来衡量，但教师对学生的责任只能用"心"来衡量。满怀热情地帮助学生解决他们的困惑，提升他们的学习、研究和创新能力，满足他们的需求，这或许要比机械地完成教学科研任务更难以衡量，也更有意义。金德环对带领的学生总是关怀备至，他总是在课余时间与学生交流、沟通、传授"人生之道"以及"为社会服务之道"。在他看来，正直的品格是学习之外更加重要的素养。一名大学教师，应该成为思想的传递者、技能的传授者、创造力的启发者和职业生涯的引领者，要让学生在离开大学时既充满对知识殿堂的留恋，又满怀未来服务社会的自信，从而真正实现教师的人生价值。

在投资学团队，他也总是带头做好教学准备工作，他亲自设计制作教学课件、习题集和试题库，然后与教学团队共享。他注意突出团队的作用，把最初自己编写的《投资学教程》教材在后续的版本中不以自己为主编，而是以金融学院编写组的名义出版，与教师团队一起共享。这不仅有利于课程建设的积累和传承，而且让每一个参与者享有平等的参与权。这种做法激励了青年教师的参与积极性，也提高了他们的教学水平。随着投资学课程在全校的不断普及，从事该类课程教学的师资由最早的5人扩展到2022年的16人；师资结构从本土为主的教师到引进的海外金融投资专业学者占60%以上。团队的实力进一步增强。

在繁重的教学与科研工作之余,金德环在领导金融学院发展期间,在学科建设、培育学术团队和思考如何提高人才培养质量方面,以及为区域与国家经济、金融发展提供决策咨询与参与具体工作,花费了大量时间。这些工作虽然比较繁重,但是金德环表示,他在其中感受到中国经济、金融发展的律动,体会到人才培养的点滴收获,与学科和团队一同成长。金德环教授回顾着几十年的各类社会服务工作,他的话语中充满着一种强烈的社会参与感和责任感。

金融创新允许试错的成本

随着近两年金融科技的快速发展,金德环老师又与团队成员一起,扎进互联网金融与金融科技这一新领域探求着,追寻着。金德环教授提出,"金融领域中,很重要的是如何把风险分摊掉。金融需要靠不断创新,也需要众多的衍生品来分摊风险。这就需要对金融创新活动有很高的失败容忍度。如管控过严,对创新活动会构成约束,中国未来的十年,我们的GDP还要再翻一番,金融科技助力很重要。金融科技在发展的过程中间也可能出现不少问题,需要大家群策群力,要做好很多预警方案,通过我们监管系统,让其处于可控的状态。资本市场在发展过程中提出的很多创新,对很多弱势群体考虑得比较少,那么监管部门就要考虑如何使这些群体利益不要受到影响。"

金德环一直非常关心上海财经大学学子的成长,为了支持上海财经大学教育事业的发展,金德环教授牵头设立"上海财经大学金德环奖励基金"。金德环动情地说:"滴水之恩,涌泉相报,母校培养了我,这份情谊我永远记在心里。"金德环非常看重与母校和校友的联系,校友之间有同窗的友谊,那是青年时光里最纯粹的感情。走进社会后,这份感情和纽带不应该随着岁月流逝而受到侵蚀,大家的身上都带着"上财"的标签和烙印。每次与学生的交流活动,金德环教授都鼓励大家互帮互助,到了职场,校友是宝贵的资源。上海财经大学的莘莘学子一定要努力学习,丰富实践,常怀感恩之心,成长为对行业、对社会发展有贡献的人才。

后记

金德环老师是简朴务实、平易谦和的大家。对于学生,金德环教授素来厚品格而重"塑心"。人自正,君心亦平;育人者,桃李天下;德常在,清香自来。

(口述:金德环　　撰稿:杨　刚)

23 用信息技术护航金融创新
—— 访刘兰娟教授

刘兰娟

人物小传 》》》

刘兰娟，原上海财经大学副校长，上海财经大学二级教授、博士生导师，兼任教育部高等学校电子商务类专业教学指导委员会副主任委员、上海市高等学校计算机类专业教学指导委员会委员、全国财经院校创新创业联盟副理事长、上海高校创新创业教育联盟副理事长、上海财经大学创业学院院长等职。1982年毕业于复旦大学计算机科学系，后师从著名的薛华成教授，从事管理信息系统的教学与研究。发表论文90余篇，主持和参与完成各类课题30余项，5次获上海市教学成果一等奖，3次获上海市优秀教材奖，国家级一流线上课程负责人，教育部虚拟教研室建设点负责人。曾获首届全国教材建设先进个人、"申银万国奖教金"优秀教师特等奖、"宝钢教育基金"优秀教师奖、上海市"三八红旗手"等荣誉称号。

高考：与计算机应用结缘

时光荏苒，不知不觉中，刘兰娟已经在上海财经大学工作了整整四十年。当我们在采访中请刘兰娟教授回忆关于上海财经大学的发展及上海金融业信息化建设等往事的时候，她把回忆的目光伸向了岁月的更深处——

那是1977年冬天，我国恢复高考制度的第一年。那一年的高考招生对象包括上山下乡的知青、已经参加工作的青工、现役军人等，也包括应届的高中毕业生。为了将更多的机会向曾经上山下乡、进入工厂的历届生倾斜，控制应届生参加考试的人数，应届毕业生需要通过预选才能获得参加高考的机会。刘兰娟成为上海市杨浦区77所中学中通过预选的11名中学生之一——这意味着她和同校的另一名同学都有资格成为恢复高考后的第一批考生。学校安排他们两人不跟班级一起上课,单独在教具间自学备考,数学、物理和化学老师不时会抽空来给他们"开小灶"。

高考前夕,区教育部门只给了学校一张准考证,理由是要把更多的准考名额留给历届生。学校征询两人意见:谁去考? 刘兰娟主动要求放弃第一次高考,回到班级上课,为时间相距很近的1978年的高考做准备。

"我所读的中学后来并入上海市建设中学,2007年更名为上海财经大学附属中学,2012~2019年,我作为主管教学的校领导联系附中七年,这大概是我与培养过自己的中学母校的缘分吧。"刘兰娟副校长在采访中很开心地把这个巧合告诉我们,似乎在从岁月的芳华中梳理她与自己工作了一辈子的上海财经大学的各种机缘。

刘兰娟副校长(前排中间)在上海财经大学附属中学调研

1978年,刘兰娟顺利考入复旦大学计算机科学系。选择读计算机科学是因为她在中学的时候比较擅长数学,经常参加各种数学竞赛。当时她的物理成绩也很好。选择专业时,数学和物理老师还发生了激励的争论。最后,她选择了计算机专业,数学和物理老师都满意了。

1978年的复旦大学,计算机学科本科人才培养刚刚开启,成熟的课程不多,学生学的大部分都是数学类的理论基础知识,实际应用的知识学得并不多,只是在程序设计类的课程当中,会涉及一点应用。

"我印象比较深的是学过一门程序设计算法课,编过一个程序就是用计算机来下象棋,中间用到较多的数学方法,这是一种数学与计算机交叉融合的课程,与现在的人工智能课程类似。现在上海财经大学信管学院建立了理论计算机研究中心,不管是计算机专业还是信管专业、电商专业,包括金融、经济以及统计专业,数学都是基础,理论计算机的研究对这些学科都有一个很好的支撑。"刘兰娟说。

刘兰娟比较幸运。毕业的时候,她的毕业论文指导老师是我国著名的数据库专家施伯乐教授。"施伯乐教授当时带我们做的项目是一个实际应用的课题——受华东电管局委托帮助富春江发电厂升级改造洪水预报和水库调度系统,"刘兰娟回忆道,"这个项目在几个月的毕业论文期间根本做不完。"

1982年,刘兰娟从复旦大学毕业,分配到上海财经学院(上海财经大学前身)工作。毕业后,刘兰娟和另外一名复旦大学留校的同学,再加她的大学班主任一起,利用业余时间继续参与建设富春江发电厂的项目。三个年轻人花了整整一年的时间才把整个项目做完,这个项目后来又经过几次更新,最后拿到了"国家科技进步"二等奖。

参加工作后的这一年多的实际课题的锻炼,为刘兰娟提升计算机的应用能力起到了很好的作用,也让她有了更加敏锐的观察能力和捕捉计算机应用市场的能力。

见证:上海证券交易所成立

偶然介入筹建

"20世纪80年代初,国家已经开始推进工业信息化,很多企业需要用电脑系统来进行管理,我有幸参与了很多企业的财务、人事、产供销等信息系统的建设项目。印象最深的是目睹了我国证券业初创期的信息化过程。"刘兰娟用舒缓的语气把我们带到一段具有里程碑式纪念意义的时光中。

回忆上海证券交易所成立的过程,刘兰娟喜欢把自己说成是一个见证者。她在采访中一直强调:"我只是一个见证者,不是亲历者。这件事情是很多人共同努力的结果。"

刘兰娟这样向我们描述自己见证上海证券交易所的最初机缘:"1990年6月,时任中国人民银行上海市分行金融管理处副处长的尉文渊(上海财经学院财政金融专业1983届毕业生,后任上海证券交易所第一任总经理)希望我们系派老师去帮他们修改国库券交易统计系统。系领导一时找不到其他合适的人,就派我去,并希望我先生谢玮陪我一起去,以示学校对这事的重视。我去了以后发现那个系统在技术架构设计上有根本性的缺陷,需要重新做一套系统,自然这个任务就由我来承担了。"

作为一个曾经的文艺青年,喜欢在课余时间阅读《外国文学》《小说月报》《收获》等文艺杂志的理工女,刘兰娟对往事的细节记忆是生动鲜活的——

在系统研发的过程中,我经常要去中国人民银行调试程序。我先生谢玮当时是上海财经学院(上海财经大学的前身)西方统计教研室的青年教师(后任上海证券交易所技术总监、副总经理、首席运行官等职),他常常陪我一起去。我在调试系统时,谢玮就跟尉文渊、张宁(后任上海证监局局长、上海证券交易所监事长)在旁边聊天,在聊天过程当中我们得知国家准备成立证券交易所。这是我第一次听到成立证券交易所的消息。

刘兰娟对证券交易一无所知，但谢玮对此有所了解。1983年起，上海财经学院西方统计教研室和国家统计局合作办了西方统计方向研究生班。研究生班请了很多美国的教授来授课，有些教授来自芝加哥大学统计系。芝加哥大学的统计专业非常强，现在美国证券方面的数据库公司的前身就是芝加哥大学创建的。教授们在讲课的过程中大量引用了统计案例，这些案例又大多是美国证券交易的实例。谢玮当时做助教，跟着这些美国教授在国内多所高校讲学，慢慢了解了证券交易是怎么回事。

谢玮对尉文渊说，证券交易其实很简单，需要一个交易大厅供投资者报价，然后根据交易规则进行撮合成交，成交后再进行清算。尉文渊说，那怎么报价？谢玮说，有人出买价，有人出卖价，达成一致就成交，成交的价格要公开发布，还需要一个指数引导大家对股票价格的走势做判断。

刘兰娟近照

放弃"打手势"交易

1990年暑假期间，刘兰娟和谢玮了解到筹备组接到上级部门的指示，要求上海证券交易所在当年12月开业。

当时的情况是：时间紧、任务重，还有很多的工作连初步方案都没有，包括制定交易规则——那时我国证券交易的撮合、清算、价格指数等都没有眉目。

当时国外的很多地方都是用手势交易的，香港交易所的计算机只是用于场内申报价格的系统，并不是一个自动撮合的交易系统。

研究方案的时候大家也在考虑是否要用电子交易的方式，但并没有形成统一的意见。包括一些领导在内的许多人都觉得靠手势砍价比较有气氛，也比较符合交易场景。

因为不知道电脑交易是什么样子的，做调研方案的时候，大家决定人工交易和电脑交易两个方案同时做准备。从世界范围看，当时有三种交易方式。一种是通过打手势口头唱报竞价，一种是香港交易所用的计算机终端申报竞价，还有一种是像纽约交易所那样的专柜书面申报竞价——在亭子似的专柜里用纸面下单，收市后满地的纸片，像我们在影视剧里看到的场景那样。

尉文渊主动请缨筹建上海证券交易所。他的老师，原上海财经大学副院长、时任中国人民银行上海市分行行长的龚浩成先生对他十分赏识，决定把这个任务交给尉文渊。

尉文渊从向中国人民银行借的500万元筹备金中挤出100万元，决定用于开发电脑交易系统。同时，他也没有完全放弃口头竞价交易方式的准备——因为当时国际上所有的证券公司都没有全电脑化交易的，大部分的交易还是以人工交易为主，外围的一些辅助工作用电脑系统来完成。

这期间，尉文渊还请在美国华尔街工作过的"海归"来帮助设计口头竞价。"海归"搞了一段时间，比画来比画去，最终还是找不到感觉。因此，尽管上海证券交易所的交易规则中把口头竞价和计算机交易方式都写进去了，其实最后"宝"只能押在计算机交易上，因为当时连交易手势的意思还没弄明白。可以说，这是一种极其大胆的、跨越式的抉择，大家连最简单、最基础的交易方法都没有掌握，一下子就进入电子交易时代，谁也不敢保证此事一定能够成功。

刘兰娟、谢玮夫妇向筹备组提出了计算机交易系统的主要构想和设计方案。刘兰娟说出了自己的想法，她说："从旁观者的角度来看，我觉得要用手势交易在当年就开展证券交易业务不太可能的。为什么？因为交易规则还没有确定，交易员培训跟不上，也不知道培训啥，也许用计算机能够在短期内解决问题。因为计算机可以对正在制定的交易规则进行模拟，及时发现不合逻辑的、有矛盾、相互冲突的规则和程序，以便及时修改；规则完善、调整后，又可通过计算机再检验，这样一边写规则一边模拟测试，循环往复的过程在短时间内靠人工是无法完成的。"

根据当时的实际情况，他们坚定地认为要有一套计算机系统来取代人工交易方案，支撑整个证券交易市场。系统开发阶段，刘兰娟怀孕了，具体的编程等工作不能参与太多，最后系统设计工作落到谢玮一个人身上。

选择微机联网方案

除了上海财经大学，尉文渊同时还找了复旦大学和上海交通大学的老师同期在做电脑交易方案。最后上海财经大学拿出了三套方案：一套中型机方案，一套小型机方案，一套由刘兰娟、谢玮夫妇提出的微型机联网方案。

为什么提出微机联网方案？刘兰娟说——

我之前做过工商银行的外围系统，也做过上海远洋公司财务系统，这些系统用的都是中型机，可以说我对中型机是熟悉和了解的。当时很多人都认为一个承载整个中国证券交易的系统肯定需要有中型机的支撑。但是，我经历过的事情让我不赞同这个看法。我进校没多久，学校就获得了两笔世界银行的贷款。第一笔世界银行的贷款是30万美元，用于引进日本的一台小型机，小型机的选型和引进工作我是全程参与的。机器到了学校以后，我们要对系统进行开发，写出用户手册，让学生和老师能够使用，这个过程经历了一年多时间。后来学校又获得了第二批250万美元的世界银行贷款，用于引进IDM4381的中型机。第二批从贷款申请到机器选型，以及接受财政部和世界银行专家的评估等工作我都参与了，只是接机（赴美国IBM公司接受简单的使用入门培训）及后续的工作我没有介入。学校引进的中型机，随机的英文资料、手册有几大箱子，系统开发工作持续了好几年，一直都没能给教师和学生提供中文使用手册，所以全校几乎没人会用当时还是相当先进的中型机。

这台中型机在学校没有发挥太大的作用。因为它的系统太复杂，使用开发期太长，当有个别老师经过摸索，稍稍了解了机器如何使用的时候，微机已经出现了，大家都转而使用微型机。尽管当时微型机的运算和存储能力与中型机不能比，但毕竟微机的应用更为方便，使用者上手快。

这段经历使我感觉到用中型机方案或者小型机方案在当时是不太可能的，时间这么紧，唯一可考虑的是微机联网方案。

当然方案主要是谢玮设计的，主要的系统开发也都是由他来完成的。

尉文渊他们最终选择了这套微机联网方案，因为它是唯一可能让证券交易所在当年开张的方案，其他方案在当年都不可行——时间的约束造成了历史的必然。

开发交易系统

做这样一套微机联网系统需要有网络的支撑，于是上海财经大学信息系的张靖老师推荐的深圳黎明工业公司参与进来。因为交易信息要有大屏幕显示，又找了上海冶金所负责提供大屏幕技术。我国的第一代证券交易系统就在上海财经学院青年教师谢玮、黎明公司总经理邓一辉和冶金所工程师王科峰等年轻人的协作下开干了。他们一个负责软件系统的设计与开发，一个负责网络，还有一个负责大屏幕。当时的大屏幕技术还不成熟，发光二极管经常因为接触不良而不亮。记得开业那天，王科峰就拿根筷子站在大屏幕后面，哪里不亮就捅一下。

系统开发过程中要不停地做调试和测试。刘兰娟充分利用了学校的一些资源。说起这段经历，刘兰娟的语气中充满了感慨。她说："我们向图书馆借了一台电脑，将它和自己家的两台电脑连成一个局域网，又找来我的学生帮忙做测试。谢玮白天写的代码，

刘兰娟教授参加金融科技会议

晚上我在家里和学生一起做测试，测试的目标就是把程序的漏洞找出来。考虑到交易员基本上都不是IT人员，都是不懂技术的，他们什么操作的错误都可能犯，所以我有一个激励措施：谁把这个系统'打死了'，就奖励他一毛钱，一个晚上'打死'几次，我就奖励几毛钱——用这个方法来发现程序漏洞，提高软件系统的稳定性和可靠性。"

在采访过程中，刘兰娟还给我们讲了当年的一些趣事——

我除了帮着做测试，还会帮着做一些外围工作。比如，请我校图书馆负责图书编目的老师一起编写交易员电脑输入培训教材，所有交易员（红马甲）必须通过电脑输入培训考试后才能上岗。

现在证券博物馆旁边有一个陈列室，专门陈列证券交易的各种规章制度，这个小房间以前就是谢玮他们开发系统的电脑房。当时所有的电脑都在这里面，技术人员也都挤在里面工作，电线拉得到处都是。我有时候去他们电脑房，看到有老鼠出没，被吓得不轻。可能是我经常晚上带点心给电脑房里加班的年轻人，大家没吃完的点心引得老房子地板下的老鼠出来觅食。我记得当时只有饼干之类的干点心，其实我特别希望能够给他们带一点馄饨之类有汤水的食物，可惜那时的店铺都早早地打烊关门，只有外白渡桥上有一个卖茶叶蛋的阿婆，我时不时会去她那儿买茶叶蛋和豆腐干。后来那位阿婆每天晚上都等我到半夜，我不去，她就不收摊。

当时交易大厅里只设计了46个席位，这就意味着只有46家会员。刚开始交易的时候是通过Modem（调制解调器）拨号进来报价，后来慢慢有了电脑终端联网，连到各个证券公司，证券公司的电脑屏幕上就可以看到价格，当然也可以通过广播、电视等媒体向市民公布行情。第一代的行情上证指数是谢玮编制的，因为筹备人员中只有他是学统计的。

困难也挺多,但是这帮年轻人干劲十足。交易所开张的前几个星期,他们基本上都不回家睡觉,累了就在交易大厅里的长条凳上睡一两个小时,醒了接着干。

开业交易

1990年12月19日,上海证券交易所如期开业。开业大典由时任上海市市长的朱镕基同志致辞,副市长黄菊同志、国家体改委副主任刘鸿儒同志揭牌,龚浩成担任主持人,首任总经理尉文渊鸣锣开张。当天有30种证券上市,其中国债5种,企业债8种,金融债券9种,股票8种(被老百姓称为"老八股")。现在,上市的股票和债券都很多了,中国的证券市场已经发生了翻天覆地的变化。

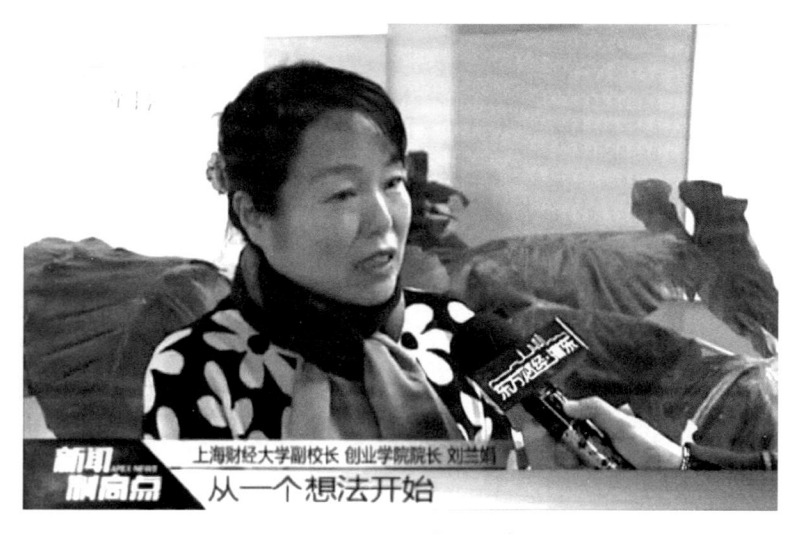

刘兰娟副校长接受电视采访

刘兰娟一边回忆,一边给我们讲了几个花絮——

19日一早,连续几天高烧打吊针的尉文渊起床后发现自己的脚肿得根本穿不上鞋,他急得眼泪都出来了。后来有人借了一只43码的鞋给他,他就这样穿着一只大一只小的皮鞋,让人背着来到现场,一瘸一拐地在现场做最后的布置,然后倚着墙迎接贵宾。这是一个举世瞩目的场景,国家高度重视,上海市的主要领导全数到场,代表中国证券业开业的第一声锣要他去敲的。

正式开业前系统做了最后一次调试。开业当天,按道理锣声一响大屏幕就会逐行的绿色翻下来(当时绿色是涨,红色是跌)。结果锣声过后大屏幕上却没有反应,尉文渊一下子就站不住了,感觉要瘫掉了。好在谢玮在零点几秒里就反应过来了:开张前最后一次测试后要有一个恢复指令——以前用的都是DOS系统,需要在一条条DOS操作指令指挥计算机运行程序——他以最快的速度打完一条操作指令,按键下去以后,大屏幕哗哗哗地翻绿了。

尉文渊说他那一刻感觉血从脚底慢慢涌上来，人活过来了——因为当时吓得浑身发凉，人就要倒下去了——事后他被送到医院住院治疗。他在住院期间应该要好好休息的，但是大家去看他时，他却很兴奋，不停地叙说着自己的感受。我们劝他多休息少说话，可根本劝不住，这就是做成一件大事对人的精神激励作用。我们中国人一直讲艰苦奋斗，人定胜天，这种坚忍不拔的精神是非常难得的力量。

当时第一代交易系统设计的最大日成交量是3 000笔，一秒钟成交3笔承载量。上海证券交易所开业当天，交易下来一共也就成交了93笔业务，成交金额1 000万元，其中股票类有17笔，其他的债券、国库券、企业债券等，总共有30个左右的品种，应该说系统的承载量是很小的。这个系统有一个好处，那就是扩充速度非常快，因为它采用的是微机联网的方案，而网络是可以不断扩充的。

刘兰娟骄傲地说："上海证券交易所一开业就使用了最先进、可执行股票和债券委托、自动撮合及清算的电脑交易系统，为中国证券市场的快速发展打下了基础。当时包括美国纳斯达克在内的大部分市场也只有计算机报价系统，没有自动撮合成交系统，需要场外经纪人通过电话把交易的价格和需求报进来，场内交易员再把场外的来电信息，包括买什么股票、买多少股、价格等输进到电脑里，场内的其他交易员在电脑里面看到了有意向，再跟场外打电话，最后内外结合，通过人工辅助来完成交易。"

回忆这段往事，刘兰娟充满了感慨和骄傲，她说——

没有人能够想象就在那样一个不到20平方米的机房里、网络线电线拉得到处都是的环境中、大屏幕有时候都是要靠筷子戳一下才能亮的条件下，我们做出了当时唯一的一个不需要人工干预、全自动化的电脑交易系统。我国的第一代交易系统采用无纸化的纯电脑系统，一步就实现了全球领先——当时世界上还没有一家证券交易所能做到纯电脑系统交易。

上海证券交易所从第一天开始就进入到电子交易，为我国金融市场的快速发展打下了很好的基础。没有电子交易的技术基础，中国证券市场不可能以这么快的速度扩张，也无法支撑上海到西藏的大中国上亿投资人参与万亿元的成交量。

当时上海证券交易所的一帮年轻人，特别是尉文渊，很有担当。实施无纸化交易当中是要承担很大风险的，因为无纸化交易以后，需要把所有股民手里的股票实物券全部都回收进来，然后全部都登记到电脑个人账户上，工作量非常大。当中会有各家证券公司记录的差错，会有股票产权不明晰的问题，收集股票实物券的验证工作的瑕疵，等等。如果他们当时有一点点顾虑，这件事情可能都做不成。但是这些问题不会随着时间的推移得到解决，只会越来越严重。是把问题留给后人来解决，还是自己敢于担当、勇挑重担，在我看来这是那个时代的年轻人做事和现在的年轻人做事最大的区别。

还有一个意外的收获，无纸化交易以后，对打击黄牛起到了一个很好的作用。原来有黄牛私下在场外做股票交易，自从实名登记股票账户系统上线后，所有的股票实物券都被收回去了,市场上的黄牛一夜之间全部消失。

此后,许多国外证券交易所的高管都到上海证券交易所来取经。

亲历:上海财经大学校园网建设

在刘兰娟的职业生涯里,除了见证上海证券交易所的成立,让她难忘的还有参加上海财经大学校园网建设的那段经历。像回忆上海证券交易所成立的那段经历一样,说起上海财经大学校园网的建设,刘兰娟副校长充满感慨。2022年7月,在一个有些燠热的上海的上午,她用温柔沉静的声音带我们走进往事当中——

作为计算机专业的毕业生,初到上海财经学院(上海财经大学的前身)的时候,她的专业和学校的主流学科并不一致。当时她所在的经济信息系,只有一个经济信息管理专业,招一个班的学生,还没有开始招研究生。除了承担教学工作、参与教材编写、利用业余时间帮学校做工资系统、科研系统外,刘兰娟更多的时间都是在校外给一些企业做信息化的项目。这些校外信息系统的建设项目,让她积累了丰富的信息化工作的经验。承担学校的信息化管理工作后刘兰娟能够做到游刃有余,与这些经历是密不可分的。当然,后来继续深造,学习管理信息系统专业,掌握了管理和技术交叉融合的专业知识,为刘兰娟主抓学校的信息化工作打下了很好的基础。

1996年,上海财经大学申报"211"工程,教育部派专家做预评估的时候,有一位专家提出:上海财经大学连校园网都没有,怎么进"211"工程?

分管这项工作的陈和本副校长打算在正式评估前快速建成上海财经大学校园网。他找到了刘兰娟,因为他知道刘兰娟参与过上海证券交易所的系统开发,还帮助宏光经济实业公司做过一个互联网的系统,希望她能够帮学校建设校园网。

刘兰娟说——

当时没有技术团队,于是找了西方统计教研室的刘弘(谢玮的学生)老师。刘弘之前曾经在农业银行证券营业部工作过,他在证券营业部主要负责电脑系统。学校决定由我们两人来筹建上海财经大学校园网。陈和本副校长给我们批了50万元的经费,我们买了10台微机连成网络,十几万元就用掉了。我们要改造机房、网络布线和购买网络设备,最关键的是需要一台服务器,还要有一个UPS(不间断电源)。因为UPS要用很多年,我们买了一个30KB的日本富士电器的UPS,花了25万元。这个UPS到今天还在用,中间只换过一次电池,这么看来,当时花25万元还是值的。

买了UPS以后,我们基本上就没有钱买服务器了。后来我在某种机缘巧合下,通过朋友只花200美元就从IBM公司买了一台价值20万美元的服务器。就这样,校园网架起来了。我们当时真的是一分钱掰成两串花,每一分钱都要算好了,用在刀刃上。为了把校园网建起来,我带了几个学生和刘弘一起,没有向学校要任何编制、职务和待遇,经过几个月的努力,将校园网建起来了,一切为了学校能顺利进入"211"。当时我们没有想过自身利益，只想着怎样把事情做好。

透过刘兰娟细致又深情的描述，我们能够感觉到，与其说她是在回忆参加学校校园网建设的往事，不如说她是在怀念一种目标纯粹、不带任何功利色彩的工作状态。

刘兰娟参加全国财经院校创新创业联盟2019年年会

初心：用信息技术助力金融市场飞速创新发展

刘兰娟在采访中为我们总结了证券交易发展的五个阶段。

第一阶段：1990～1997年。采用电子化自动撮合竞价系统。那个年代的股民是通过电台、电视获取资讯行情，然后通过电话委托证券营业部下单。

第二阶段：1997～2000年。营业部、信息技术服务商积极推进基于互联网的交易，短信炒股较为流行。

第三阶段：2000～2012年。随着技术的进步，客户端炒股开始流行，尤其是2006～2007年大牛市，手机炒股成为大多数股民的选择。这个阶段证券公司开始加强集中管控，大力推进证券交易系统的集中建设，投资顾问、融资融券等新业务也在该阶段开始铺开。

第四阶段：2013～2016年。证券经纪业务实现开户环节的线上化，55家证券公司获批拥有了互联网证券业务试点资格，鼓励证券公司通过互联网拓展业务，这期间诞生了互联网金融公司。

第五阶段：2016年以后。随着互联网金融的兴起，以云计算、大数据、区块链和人工智能为代表的"金融科技"开始闪耀登场，当前除区块链外，其他三项技术在证券行业都有了典型应用场景。

金融行业的发展如此之快,离不开信息技术的助力。反过来,金融业态的发展也催生了金融科技的蓬勃发展。这两者之间是一种相辅相成的关系。

刘兰娟参加《眼界》电视节目录制

说起这种相辅相成的关系,刘兰娟说——

上海财经大学培养的学生,无论是金融专业的,还是信息、统计、数学等专业的,他们走上社会以后,对金融市场的发展都起了很好的作用。20世纪90年代曾经有一种说法,上海金融行业的中层干部,差不多有60%都是上海财经大学毕业的。这个说法是否确切我不知道,但我知道,至少在上海证券交易所,有很多人都是上海财经大学毕业的,他们无论是在金融的信息化方面,还是在金融的业务繁荣方面,都发挥了很好的作用。

从整个金融市场的发展来看,信息技术对金融市场的发展起了很大的推动作用。改革开放以来,证券业的发展与技术一直是密不可分的,从最初的拨号上网,到后来的卫星技术和互联网技术的发展,证券交易不断进行技术突破,支撑大行情交易,促进全国业务发展。技术已经成为资本市场与交易所不可分割的一部分,是各项业务的重要基础,业务和技术相互促进、共生共长。

党的十八大以来,上海国际金融中心建设在服务金融改革开放和人民币国际化进程中取得了显著成果,已迈入全球前列。作为金融市场的核心组成部分,金融科技具有极其重要的作用。通过信息化维护金融市场的公平、有效、公正,是需要一个技术系统来支撑的,信息技术或者说信息系统是重要的金融基础设施。正是因为我们可以用电脑交易替代电话交易,特别是移动通信发达以后,所有的证券交易平台,包括行情的发布都接入到手机客户端,可以让大家直接进行快速有效地操作,才使得证券交易所一天有万亿元的成交量。

金融信息的基础设施是金融体系的枢纽平台,发挥着底层服务功能,具有较强的经济外溢性。习近平同志要求我们不忘初心、牢记使命。我就在想,对于证券市场,我们做一个先进的信息系统,到底是干什么用的?这个初心是不能忘的。一些新技术的应用,在每一个历史阶段,它都发挥了一定的作用,也推动了我国证券市场蓬勃发展。

刘兰娟参加上海大学生文化创意作品展示活动开幕式

现在技术发展非常快。在刘兰娟看来,大部分搞技术的人都有一种偏好,追新的偏好,比较喜欢尝试新技术。她说,我自己也有这种嗜好,喜欢了解新的技术。但有时候最新、最贵的设备却不一定是最合适的。我学生时代学习软件工程的时候,就学过软件"五个 right"法则:用合适的时间、合适的价格、合适的人和合适的方式来实现合适的系统。尽管我也是一个"最新"族,生活中也比较愿意接受新产品。但是我一直觉得最新的、最贵的不一定是最好的,最合适的才是最好的。

说起这个话题,刘兰娟副校长给我们讲了一个故事。

上海证券交易所从浦江饭店搬到浦东证券大厦的时候,新交易大厅里面需要 1 000 多台电脑。当时面临两种选择,一种是全部买新电脑,当时的电脑还比较贵,一台电脑要 1 万多元,1 000 多台电脑如果全部买新的,需要 1 000 多万元。谢玮表示可以把原来的旧电脑重新整理一下搬到浦东证券大厦使用,因为大厅里的电脑只是用于交易员报价,不需要太多功能。上海证券交易所后来找了一家公司,将所有电脑全部拆开来重新整装,系统也全部升级更新一遍,以 10 万元的费用解决了 1 000 多台电脑的修整与搬迁问题。

反思现在的金融业,我感觉有时候技术用得太新了、太多了,有的新技术的运用已经失了目的。在用技术的目的是什么、实现什么不是很清楚的情况下,或者还是很模糊的情况下,有些人就决定去用新的技术。有的新技术资源消耗非常厉害,有的新技术的使用不仅没有简化工作,反而会增加系统的复杂性。

我对学生说,尽管大家是学信息的,但是更多的人将来都是在金融行业工作,技术应用的初心是什么？想实现什么目标？大家一定要时刻记住，不能丢了初心。

不忘初心，用信息技术建设金融基础设施，用信息技术护航金融创新，这是刘兰娟的追求，也是她对学生们的期望。

后记

采访刘兰娟教授是一件很愉快的事，她的讲述生动又细致，很容易将人带进画面感极强的往事中。

在采访结束的时候，我们请刘兰娟回忆她四十年职业生涯中最难忘的几个画面。她描述的几个画面是：1990年12月19日上海证券交易所开业，参与过的项目成为中国证券业发展不可或缺的一块基石；1997年上半年上海财经大学主页发布，上海财经大学从此迈进互联网时代；2002年年底交给学校第一份信息化建设三年规划，上海财经大学信息化从此走上了顶层设计、分步实施、全面推进和可持续发展之路——2006年信息学院获得管理科学与工程一级学科博士学位授予权，意味着我们能够培养经济、金融领域更高层次的技术人才。

作为计算机专业出身、服务于财经院校的教育工作者，刘兰娟对广大学子有殷切的期望——

作为新一代的年轻人，一定要继承创业者敢想敢干的精神，一要有创新意识，敢为人先，二要有吃苦耐劳的创业精神，主动开拓；一定要夯实自身的学术基础，提升技术能力，秉持技术应用的初心，让信息技术真正服务于金融发展与人类社会进步的需要。

（口述：刘兰娟　　撰稿：台啸天　杨　刚）

跋

本书从设想到策划最后成稿,历时五年。本书最初的设想产生于2018年。当时上海财经大学金融学院的一批教师、校友和研究生们,希望为庆祝改革开放四十周年征集反映"上财人"在这一特殊时期的心路历程文字。中国改革开放的四十年,创造了包括经济高速增长在内的许多奇迹。受益于此,上海财经大学金融学院的校友们,迎来了前所未有的机遇。在上海这个改革开放的前沿城市,他们凭借金融专业的独特优势积极投身改革的洪流,或参与、或推动、或见证了这一历史进程,经历了市场经济从无到有,从稚嫩到逐步成熟的过程。记录和整理他们的亲身感受,或许能够从一个侧面反映这四十年来上海在经济金融领域所取得的重大成就,也能展示上海财经大学金融学院在人才培养中的专业精神和家国情怀。

热情不能在等待中被磨灭。设想确定以后,上海财经大学金融学院迅速成立了编写小组,着手推动这一工作。前上海财经学院(上海财经大学前身)副院长、金融学院校友会会长、92岁高龄的龚浩成先生出席了筹备工作的会议,为全书提供了框架性的指导意见,并提供了部分采访候选人。上海金融改革四十年,为之做出重要贡献的人物不胜枚举,各个细分领域都有值得书写的事迹。可是在实际操作中,我们碰到的困难,却远远超出了预想。因为总体上要采取口述史的体例,有些受访者为人低调又不善言辞,有些受访者因各种原因不愿触及尘封的往事,还有些受访者工作繁忙,访谈的时间一直无法确定,这使得原定的编写计划不断变动。好在仍然有一些热心的校友愿意百忙之中支持这个工作,也积极推荐了其他合适的受访者,才使得我们的计划能够进行。另一个之前没有意识到的问题就是采访前的准备工作,需要对采编人员进行培训,需要提前做许多功课,对受访者的经历做深入的研究,以便能够在采访的时候,碰撞出思想的火花。所有的采访后的材料,回来后都要根据录音重新梳理,把松散的、口语化的交流整理成逻辑完整的文字稿件——这是一个十分耗时的工作。形成的初稿还要跟受访人反复讨论修改,确认无误后才可以采用。

2020年，突如其来的新冠疫情多次打断了整个工作进度，所幸编写小组的所有成员都没有放弃。今天访谈录得以付梓，总算完成了这个夙愿。在整个过程中，首先要感谢赵晓菊老师、徐晓萍老师、叶伟春老师、戴国强老师、金德环老师、奚君羊老师付出的努力。尤其是赵晓菊老师，不但要亲自联系受访者，指导学生完成稿件，还要接受采访，亲自修改稿件。她不时提供建议，解决了实际中的许多困难。采访团队中最值得一提的是博士生杨刚，在繁忙的学业之余，撰写了大部分初稿。整个工作进程从策划、访谈、采编，到联系出版等事宜，都得益于曹啸老师的精心组织，以及他带领的学院校友会秘书处的努力工作。校友会秘书处的易雯老师对接各个具体的工作环节，访谈的策划跟进和文稿的编撰沟通等工作事无巨细，占用了她许多节假日的休息时间。每份访谈稿件文风不一，体例相差比较大，后期的统稿工作也是一个巨大的工程，编写组的全体同仁齐心协力，努力达到预想的效果。最后还要感谢上海财经大学出版社台啸天老师为统稿、排版和清样做了许多专业性的工作；感谢黄磊社长的大力支持和认真督促，使得本书得以如期出版。

　　与波澜壮阔的上海金融改革四十年的历程相比，本书只是提供了一个微观的、个人化的视角，远不能概括这一伟大进程的全貌。社会进步从来不是一蹴而就的，其中有许多波折和艰辛，不是亲历者就无法体会。我们记录他们的心路历程，只是想说明，成就任何一项伟业，都需要无数人的智慧、勇气和担当。如果本书能让读者体会到这一点，即便还有种种不足，也已经达到了我们编写本书最初的目的。

本书编写组
2023年6月